本书得到国家自然科学基金项目(71173141)、国家自然科学基金项目（71373170）、山西省国际科技合作项目（2013081070）、山西省高校重点学科建设项目（晋教研[2010]7号）资助

Low Carbonization of
Coal Resources Utilization and
Countermeasure Research

煤炭资源低碳化利用理论与政策研究

赵国浩/等著

图书在版编目（CIP）数据

煤炭资源低碳化利用理论与政策研究/赵国浩等著. —北京：经济管理出版社，2014.6
ISBN 978-7-5096-3074-7

Ⅰ.①煤… Ⅱ.①赵… Ⅲ.①煤炭资源—资源利用—研究—中国②煤炭资源—能源政策—研究—中国 Ⅳ.①F426.21

中国版本图书馆 CIP 数据核字（2014）第 075540 号

组稿编辑：杜　菲
责任编辑：杜　菲
责任印制：黄章平
责任校对：超　凡

出版发行：经济管理出版社
　　　　　（北京市海淀区北蜂窝 8 号中雅大厦 A 座 11 层　100038）
网　　址：www.E-mp.com.cn
电　　话：（010）51915602
印　　刷：大恒数码印刷（北京）有限公司
经　　销：新华书店
开　　本：720mm×1000mm/16
印　　张：14
字　　数：277 千字
版　　次：2014 年 6 月第 1 版　2014 年 6 月第 1 次印刷
书　　号：ISBN 978-7-5096-3074-7
定　　价：50.00 元

·版权所有　翻印必究·

凡购本社图书，如有印装错误，由本社读者服务部负责调换。
联系地址：北京阜外月坛北小街 2 号
电话：（010）68022974　　邮编：100836

本项目研究和出版得到以下基金资助

国家自然科学基金项目：应对气候变化的煤炭资源低碳化利用理论与政策研究（71173141）

山西省高校重点学科建设专项资金项目：山西省煤炭工业转型发展中煤炭价格动态研究（晋教财［2012］46号）

中华全国供销合作总社重点研究课题：煤炭资源综合利用对策研究（供销函科字［2011］80号）

山西省高等学校人文社会科学重点研究基地项目：晋商经营管理思想对现代企业管理的借鉴意义研究（20111312）

目 录

第一章　山西省煤炭行业循环经济评价与对策研究 ……………………… 1
 一、绪论 ……………………………………………………………… 1
 二、循环经济理论基础 ……………………………………………… 4
 三、山西省煤炭行业循环经济的现状分析 ………………………… 7
 四、国内外煤炭行业发展循环经济的案例剖析 …………………… 18
 五、山西省煤炭行业发展循环经济的对策建议 …………………… 24
 六、本章结论 ………………………………………………………… 29

第二章　山西省煤炭行业节能减排对策研究 ……………………………… 31
 一、绪论 ……………………………………………………………… 31
 二、节能减排理论基础 ……………………………………………… 39
 三、山西省煤炭行业能源消耗的定性分析 ………………………… 41
 四、山西省煤炭行业能源消耗的定量分析 ………………………… 46
 五、山西省煤炭行业节能减排结果分析与对策建议 ……………… 56
 六、本章结论 ………………………………………………………… 65

第三章　山西省低碳经济发展水平评价及对策研究 ……………………… 66
 一、绪论 ……………………………………………………………… 66
 二、低碳经济理论基础 ……………………………………………… 72
 三、山西省发展低碳经济现状分析及评价指标体系设计 ………… 81
 四、山西省低碳经济发展水平评价的实证分析 …………………… 88
 五、山西省提升低碳经济发展水平的对策建议 …………………… 95
 六、本章结论 ………………………………………………………… 101

第四章 山西省发展低碳经济对策研究……103
　　一、绪论……103
　　二、低碳经济理论基础……107
　　三、山西省发展低碳经济现状分析……112
　　四、山西省低碳经济发展实证分析……120
　　五、山西省发展低碳经济对策建议……125
　　六、本章结论……131

第五章 山西省煤炭资源配置综合评价体系与对策研究……132
　　一、绪论……132
　　二、煤炭资源配置研究现状……136
　　三、山西省煤炭产业现状分析……139
　　四、山西省煤炭资源配置评价分析……147
　　五、山西省煤炭资源配置对策建议……152

第六章 中部地区可持续发展与对策研究……160
　　一、绪论……160
　　二、可持续发展理论基础……165
　　三、可持续发展指标体系的建立……169
　　四、中部地区可持续发展实证分析……185
　　五、中部地区可持续发展对策建议……197
　　六、本章结论……202

参考文献……203

后记……218

第一章 山西省煤炭行业循环经济评价与对策研究

一、绪 论

(一) 研究背景及意义

1. 研究的背景

循环经济理论主要起源于生态学理论和环境价值论，生态学理论的核心是内部要素、结构与功能之间实现稳定平衡，环境价值论则立足于环境价值和经济利益的同时合理化发展，所以循环经济的本质就是在寻找一条环境、生态和社会一体化发展的道路，同样煤炭行业在自身不断发展中出现了诸多愈演愈烈的弊端，如环境污染严重、煤产出率与回采率低、坍塌土地复垦率低等，它们给人类社会带来了不可避免的经济损失和环境破坏，并严重地阻碍了人类的进步和社会的发展。

我国的煤炭储藏量居世界领先地位，同样煤炭也是我国发展工业的最主要的能源。自国家确立了以山西为中心的全国能源基地的战略发展规划之后，晋煤在市场上的份额一度达到80%。山西省查明的保有煤炭资源储量2800多亿吨，占全国查明保有资源储量的1/3，远景储量达9000亿吨，位居全国首列。但是由于长期以来高耗低能的利用，致使煤炭的产出率很低，地表沉陷严重，采空区面积不断扩张却没有及时得到填埋与复垦，截至2005年，采空区的累计面积就达5000平方公里，且每年以74平方公里的速度递增，传统的井工开采对土地破坏极为严重，截止到2005年全省地质灾害分布面积超过6000平方公里，占到全省土地面积的3.83%，生态总体恶化趋势仍未扭转。煤炭行业的发展和转型是未来山西省经济持续发展的重大战略问题，山西省的几个大型煤炭集团，如长治潞安、山西焦煤和山西煤炭进出口等在实现循环经济的道路上虽遇到一系列的困扰，但发展煤炭循环经济的局势刻不容缓，是山西省转型发展和资源型经济转型发展进程中长期面临的首要问题。

特别是 2007 年，在全国政协会议上，全国政协委员、山西省政协委员联名建议国家将山西省列为国家循环经济试点省。为山西省循环经济发展起到了巨大的推动作用，煤炭行业更加需要关注于发展的细节，从企业间的小循环、到园区间的中循环、再到城市间的大循环进行全面的、深刻的规划，以期提高循环经济效益，迅速平稳地向下一发展阶段迈进。

2. 研究的意义

2007 年 10 月胡锦涛指出，要调动一切积极因素，加大力度发展煤炭循环经济，重点扶持煤炭型城市加快转型步伐，向环境友好型和资源节约型社会迈进对国家工业的发展是必要的。

（1）如何评价和提高山西省煤炭行业的循环经济效率是促进生态环境有效改善的重要基础。通过以往的历史，我们发现各种传统煤炭产业弊端不但会造成大量的资源浪费与环境破坏，还会严重威胁人类的健康。

（2）如何评价和提高山西省煤炭行业的循环经济效率是推动社会经济健康发展的前提手段。经济发展是社会进步的核心体现，良好循环经济效益可以提高单位资源的利用率，实现综合效益最大化。

（3）如何评价和提高山西省煤炭行业的循环经济效率是保证居民生活稳定有序的有力措施。只有环境与经济的稳定，人们才可能更好地安居乐业。

可见，在分析煤炭行业循环经济必要性的基础上，煤炭行业的循环经济在山西省经济社会发展乃至国家现代化建设全局中具有特殊的重要性，因而研究如何提高山西省煤炭行业的循环经济能力具有迫切的理论和实践意义。

（二）国内外研究现状

1. 国外研究现状

在人们环境保护的思想还处在萌芽状态的 20 世纪 60 年代，循环经济被唤醒了，美国经济学家肯尼思·波尔丁首次指出了循环经济的概念即以减量化为中心思想，在整个"资源—产品—废弃物—回收再循环—再利用—转化资源"的过程中，保证生态、环境和经济的一体化发展。20 世纪 80 年代是循环经济思潮崛起的时代，在联合国世界环境与发展委员会的总报告《我们共同的未来》中进一步阐述了对于循环经济理论研究的现实意义，强调了只有保证资源的高效利用和综合开发才能促进循环经济的发展。

20 世纪 90 年代，一体化的循环经济成为环境与经济领域的思想主流。诸多学者经过对循环经济的透彻研究,标新立异,通过实证分析,根据不同的行业特征,测度循环经济在多种产业领域的应用,其中强调了煤炭废弃物资源化产业体系的发展,这是清洁生产、生态设计的又一个升级的年代。

"二战"后,世界上最大工业区之一的鲁尔工业区从工业的发展顶峰陷入了工业危机的深渊。20世纪60年代以后,通过产业结构调整和改造,把发展循环经济作为产业结构调整的重要措施,鲁尔工业区迅速地转变为以原有产业为基础,以信息、化工和建筑为主的多样化产业结构经济区。这个世界煤炭行业发展循环经济最典型的范例,为所有的煤炭型资源城市的经济转型和结构调整做出了巨大的理论与实践方面的贡献。

王柳松(2010)通过分析德国鲁尔区、猎人谷矿区等世界范围内比较有代表性的矿区转型中循环经济的发展模式,提出了对于国内发展煤炭循环经济的启示。由于矿区开发历史悠久,煤炭开采及消费过程对生态及环境造成了巨大的破坏,而西方发达国家在发展循环经济中为我国提供了很重要的借鉴意义。

总之,国外在煤炭经济学的研究中更加注重分析煤炭行业中的竞争态势,如何提高资源利用率及更好地降低成本,并将难以衡量的指标尽可能地在减少误差的同时来量化表述。在学术研究、理论创新和技术改进方面,欧洲研究成果相对较少,而澳大利亚和美国的成果与理论建树颇多,清洁生产是澳大利亚煤炭行业发展循环经济研究的核心课题,并已取得了一定进展,居世界领先地位。而清洁煤技术正是保护生态环境、提高煤炭循环经济效率的一种更先进的手段。

2. 国内研究现状

(1) 循环经济的定义。20世纪90年代中期,国家发改委首次阐述了循环经济的基本内涵,指出循环经济是在生态学原理和自然规律的环境下,使资源在生产过程中通过技术管理来实现单位产品的能量闭环流动。2009年国家发改委颁布的《循环经济促进法》中又深层次地指出,在自然资源和环境容量可承载的情况下,尽可能多的资源利用或资源化,加强科技力量和技术要素的融入才是循环经济的本质。

(2) 煤炭行业循环经济的学科研究。循环经济一直是国外的一个研究热点,对于煤炭循环经济的研究主要集中在矿区生命周期和工业生态学理论相结合的循环经济问题研究方面,核心思想是提高煤炭资源的生态效率,保护生态环境,国内在循环经济理论和实践研究方面刚刚起步,还应该与国外优秀学者交流信息,不断援引先进的经验。

如马莉莉(2006)强调由于过去对煤炭行业的现有情况和发展趋势还缺乏必要的认识,导致环境污染问题变成了历史遗留的尚未很好解决的问题,发展循环经济是对现有环境状况最好的改善方法。在其文章中通过对国内外煤炭城市的发展研究，结合循环经济的自身特点，总结出了有利于提高资源综合利用率和煤炭产品生产技术的对策，为后续研究奠定了理论基础。杨恒月（2010）主要提出了循环经济发展必须具有规划性，不能盲目发展，煤炭矿区是煤炭城市发展的核心问题，只有在保证矿区生态、环境和经济三位一体化的同时，才能更好地解决煤炭行业的环境和资源问题。

彭建喜（2003）分析了我国最大的煤炭资源型城市大同在循环经济下如何发展现代煤化工技术和产业，对山西省的其他煤炭型城市更好的经济转型有很大的指导意义。关礼琴（2010）认为，在党中央和省委省政府的正确领导下，山西煤炭循环经济项目已建设和正在建设中的将近100个，从实际中发现问题、解决问题，为山西省推进循环经济发展起到了中流砥柱的作用。赵国浩、阎世春（2008）深入研究了山西省煤炭行业发展循环经济的战略定位、系统设计、模式选择以及评价体系，构建了三种煤炭循环经济模式，对于山西省的煤炭行业循环经济发展起到了一定的理论指导作用。

张欢（2010）按照循环经济发展轨迹及其特色的发展原则和层次，形成了与煤炭产业特征相适应的循环经济发展模式，基于理论方面的研究、机制方面的实践和新技术的支撑，煤炭循环经济逐步成为煤炭工业的一种可持续发展范式，为煤炭行业的循环经济发展提供支持。

由此可见，国内研究主要侧重于煤炭行业循环经济的概念、特点以及评价体系和发展模式等，基本上还是停留在理论研究的层面上，对于一些典型的煤炭资源城市的案例研究在其产业结构特征、可持续发展的接续产业和经济转型后的发展趋势等方面还不够深入与全面，涉及的深层次问题研究也较少，未将定性分析与定量分析更紧密地结合在一起，也没有涉及煤炭行业循环经济的标准体系建设的问题。

二、循环经济理论基础

（一）循环经济理论

国家明确提出，在面对枯竭型煤炭资源，只有从根本上大力发展循环经济，保证高效高产，才能实现经济增长方式又好又快的转变，在这个大背景下，山西省政府管理部门探讨循环经济的基本模式、理论与实践同步进行是极具现实意义的。此外，循环经济还是一种有效的经济发展模式。胡锦涛强调指出，循环经济理念要贯穿于区域经济的发展建设中，只有资源的综合利用率的提高才能有效地保证经济增长方式的加快转变。可见循环经济是生态经济的发展潮流和必然趋势，是建设资源节约型和环境友好型社会的基本战略。

在山西省转型发展过程中，循环经济作为一个基础理论与重大举措贯穿于整个经济发展过程中，它本质上是要求在生态学规律的大环境下，把经济活动组织成一个"资源—产品—再生资源—再产品"的反馈式闭环流程，并不断提高资源综合开发率与回收率，经济活动的生态化与高效化，可以把所有的物质和能源在这个不断进行的经济循环中得到合理和持久的利用。

（二）可持续发展理论

可持续发展作为一种特殊的经济增长模式注重长远的发展，它一方面突出经济可持续的主题，经济可持续是在强调经济利益发展最大限度的前提下，必须要保证自然资源的合理利用与开发；另一方面，还融入了社会可持续发展主题，在满足当代人需求的同时绝不能以损害下代人的利益为前提。

在科学发展观下，以经济社会全面可持续发展为基本要求，可持续发展理论在煤炭行业的应用是国内外研究的热点，煤炭行业可持续发展既要遵循这个宏观的界定，同时还要考虑到煤炭资源的特殊性和煤炭行业的发展特点。

从时间角度看，煤炭资源属于不可再生资源，可持续发展理论有助于提高资源利用率，从而降低能源的耗竭速度，提高能源的综合利用率，加大产出效益，提高煤炭行业整体经济效益，为子孙后代的生存与发展保留更多的物质基础。从空间角度看，煤炭资源可持续发展的核心问题主要集中在煤炭企业、煤炭矿区和煤炭资源型城市范围内，所以各要素的研究对于煤炭行业的发展极具现实意义。

（三）低碳经济理论

低碳经济是以低能耗、低污染、低排放为基础的经济模式，是在可持续发展理论和循环经济理念的指导下，提高能源综合利用率和追求绿色GDP的问题。从实际角度出发，低碳经济可以依靠科技力量，通过技术创新、制度创新、产业结构调整、清洁煤技术、新能源开发与利用等多种手段，尽可能地减少煤炭、石油等高碳能源消耗，减少煤炭行业对环境恶化的影响，实现煤炭型城市和煤炭矿区的经济与生态环境协调发展的一种双赢社会形态。

发展煤炭行业的低碳经济，一方面是治理历史遗留的环境问题，阻止环境继续恶化，响应国家对于环境保护的要求；另一方面是提高煤炭能源综合利用率，发展煤炭产业链，建立环境友好型社会。特别是从山西能源结构看，煤炭产业是山西重要的产业基础，也是我国重要的支柱产业，低碳意味节能，低碳经济的核心就是以低能耗、低污染为基础的经济,所以低碳经济的理念必须也要应用于煤炭行业领域。

为实现国家资源节约和环境友好的建设要求,低碳经济是实现中国经济可持续发展的一场思想变革。从企业角度看,实现集约化生产、提高煤炭资源回收率、推广清洁技术、建立和利用煤炭开采绿色体系,从而减少瓦斯和有害气体排放、增加土地复垦率、防范水土流失。从园区及矿区角度看,以煤炭开采利用为源头,及时做好废弃物反馈环节,积极地加强推广废物零排放,通过各个环节的协调合作,逐步完成产业结构的优化配置,实现经济发展、社会进步和环境保护的最大限度的一体化模式。从社会角度看,低碳经济的发展模式,是对科学发展观、资源高效型社会的实际体现。为降低能源消耗、发展循环经济、构建和谐社会提供了更科学的理论与实践。

山西省煤炭行业资源丰富却开发不合理、资源浪费严重,总体恶化程度较严重,而局部的改善速度不够及时,破坏速度远远高于事后修补速度,环境问题不断扩大,生态环境超载严重。而低碳理念的核心在于技术的创新、节能的创新和环保的创新。此外洁净燃煤技术是世界煤炭新型技术发展的研究和实践热点,通过利用先进的发电技术和烟气净化技术、煤粉灰综合利用技术等,达到效益高、污染低的煤炭生产消费模式。在2003年,山西省同煤集团规划与开发的煤、电、建材关联产业多元化的塔山工业园区已达到国际先进生产水平,成功地落实了我国发展循环经济的政策要求。

(四) 系统理论

系统论是研究系统的基础模式,几乎涵盖了社会发展的所有领域,它研究各种系统的共有特征,用数学的方法定量地描述其功能与特点,寻求并确立适用于一切系统的原理、原则和数学模型,是具有逻辑和数学性质的一门综合类科学。煤炭行业的系统论,其核心思想是煤炭行业的整体观念,行业中各要素不是孤立地存在着,每个要素在行业中都处于一定的位置上,起着特定的作用。要素之间相互联系,构成了一个不可分割的整体。系统论的目的,不仅在于发掘煤炭行业整体的特点和规律,更重要的还在于利用这些特点和规律去深入地研究、规划、控制、管理、改造这个系统,使它的存在与发展合乎社会发展的需要。

日本的循环型社会模式、丹麦的卡伦堡工业园区及美国的杜邦模式中运用的系统论从整体上实现了企业间的能源再循环和再利用,使每个生产流程要素环环相扣,总体的利用率才能最优。山西煤炭行业研究系统论的目的在于调整产业结构,协调各小循环、中循环和大循环之间的关系,使系统达到最有效益,所以它的理论和方法应得到更加广泛的应用。

（五）系统综合评价法

1. 模糊综合评价法

煤炭行业循环经济指标具有一定的特殊性和非确定性，故可以选用一种结果清晰、总结性强的模糊数学的综合评价方法。而煤炭循环经济的阶段评价指标很多是难以量化的，需要进行权重的确定来把诸多影响因素最终汇成一个总体数值，来进行阶段评判和比较。这样对煤炭循环发展阶段的情况更易于掌握和理解，通过全面、细致的评价可以把握未来的发展方向，更好地实现向下一阶段过渡。

2. AHP 层次分析法

AHP 是利用数量分析的方法，主观和客观地结合把复杂问题中的诸多因素，通过彼此间比较计算出每一个元素相对的权值，再把所有指标元素进行整体排序。AHP 对模糊评价法起到了关键的作用，灵活地将煤炭行业循环经济发展的各种决策因素进行处理，实现科学性、有效性的定性与定量相结合，在本章所选用的 23 个评价指标里，每个指标对于总体的相对重要程度是不同的，都必须严格地经过专家界定，并通过合理客观的计算，才能用于整个阶段评价指标体系。

三、山西省煤炭行业循环经济的现状分析

（一）山西省煤炭行业发展循环经济的基本情况

1. 煤炭行业发展循环经济的内涵

煤炭循环经济是指参照煤炭能源特有的性质和自然生态发展规律，以探查开采为源头，经过采选、加工、消费、回收利用、再加工等环节，在能量封闭式流动的基础上，实现环境价值和经济效益的均衡一体化发展。[①] 煤炭循环经济重视生态效率，提升矿物开采率，加强矿物利用率，提高废弃矿物的回收利用率，以追求物质和能源利用效率的最大化、生态发展最优化，其核心是煤炭资源的多样性综合利用和生产创新清洁技术。

2. 煤炭行业发展循环经济的基本情况

作为全国典型的能源大省、资源大省和污染大省，山西省煤炭资源的长期高

---

① 赵国浩等. 中国煤炭工业与可持续发展 [M]. 太原：中国物价出版社，2000.

度开采、高度排放、低度利用,造成了煤炭资源的大量浪费和生态环境的严重破坏,经济和社会发展面临着行业危机和环境质量持续恶化的严峻挑战。据中科院《2006年中国可持续发展战略报告》中评价,虽然山西省区域经济发展水平排名第11位,但是关于环境和生态可持续发展的水平鉴定却在各大省份中排名居后。循环经济和可持续发展相对滞后,在未来经济社会发展中早已逐渐凸显出来。因此积极探索煤炭企业的循环经济发展模式,实现资源的高效利用与循环利用,就成为当下实现山西省经济转型跨越式发展的一个核心问题。

近30年来,山西省以每年占全国煤炭总产量1/4左右、占全国省际煤炭净调出量的70%以上、占全国煤炭出口量50%左右的比例,供应全国28个省、市、自治区和20余个国家及地区的用煤。全省2009年煤炭统计产量6.15亿吨,出省4.42亿吨(含出口)。考虑到山西省地处中国的中部经济地带,拥有丰富的煤炭资源,中长期内山西省的突出战略地位在中国能源中不会改变。而与煤炭关联建立起来的焦化、电力、建材、冶金、煤炭、化工六大产业的能源消费占全社会的能源消费的80%以上,提供的财政收入也占到全省的60%以上,是山西省的主导产业。

3. 煤炭行业发展循环经济存在的问题

近几年来,山西省政府及煤矿企业投入大量财力和物力来推进循环经济的发展,产业经济不断增长,环境问题已逐步好转,如根据每年指定的经济发展约束指标,早在2005年二氧化硫、化学需氧量、烟尘、粉尘(工业)等部分有害气体的排放量均已达到国家要求的指标并在逐年下降,这极大地增加了山西省煤炭行业发展循环经济的积极性和主动性。但由于历史污染太多,治理技术不先进和管制力度不够,环境恶化现象并未得到根本上的全面改善。山西省多年来经济的发展过度依赖煤炭行业,过低水平的大规模开采,造成地表沉陷和裂缝严重、地表水渗漏加速、废渣废水废气排放量高、土地荒漠化严重、水土流失加剧等一系列生态退化问题,巨大的生态与环境负担,给区域经济的发展带来了沉重的压力。

(1)地表沉陷破坏,复垦率低。目前,我国85%的煤炭开采来源于井工开采,这种开采手段引起的煤层塌陷是煤层开采的1.2倍左右,据不完全统计,山西省累计矿区面积1.9847万平方公里,引起地表沉陷面积就已达到2311.6平方公里,废弃、关闭矿井占地85.27平方公里,而地表塌陷面积已达到40万公顷。此外,露天开采也对土地带来了几乎毁灭性的破坏,山西省露天矿正常生产的情况下,万吨煤挖损土地为0.08公顷,并引发了大量的滑坡、泥石流等自然灾害。而据统计,2010年山西省部分煤炭矿区的土地复垦率仅达到40%,在偏远落后的城镇更低。近年来,山西省已通过省、市、县三级财政配套投资,国土、财政、建设、水利等部门来治理环境自然灾害。

(2) 地下水破坏，环境污染严重。伴随着煤炭行业的发展、煤炭多元化产业链的延伸，水污染主要来源于两个方面，一是矿井水，大部分煤矿矿井水处理率平均为50%，回用率较低，而含有硫化物、化学需氧量等多种有害物质的矿井废水均被排放到河流中，不仅对周围的水资源造成污染，还使宝贵的水资源遭到极大的浪费。二是洗煤水，一般的原煤用水量为4.6立方米/吨，洗煤水同矿井水一样，含有大量的悬浮物、重金属（如As、Pb和Mn等）等有害成分持续性地危害人类的健康。据山西省煤炭工业局统计，采煤对水资源的破坏面积占全省面积的1/5以上，并在继续的不断恶化中。而且煤炭开采对土地资源破坏进一步造成了水土流失。河道、湖泊的干涸使植被遭受破坏，水生动物失去了家园，加剧了大量物种多样化减少，使一些宝贵的水生物种濒临灭绝。

(3) 资源利用粗放式，废弃物排放度高。首先，在煤炭生产中环境污染极其严重。截止到2007年，山西省煤矿企业煤矸石累计堆存量为91703.74万吨，大量矸石的堆放，过量占用土地，采煤区土壤受到污染，生产功能下降，原有生态系统破坏。其次，传统的煤炭运输方式造成的储运区域和运输途中污染严重。如煤的自燃不仅损失煤炭产量，还会污染空气，而在运输过程中粉尘污染问题也不能小觑，在露天的煤场进行装卸、搬运，煤炭的扬尘严重。最后，与煤炭关联建立起来的电力、冶金、建材、煤炭、化工等产业也对环境产生了污染，二氧化硫、烟尘、粉尘、化学需氧量以及固体废物等主要污染物排放量总量，占全省工业排放量的90%以上，产生了一系列的废水、废渣、废气问题，使山西省仍处于"黑色经济"的发展阶段。

（二）山西省煤炭行业循环经济的阶段评价指标体系的建立原则

1. "3R"原则

循环经济理论的"3R"原则是对传统经济模式的根本变革。从宏观角度来考察总量的指标，利用尽可能小的资源消耗和环境成本，获得尽可能大的经济和社会效益。坚持这一原则，才能保证煤炭行业发展循环经济的评价符合社会生产的实际和经济发展的规律，从而使评价具有客观性、科学性和准确性。

2. 系统性和科学性原则

系统性，是指在一个复杂的社会系统中，不仅考虑煤炭行业自身的特性因素，还包括经济、环境和社会三方面的因素，在系统论的方法下把这些都看成是整体的要素，彼此既相互联系，又互为条件，从各种角度、层次去揭示煤炭循环经济的发展规律，通过整体评价来科学地将其在行业中进行实践应用。科学性，是指构建煤炭循环经济评价指标体系、评价的实施过程和方法的选择，都要符合实际，概括起来就是：一要考虑山西省煤炭行业的实际情况；二要符合山西省煤炭企业成长的特点和接受能力；三要采用科学方法收集评价信息，以事实为根据和基础进行价值判断。

3. 动态性和及时性原则

动态性强调在系统正常运行的情况下，内部因素要同外部环境及时地进行信息流与能量流的沟通，从根本上内外协调共同保证系统的可持续发展性。及时性要求数据能及时、快速和准确地获取，以保证信息的完整性和评价结果的精确度和可信度。坚持这一原则掌握各要素之间的及时相关性，是实现有效安全管理，规避煤炭行业发展产生风险的必要前提。

4. 层次性和全面性原则

层次性主要体现在权重分析上，因为每个因素的影响力不同，必须有侧重点来共同揭示事物的发展规律。而全面性可以系统地反映和测度被测评区域的主要发展特征和发展情况，突出影响事态发展的主要因素和矛盾的主要方面。

5. 定量分析和定性分析结合原则

定量分析是根据具体的数字进行的量化分析，用数字进行分析，有助于更精确地分析事物各个方面的情况，基于数字化，能够很好地总结过去，分析现在，制定未来的目标。但是也有不足的方面，就是定量分析的数字基础和来源是否准确，如果这些数据来源基础不正确，那么之后所做的分析就没有意义了。所以我们在分析问题时不能用数据完全解释的就需要进行定性，如很多时候专家的判断力往往会起到决定性的作用，所以说在进行评价指标建立的时候需要将定性分析和定量分析相结合，才是真正的理性分析。

（三）山西省煤炭行业发展循环经济的阶段评价指标体系构建

根据循环经济的具体内涵，考虑到根据煤炭行业独具的特点，循环经济要贯穿在煤炭行业这个闭环式能量流动的整个过程中，促进经济发展水平、污染治理水平、环境控制水平、社会生活水平、接续产业发展水平、资源再利用水平协调发展。以通过对分析煤炭优化配置要素、权衡评价指标体系建立原则，在已有的研究基础上构建出煤炭循环经济发展阶段的评价指标体系（见表1-1）。

1. 目标层

本章将煤炭行业循环经济的发展阶段评价作为评价体系的最终目标，故目标层用字母 A 来表示。

2. 准则层

此层包括主准则层和次准则层。主准则层指标包括选用经济、生态、社会及循环经济指标，分别用 B_1、B_2、B_3 和 B_4 表示。次准则层分别用 C_{ij} 来表示构成这一指标层的诸多要素。

3. 指标层

指标层包括表 1-1 所示的 23 项指标。

表 1-1　山西省煤炭行业发展循环经济的阶段评价指标体系

A	B	C	U
煤炭行业发展循环经济的阶段评价 A	经济指标 B_1	现阶段发展水平指标 C_{11}	利润费用比率（U_{112}）
			煤炭百万吨死亡率（U_{113}）
		下阶段发展潜力指标 C_{12}	煤产值比重（U_{121}）
			销售增长率（U_{122}）
	生态指标 B_2	污染排放强度指标 C_{21}	万元产值废水排放率（U_{211}）
			万元产值废气排放率（U_{212}）
			万元产值废渣排放率（U_{213}）
		环境保护力度指标 C_{22}	环保投入占 GNP 比重（U_{221}）
			坍塌土地复垦率（U_{222}）
			矿井水排放达标率（U_{223}）
	社会指标 B_3	社会教育水平指标 C_{31}	职工平均受教育程度（U_{311}）
			职工子女入学比率（U_{312}）
			矿区教育费用投入比率（U_{313}）
		生活质量水平指标 C_{32}	职工人均住房面积（U_{321}）
			职工人均收入（U_{322}）
	循环经济指标 B_4	资源增效能力指标 C_{41}	煤炭回采率（U_{411}）
			原煤入洗率（U_{412}）
		综合利用能力指标 C_{42}	瓦斯综合利用率（U_{421}）
			煤矸石利用率（U_{422}）
		能源节约能力指标 C_{43}	万元产值电耗下降率（U_{431}）
			万元产值水耗下降率（U_{432}）
			万元产值机械化比率（U_{433}）
			清洁技术投入率（U_{434}）

4. 评价指标体系的基本组成

（1）经济指标。煤炭行业的经济状况是衡量循环经济发展阶段的重要标准，是行业现阶段发展状况的数据体现，也是对未来发展潜力的宏观预测。本章选用以下两个指标来衡量经济发展水平，即现阶段发展水平指标（C_{11}）对山西省现阶段循环经济的发展状况进行评价，而下阶段发展潜力指标（C_{12}）则是对未来发展能力的基本掌握。

1) 现阶段发展水平指标。

①利润费用比率(U_{112})。

利润费用比率 = 利润总额/成本费用总额×100%

②煤炭百万吨死亡率(U_{113})。

煤炭百万吨死亡率 = 实际死亡人数/煤炭实际产量×100%

2) 下阶段发展潜力指标。

①煤产值比重(U_{121})。

煤产值比重 = 煤炭产值/工业总产值×100%

②销售增长率(U_{122})。

销售增长率 = 本年的主营业务收入增加值/上一年主营业务收入总额×100%

(2) 生态指标。循环经济中生态主题的突出就是在强调环境问题，经济的发展、社会的进步都必须以生态环境质量不被破坏为前提。本章选用污染排放强度(C_{21})和环境保护力度(C_{22})两个主要指标来进行综合程度的评价。

1) 污染排放强度指标。"三废"的排放率可以反映当前阶段的发展污染程度，排放率与污染强度呈正比，其值越高证明污染状况越严重需尽快改善。

①万元产值废水排放率(U_{211})。

万元产值废水排放率 = 废水排放总量/工业总产值×100%

②万元产值废气排放率(U_{212})。

万元产值废气排放率 = 废气排放总量/工业总产值×100%

③万元产值废渣排放率(U_{213})。

万元产值废渣排放率 = 废渣排放总量/工业总产值×100%

2) 环境保护力度指标。环境保护力度反映煤炭行业整体的污染治理情况，包括现阶段的部分指标的达标情况和环境污染改善状况等。

①环保投入占GNP比重(U_{221})。

环保投入占GNP比重 = 环保费用投入/GNP总值×100%

②坍塌土地复垦率(U_{222})。

坍塌土地复垦率 = 土地复垦的总面积/土地破坏的总面积×100%

③矿井水排放达标率(U_{223})。

矿井水排放达标率 = 矿井水排放达标的总量/矿井水排放总量×100%

(3) 社会指标。社会的进步是经济发展与环境保护的最终目的，而生活水平和受教育水平是社会指标的两个重要衡量方面。本章选用社会教育水平指标(C_{31})来反映山西省煤炭行业现阶段员工的科教普及情况，用生活质量水平指标(C_{32})来反映员工生活的满意度。

1) 社会教育水平指标。

①职工平均受教育程度（U_{311}）。

职工平均受教育程度 = 大专以上职工人数/职工总人数 × 100%

②职工子女入学比率（U_{312}）。

职工子女入学比率 = 子女入学人数/子女总体人数 × 100%

③矿区教育费用投入比率（U_{313}）。

矿区教育费用投入比率 = 教育费用/矿区总体费用 × 100%

2) 生活质量水平指标。

①职工人均住房面积（U_{321}）。

职工人均住房面积 = 职工总住宅面积/职工总人数 × 100%

②职工人均收入（U_{322}）。

职工人均收入 = 职工工资总额/职工总人数 × 100%

（4）循环经济指标。是以循环经济的理念为指导，参照煤炭工业可持续发展指标体系和生态工业效率指标进行筛选，它反映了煤炭资源的综合使用率和煤炭行业的资源投入利用水平。本章选用资源增效能力指标（C_{41}）、综合利用能力指标（C_{42}）和能源节约能力指标（C_{43}）来反映煤炭行业发展循环经济的实施程度，从而更准确地确定发展阶段。

1) 资源增效能力指标。煤炭回采率和原煤入洗率一直是国家政策中强调的重要指标，其与资源增效能力呈正比关系，比率越高证明增效能力越强。

①煤炭回采率（U_{411}）。

煤炭回采率 = 采出量/存储量 × 100%

②原煤入洗率（U_{412}）。

原煤入洗率 = 原煤入洗量/原煤总产量 × 100%

2) 综合利用能力指标。瓦斯与煤矸石是"十二五"规划中主要强调的两个需要提高综合利用率的方面，瓦斯的利用率应达到95%以上，煤矸石利用率主要体现在煤矸石复垦和发电，所以它们是反映循环经济发展阶段的基础评价指标。

①瓦斯综合利用率（U_{421}）。

瓦斯综合利用率 = 瓦斯综合利用量/瓦斯总体抽排量 × 100%

②煤矸石利用率（U_{422}）。

煤矸石利用率 = 煤矸石利用/煤矸石总量 × 100%

3) 能源节约能力指标。

①万元产值电耗下降率（U_{431}）。

万元产值电耗下降率 = 当月万元产值耗电量 − 上月万元产值电水量/上月万

元产值耗电量×100%

②万元产值水耗下降率（U_{432}）。

万元产值水耗下降率 = 当月万元产值耗水量 - 上月万元产值耗水量/上月万元产值耗水量×100%

③万元产值机械化比率（U_{433}）。

万元产值机械化比率 = 事实机械化单位个数/总体单位个数×100%

④清洁技术投入率（U_{434}）。清洁生产是循环经济的重要措施之一，也是低碳理论中技术创新的核心，是一种煤炭行业国际化发展的先进手段，清洁煤技术投入率（即企业在清洁技术上投入的研究费用、设备费用和人才费用等占企业总支出的比率）在某种程度上反映了该行业的先进技术的引用和推广程度。

清洁技术投入率 = 开展清洁煤技术单位个数/总体单位个数×100%

（四）山西省煤炭行业循环经济的发展阶段评价分析

1. 建立评判模型

（1）建立评判模型。

$D = C \times R$

其中，D 为综合评价值；C 为权重系数矩阵；R 为指标评价矩阵。

（2）确定评判因素集。

$U = \{U_1, U_2, \cdots, U_n\}$

（3）建立评判矩阵，即评价指标的隶属度，用矩阵 R 表示：

$R = \{R_1, R_2 \cdots, R_n\}^T$

其中，R_i 为指标 U_i 所对应的隶属度。

（4）确定权重系数矩阵。

$C = \{C_1, C_2, \cdots, C_n\}$

其中，C_i 为指标 U_i 所对应的权重。

（5）计算评价结果。

$D = C \times R$

2. 确定各因素的隶属函数及各指标的隶属度

依靠专家经验及以往研究成果确定了能够真实反映客观事实的相当于 1 及 0 的各项指标值。表 1-2 主要用于对准则层、次准则层和所有的指标进行权重的计算，如准则层中根据 4 个指标的重要程度不同，则权重也不同，更能够科学地分析数据，求得最终结果。

表1-2 目标重要性判断矩阵 A 中元素取值

重要程度	定义	解释
1	等值重要	两个目标一样重要
3	轻微重要	由经验或判断,认为一个目标比另一个目标轻微重要
5	相对重要	由经验或判断,认为一个目标比另一个目标相对重要
7	明显重要	一个目标比另一个目标重要很多
9	绝对重要	一个目标比另一个目标强烈重要很多
2、4、6、8	两个相邻程度的中间值	在两个相邻值之间时采用

3. 采用层次分析法确定指标的权重并计算评价结果

使用标度法(具体值采用德尔菲法),在因素两两比较的基础上,计算出各项指标的权重,以经济指标、生态环境指标、社会指标、特征性指标为例,计算权重。

(1)建立判断矩阵。根据标度方法,由专家给出 4 个指标之间的关系,得出判断矩阵:

$$\begin{bmatrix} 1 & \frac{1}{2} & 1 & \frac{1}{6} \\ 2 & 1 & 2 & \frac{1}{3} \\ 1 & \frac{1}{2} & 1 & \frac{1}{6} \\ 6 & 3 & 6 & 1 \end{bmatrix}$$

(2)求得判断矩阵的最大特征值和特征向量。

1)矩阵中每行元素连乘并开四次方。

$\omega_1^* = 0.5373 \quad \omega_2^* = 1.0746 \quad \omega_3^* = 0.5373 \quad \omega_4^* = 3.2257$

2)求权重。

$\omega_1 = 0.1000 \quad \omega_2 = 0.2000 \quad \omega_3 = 0.1001 \quad \omega_4 = 0.5999$

3)矩阵中每列元素求和。

$S_1 = 10 \quad S_2 = 5 \quad S_3 = 10 \quad S_4 = 5/3$

4)计算矩阵的最大特征值 max 的值。

$\lambda \max = 4.0024$

(3)对判断矩阵的一致性检验。

$CI = \dfrac{\lambda \max - n}{n-1} = 0.00078$,由于 $RI = 0.90$

所以,$CR = \dfrac{CI}{RI} = 0.00086 < 0.10$。通过了一致性检验,所求权重有效,则层

次总排序如表1-3所示。

表1-3 煤炭行业循环经济发展阶段评价指标的权重

准则层权重	次准则层权重	指标权重	总排序
B₁ 权重 0.1000	C₁₁ 权重 0.0385	0.0096	17
		0.0289	11
	C₁₂ 权重 0.0615	0.0123	16
		0.0492	5
B₂ 权重 0.2000	C₂₁ 权重 0.0726	0.0242	12
		0.0242	12
		0.0242	12
	C₂₂ 权重 0.1274	0.0850	3
		0.0212	15
		0.0212	15
B₃ 权重 0.1001	C₃₁ 权重 0.0386	0.0128	14
		0.0128	14
		0.0130	13
	C₃₂ 权重 0.0615	0.0307	7
		0.0308	6
B₄ 权重 0.5999	C₄₁ 权重 0.1500	0.0750	4
		0.0750	4
	C₄₂ 权重 0.2999	0.2099	1
		0.0299	10
		0.0299	10
		0.0302	8
	C₄₃ 权重 0.1500	0.0300	9
		0.1200	2

煤炭行业循环经济发展阶段的评价,由于涉及的因素指标很多,可以将指标层中指标的隶属函数近似认为成半梯形(在实际应用中,在不影响结果准确度的情况下,为了简化计算常选用三角形、梯形等作为隶属度函数,就是为了满足凸模糊集合的要求),采用半梯形隶属函数来计算隶属度。

$$R(i,j) = [X(i,j) - X\max(i)]/[X\max(i) - X\min(j)]$$

其中,$X\max(i)$ 和 $X\min(i)$ 是专家对理想指标的理想值和最差值的定义,通过隶属函数即可得出每个指标的隶属度。专家提供各个指标的 $X\max(i)$ 和 $X\min(i)$ 如表 1-4 所示：

表 1-4　2009 年山西省煤炭行业循环经济发展阶段评价指标的隶属度

序号	指标	统计值	$X\max(i)$	$X\min(i)$	隶属度（R）
1	利润费用比率 U_{112}	18.93%	20%	0	0.9470
2	煤炭百万吨死亡率 U_{113}	0.3283	0	2	0.8358
3	煤产值比重 U_{121}	59.43%	80%	10%	0.7061
4	销售增长率 U_{122}	16.4%	100%	0	0.1640
5	万元产值废水排放率 U_{211}	192 吨/万元	0	249 吨/万元	0.7711
6	万元产值废气排放率 U_{212}	237 立方米/万元	0	289 立方米/万元	0.8201
7	万元产值废渣排放率 U_{213}	128 吨/万元	0	175 吨/万元	0.7315
8	环保投入占 GNP 比重 U_{221}	1.47%	20%	0	0.0735
9	坍塌土地复垦率 U_{222}	50%	90%	10%	0.5000
10	矿井水排放达标率 U_{223}	80%	100%	0	0.8000
11	职工平均受教育程度 U_{311}	9 年	12 年	3 年	0.600
12	职工子女入学比率 U_{312}	92%	100%	90%	0.200
13	矿区教育费用投入比率 U_{313}	28.61%	60%	0	0.4768
14	职工人均住房面积 U_{321}	19.8 平方米	23.7 平方米	8 平方米	0.7516
15	职工人均收入 U_{322}	25440	61400	5928	0.3517
16	煤炭回采率 U_{411}	46%	90%	40%	0.1200
17	原煤入洗率 U_{412}	43%	90%	40%	0.0600
18	瓦斯综合利用率 U_{421}	53.7%	90%	0	0.5967
19	煤矸石利用率 U_{422}	62.5%	90%	0	0.6944
20	万元产值电耗下降率 U_{431}	5%	10%	0	0.5000
21	万元产值水耗下降率 U_{432}	8%	10%	0	0.8000
22	万元产值机械化比率 U_{433}	98%	100%	0	0.9800
23	清洁技术投入率 U_{434}	34.77%	80%	0	0.4346

资料来源：山西省煤炭厅和国家统计局。

以计算利润费用比率 U_{112} 的隶属度为例：

$X\max(i) = 20\%$，$X\min(i) = 0$，$X_{(i,j)} = 18.93\%$

$R_1 = (18.93 - 0)/(20 - 0) = 0.947$

在评价对象的选择上，国有重点煤炭企业在山西省煤炭行业发展中起到重要的作用，加之其他煤矿由于各种原因提供的数据相对程度上缺乏可靠性，所以本章以大同煤炭、阳泉煤炭、山西焦煤、潞安矿业与晋煤五大煤炭企业集团为代表作为数据的搜集对象,这五大集团的所在矿区基本覆盖了山西省煤炭矿产的区域,其综合统计数据可以基本反映山西省煤炭行业循环经济的显示水平。

参照山西省煤炭行业发展的循环经济的程度评价①:

$0.85 < D \leq 1.00$ 循环经济良好阶段;

$0.70 < D \leq 0.85$ 循环经济初级阶段;

$0.50 < D \leq 0.70$ 循环经济过渡阶段;

$0.00 < D \leq 0.50$ 循环经济传统阶段。

计算循环经济程度评价值,范围为 0 到 1,将表 1-3 和表 1-4 的数据代入公式:

$$D = C \times R$$

得 $D = 0.7962$,根据循环经济的评价值,可以看出山西省煤炭行业循环经济处于初级阶段。

四、国内外煤炭行业发展循环经济的案例剖析

(一) 国外煤炭循环经济的典型案例——鲁尔区

鲁尔区坐落于德国的西部,是德国最大的工业园区和钢铁煤炭生产基地,20世纪60年代,石油、天然气的供应对以煤钢为主的鲁尔区造成了冲击,煤矿和钢铁公司纷纷倒闭,大批工人失业。但是通过积极转型的发展战略,在之后的30年里,发生了翻天覆地的变化,各项产业如雨后春笋般崛起,成为了欧洲最大的经济特区。

在很长的一段时间里,鲁尔区的 6000 多个大烟筒每年向大气中排放 400 万吨废气,矿区水污染严重,针对这一问题,60 年代末,政府斥巨资建立了完整的供水系统,净化废水。北威州政府随即出台了《鲁尔发展纲要》,将采煤业集中到盈利多、机械化水平高的大矿井,兼并重组小矿井,关闭高耗低产的小煤窑,政府提供相应的优惠政策和财政补贴,对煤矿业采取大力扶持政策,使煤矿生产技术和设备居于世界领先水平,在保持技术和设备输出的优势的同时实现工业园区的循环经济。1989 年鲁尔区彻底改造昔日的旧矿区和旧厂房,并大兴土

---

① 苗敬毅. 煤炭资源优化配置评价指标体系研究 [J]. 山西财经大学学报,2010 (9).

木对城市建筑景观进行改造。实施这一计划后，鲁尔区的17个大小城市被绿地、居民中心、物流中心、工商业园区等大小100多个城市项目所覆盖，人们的生活质量得到了极大改善，"国际建筑展览埃姆舍尔公园"项目在欧洲也被视为工业基地稠密区在城市建造和生态发展方面的一个颇为广泛应用的重要模式。

此外，在传统产业改革的同时，鲁尔区根据内部区域优势，选择煤炭产业的续接产业，实现了多元化经营的发展模式。第三产业部门比重迅速提高占现有产业的一半以上，且信息技术领域在德国属于领先水平，仅1994年到1997年的三年时间里软件企业增加了2500多个，在促进经济发展的同时也极大地扩大了社会人员的充分就业。

（二）国外煤炭循环经济的典型案例——洛林矿区

洛林区坐落于法国的东北部，总共包括孚日、默兹、默尔特—摩泽尔、摩泽尔4省，是法国矿产资源富集区。煤矿储量十分丰富，占法国总储量的一半以上。同样从20世纪70年代起，走入了钢铁产量急剧下滑的困境，法国政府随后提出整顿洛林工业区的计划，洛林的经济转型是由传统的单一经济结构发展模式向多元化的可持续发展模式转变。

洛林矿区起初虽然煤炭储量巨大，但产品结构单一，开采吨煤成本高于世界市场煤炭价格，政府积极促进产业结构和产品结构调整，把龙头产业逐步由煤炭产业替换成其他高新技术和高附加值产业，在这些成本高，没有竞争力的煤炭企业基本关闭的同时，大力发展电子信息业，一个地区发展科学技术的进步会带来巨大的力量，在支柱产业的带领下，汽车业、生物工程、医药业、核磁等新技术也迅速地占领市场，加快了转型的步伐。

产业多元化就是洛林的发展方向，洛林果断放手煤炭行业，根据再就业和产业发展的需要，组成若干不同类型、不同专业、不同所有制、不同层次的培训中心来提升社会的整体素质。培训中心根据培训者的基本情况、技术基础和就业意愿、将要从事的工作和国家将要发展的新产业，有针对性地、分门别类地进行培训。基础的培训时间一般为2年，特殊岗位为3~5年，培训期间受训者的培训费由国家一律承担，而工资由企业继续支付，这就减轻了培训人员的负担，他们可以根据自己的喜好与兴趣，为走上适合自己的岗位而接受培训。此外，从现实出发，规划城市发展思路，把重点放在农业上，并扶持青年重点服务于农村，尤其是大力发展种植业、畜牧业和食品业，促进农副产品的深加工。从而达到提高农产品的质量和增值，利用农业资源，既建立了稳定的资金渠道，又能绿化环境、净化空气改善自然环境。80年代初期，法国政府出资成立矿区工业化基金，而后的10年内每年提供款项来帮助矿区学习新的技术和替换老化设备，从根本上帮助政府加快矿区发展，积极与国内外广泛开展合作，通过信息交流、技术共享平台来实现洛林的现代化建设。

（三）国内煤炭循环经济的典型案例——河南焦作

焦作市坐落于河南省西北部、紧邻山西晋城，曾经以"煤城"享誉全国。煤炭工业的发展是焦作工业的支柱产业，在50年代，焦作煤炭工业总产值占焦作市工业总产值的80%以上，原煤产量份额一度占领河南市场。焦作的煤炭储量丰富，矿产资源分布广泛。到了20世纪80年代，围绕煤炭开采，焦作又逐步发展起了煤矿机械制造、化工、冶金、建材等关联工业。后期的不断发展使焦作拥有的煤炭相关产业的企业成长迅速，是全市经济收入的主要来源。但是由于长期的利用和发展，焦作的矿产资源中煤炭资源的枯竭问题日益凸显，严重阻碍了城市的发展，一时间积累的经济增长乏力、人员失业率高、城市污染严重等问题逐渐爆发。

随后，在政府的帮助下，焦作走上了"加工—利用—再加工—再利用"的发展道路，关联多元化的产业格局，拓展产业链，改造了原有的焦作电厂、丹河电厂和一批比较大型的地方电厂，坚持走煤—电产业之路，发展能源工业，积极发展化工等行业。并促进电—铝一体化联产，延伸产业链条，在原有的以煤炭能源为基础条件下，大力发展电力产业，增加煤炭的附加价值，截止到2004年，铝工业实现增加值26.8亿元，占全市规模以上工业增加值的15.4%。此外，大力发展橡胶化工，形成了以基本化工原料、有机化工原料、橡胶制品为主的多门类化工体系。引进国际先进技术鼓励发展晶体材料、丙烯酰胺、免疫试剂、冰晶石等高新技术，其中部分企业的生产规模和能力已达到国际领先水平，此外，政府在不断增强焦作人的环保意识的同时，把环境保护、环境治理作为城市发展的首要目的，无论怎样的城市建设，都必须以良好的城市环境为基础，所以旅游业最终实现了跨越式发展，经过近几年来的景区开发和景观道路建设，迅速抹掉了"煤城"、"雾都"的老形象，现如今焦作市已成为中国优秀的旅游城市，其中"焦作山水"和"云台山"名扬万里，被评为"中国旅游知名品牌"，广受国内外游客的喜爱。

（四）国内煤炭循环经济的典型案例——辽宁阜新

辽宁阜新矿藏资源多且储量大，其中，煤的资源储量可达10多亿吨。其中，20世纪60年阜新海州露天煤矿是全国第一座现代化露天煤矿，素有"煤电之城"的阜新，截止到2002年，共生产煤炭5.3亿多吨，发电1500多亿度，为我国社会主义现代化工业建设提供了重要的能源。但是作为一个煤炭资源型城市，转型才是它的最终选择，所以，辽宁阜新作为国务院确立的全国第一个资源型城市经济转型试点市,其转型工作一直备受国内外关注。

阜新市根据自己的城市特点,走上了一条适合自己的城市转型发展道路,通过兼并重组、提高矿井生产能力等措施,使煤炭产量在一定时期内保持在1000万吨左右,充分发挥综合开发优势,实现煤炭—焦化—煤气—发电—化工一体化的高效能源产业链,推进资源深加工,逐步建设成为全国重要的煤化工产业基地。并大力培育和引进龙头企业,致力发展成为全国重要的农产品深加工及食品供应基地,加速产业多元化发展,培育壮大一批优势特色产业,突出皮革、液压、林产品、铸造、氟化工、新型电子、玛瑙加工等产业集群建设。

阜新转型同洛林的告别老工业改革一样坚持就业优先战略,把社会的就业问题放在首位,并加强社会保障和救助体系建设,城镇职工基本养老保险制度基本完善,在传统劳动力就业模式大行其道的背景下,阜新选择"退二进一"(从第二产业向第一产业转移)。在城市建设方面,建立了详细的城乡发展统筹规划,把绿化复田、城镇布局和道路建设纳入改革的头等大事中,尤其是煤炭矿区地形、地貌、植被和大气污染较严重,为改善居民的生活环境和生存状态,阜新市城市建设委员会制订了详细的改革计划,城市里重点在道路规划、房屋建设和景点修葺,偏远地区从土地复垦、植树造林和绿地造田等入手,对环境进行彻底改造,为城市经济发展奠定良好的环境基础。

(五)国内外煤炭循环经济的成功案例所带来的启示

启示之一:有效的法律、法规可以加快实现转型的高质、高效化。

鲁尔区改造是在各项规划的总体指导下进行的,如1966年鲁尔区第一个总体发展规划就是最终以法律形式予以确定的。德国政府在鲁尔区的改造振兴中还先后制定了很多法律法规,如《联邦区域整治法》、《煤矿改造法》、《环境基本法》等。而山西也在不断地颁布各项法案、法令,如《山西省煤炭企业转产煤炭城市转型政策试点实施方案》、《山西省加快推进社会领域节能工作实施方案》、《山西环境保护法》等,这从客观方面尽量地保证各项规划长期、稳定的实施,从而使煤炭城市转型按照预订轨道来进行,但是相关部分的法律还有待完善,才能不断增加转型的有力法律保障。

启示之二:煤炭行业多元化的不断拓展更能促进转型之路顺利畅通。

山西作为能源大省,很多相关产业都是以煤炭为基础原料,这就造成第三产业的部分空缺,其实一个城市的发展决定于它的综合能力,只依靠能源是行不通的,在能源枯竭的边缘,一切的补救措施都会为时已晚,据有关统计数据显示,山西省的轻工业中,每年从省外调入的轻工业产品已超过了400亿元,主要以供居民使用的食品工业产品有48.87%由省外调入。而无论是焦作的"从黑色到绿色",还是阜新的"退二进一"都是向第三产业的领域大力拓展,这就需要山西不断加强多元化的发展,从经济、社会和环境三方面来推动转型步伐加快进行。

启示之三:首当其冲的再就业是转型发展中急需解决的社会问题。

在以上案例中,我们能了解到城市的转型都千方百计地抓好就业与再就业问题,而山西省政府自 2008 年开始进行煤炭资源整合,整合后,矿井总数已由 2600 座减少到 1053 座,使大量从事与煤炭相关行业的人员不得不先下岗再就业。其中技能单一、受教育程度较低的劳动者占下岗总人数的 60% 以上,在传统产业中只从事简单的体力劳动,但改革后,他们的就业问题由于一定的局限性很难解决。而洛林转型的一个鲜明特点就是特别注意在产业结构大刀阔斧的调整中对劳动大军也进行相应的调整,使之尽快掌握新知识、新技能,适应新岗位的需要。为了尽可能将就业结构调整与产业结构调整相结合、相适应、相匹配,山西省政府、企业和社会组织应分别建立分门别类的培训中心。培训中心尽可能向每个培训者提供两个以上的就业机会,从而长远解决就业危机及产业结构问题,提高产业竞争力,为产业技术创新和产业发展的多元化起到有利作用。

(六)山西省煤炭循环经济的实现路径

实现循环经济是个复杂的过程,既要考虑可持续发展,也要考虑市场运行的情况。立足于保护生态、发展经济、运用新技术的出发点,以往那种只是片面地追求经济增长,忽视经济、社会、资源与环境相协调,供给与需求相协调的做法已被淘汰,生产和消费过程中资源消耗的节约、废弃物减量化、资源化、再利用化和零污染才是循环经济发展的最终目的,借鉴国内外成功的案例,结合自身的特点,山西省煤炭行业循环经济发展还需要以下五方面的改进。

1. 煤炭产业领域

首先,加强煤炭地质勘查,改善煤炭资源开发利用率。提高煤炭的勘查技术,提供可供开采的煤炭精查储量,鼓励和引进国内外先进的技术、设备和工艺,降低煤炭资源的消耗速度。其次,提高煤炭资源的综合利用率,走现代化发展途径。尽管山西省现在是我国入选原煤量最多的省份,但产业集中度和综合生产能力低,在 2008 年对占煤矿总数的不到 20% 的煤矿实行综合开采,且原煤入洗比例很低,不及主要产煤国家 20 世纪 90 年代的原煤入洗率,因此要依靠先进的科学技术,煤炭洗选技工技术有待提高,并大力支持与发展"清洁"产品(煤炭液化、地下气化、洗选加工等)。此外,型煤技术、配煤技术和水煤浆技术也是我国现在比较成熟的洁净煤技术,这些是山西省煤炭行业循环经济发展的必然选择。最后,抓好劣质煤的综合利用,尤其是对煤矸石的开发利用,因为煤共伴生矿物的加工再生产也是有效利用能源不可或缺的重要环节。

2. 煤炭相关产业领域

煤炭行业循环经济发展对资源有高度的依赖性，产业关联度大、依附性强的相关产业只有有效的发展起来才会对矿区资源枯竭、转型起到良好的缓冲作用。山西省发展的新模式就是大力发展煤—电、煤—化工、煤—建材等接续产业和替代产业的发展，如煤气化技术生产的合成气可以作为民用燃料气、发电等，其中煤气化多联产在矿区可持续发展中的作用越来越显著。而煤炭液化可以得到40%左右的液化油和15%的高热值煤气，山西省对此也非常重视，它已成为煤炭行业循环经济发展的战略技术之一，这些技术都可以用于发电、化工、燃料等产业。

3. 非煤炭产业领域

煤炭工业在工业生产总值中占有比较大的比重。非煤产业领域上虽未有空缺，却只是在产业结构中处于补充地位。要增强矿区的综合服务功能，加强基础建设与投资，这些都可以提高现代服务业、现代金融业、现代旅游业等的发展空间，此外，合理开发利用自然资源，发展现代化农业也是现在矿区城市都在重点计划与实施的方面，它不但可以加快绿化的步伐，还可以为社会主义经济建设做出贡献，河南焦作就是比较成功的典范。

4. 环境污染与控制领域

煤炭的开发与利用，带来了经济效益的增长，但也必然会带来环境的污染，最直接的就是煤矿"三废"，进行"三废"综合利用和无害化处理，是煤炭行业循环经济发展的首要问题。煤炭企业必须开展对"三废"综合利用项目的科技攻关和技术改造，如固体废弃物的长期堆放占用了大量的土地，并且污染水质和大气，加以利用可用于发电、汽车以及民用等方面，最大限度地净化和处理矿井水不仅可以减少污染还可以缓解紧张用水，粉煤灰也可以大量用于筑路、生产水泥、制砖等。

5. 煤炭矿区社会民生领域

煤炭行业循环经济发展是各大矿区城市经济建设与发展的重要战略方向，向环境友好型城市发展需要各个方面的力量，国家应继续完善相关的法律、法规，并给予矿区优惠政策，促进矿区的产业结构调整，对煤炭型城市面临的问题和发展战略进行调研与分析，同时制定并出台适合自己的煤炭行业循环经济发展道路的方针政策。山西省建立煤炭循环经济发展基金并用好这一基金也是整个工作的核心内容和关键环节，赵大为（2010）提出煤炭行业循环经济发展基金是为了通过先进的清洁生产技术和开采技术来提高煤炭资源回采率和综合利用率，这些都必须以一定的资金作为基本的研发与支撑，从而更科学地促进煤炭行业循环经济发展。煤炭城市也要转变观念，理清发展思路，以煤炭行业循环经济为根本原则，不可片面地追求经济增长，忽视环境与资源的承载能力。此外，山西省的居民是环境污染的直接受害者，政府和相关部门要带动居民改善环境的积极性，进行充分互动。

五、山西省煤炭行业发展循环经济的对策建议

2005年西山煤电、山西焦化被列入第一批国家循环经济试点企业，随后，丰喜集团、潞安集团、安泰集团等被列入第二批国家循环经济试点企业，随着上述试点工作的全面推进，山西省煤炭行业发展循环经济在政府管理部门的带领下取得了阶段性成果。但是总体还一直处于初级阶段，仍有很多地方难有新的突破，量的积累才能产生质的飞跃，推行循环经济要建立企业的小循环，形成一个优质、优产的企业群；建立行业上的中循环，以行业为单位，拉长产业链，环环相扣，加强市场风险的抗御能力，形成行业类生态工业园；建立区域上的大循环，从整个城市的角度出发，提高资源利用率，改善生态环境。而这些都需要行业在各个方面进行改进，通过分析国内外的成功案例得出，实施循环经济的高效发展需要良好的法律环境、先进的技术设备、雄厚的经济基础、市场机制的健全、政府政策的支持、资源配置秩序正常、公众的环保意识等也十分重要，所以，加快山西省煤炭行业循环经济健康快速地向下一阶段的过渡，总体归纳起来主要有下面的对策建议。

(一) 强化国家政府方针政策

2009年，国家发改委通过并正式批复《山西省循环经济发展总体规划》，为山西省发展循环经济制订了周密的规划，对促进山西省循环经济和资源节能减排的工作起到了巨大的推动作用。本着循环经济的前瞻性和长远性的理念，山西省在强化政府政策的任务上有着绝对的责任和义务，在山西省法律法规虽然为煤炭资源型城市发展循环经济提供了法律与政策保障，如《山西省煤炭管理条例》、《山西省瓦斯监测监控系统工作人员上岗培训考核管理办法》等都在不同程度上对煤炭企业的管理起到了积极的推动作用。但是大部分的法律法规基本都是以指令性控制为主的强调环境的末端治理，如《固体废弃物污染防治法》等，无法从根本上约束企业的违规行为。要想从真正意义上强化国家政策，必须对煤炭企业自资源的开采初期到最终回收废弃物各个环节都要进行详细的约束，并且加强省政府管理部门的宏观统筹规划，对于一些违法乱纪、干扰市场正常运行和污染

生态环境的负面行为给予强力的制止与处罚。

1. 完善地方法律法规营造良好法制环境

根据日本、德国、美国等西方国家发展循环经济的经验，我们国家已经颁布了《国务院关于促进煤炭工业健康发展的若干意见》、《关于加快发展循环经济的若干意见》、《清洁生产促进法》、《循环经济促进法》等法律法规。目前国家支持煤炭循环经济的基本体系也已经形成，煤炭产业是山西省的支柱产业，营造良好的法律环境，实际制定一些地方法规与全国法律法规配套，形成自己完整的法律体系立法，来严格降低煤炭资源消耗污染物的排放，对促进煤炭行业有法可依、有法必依的健康有序发展是十分必要的。如管理部门可以根据国家的"煤炭资源综合利用条例"、"洁净煤技术规程"以及其他生产、加工等方面的管理办法与技术指导，采取轻重缓急的手法，针对山西省已出现的问题，分清主次，最严重的环节就要重点关注与改进，进行更科学、有效的合理规划，实现经济效益整体最大化。

2. 加强试点工作推进促进信息交流

山西省虽然自2005年开始，部分优秀企业就一直作为国家循环经济的试点，但理论研究工作还很薄弱，脱离实践经验，一直难有新的进展。这就需要西山煤电、山西焦化等这些中坚力量和重要的示范单位广泛地同国内外研究所、科研机构、各大高校建立紧密的联系，尽可能地多开展课题，积聚更多的思想与经验来为各个企业量身定做循环经济发展技术方案、循环经济发展的阶段规划，运用科学有效的手段、先进的技术来帮助企业解决难题，向前发展，从而更好地贯彻落实国家政策，为其他试点单位起到表率作用。煤炭企业是煤炭行业的组成元素，单单依靠某个企业的发展是不可能带动行业的进步，只有充分的交流与合作，才能更好地促进山西煤炭行业循环经济发展向下一阶段平稳过渡。此外，信息的交流不仅需要煤炭企业主观意识的增强，还需要客观条件的改进，只有发展的平台不断提高，才能推进整个行业有更大的进步。

3. 完善技术政策和财税政策的支撑体系

传统的煤炭行业长期给人一种"脏、粗、黑"的印象，主要是由于煤炭行业劳动强度大、污染严重，煤炭开采和消费过程中产生的污染物种类多、数量大、范围广，而很多企业不承担治理责任，煤炭技术又相对落后是日积月累的结果，虽然自2009年矿区兼并重组，但是很多矿井的设备陈旧、老化，即使引进先进的技术，也不能很好地加以利用，来发挥它的效益。在观念上，煤炭行业不应满足现状，习惯于传统的作业手法，必须接受新技术的意识和理念；在技术上，要加强企业自主创新的体系建设，健全内部开发、人才培养、项目招标，积极开展产、学、研相结合，拓宽煤炭行业与非煤炭行业的产业链，制定正确的节能高效战略方针，保证清洁煤技术在煤炭开采和选洗的源头就发挥它的科技作用，促进煤炭行业循环经济发展的持续进行。山西省自2007年起开征煤炭可持续发展基金，但其中并未涉及循环经济发展基金，可以在这方面重新规划，对山西煤炭行业循环经济发展给予一定的财政支持。此外，政府管理部门还应该鼓励煤炭企业利用清洁发展机制，加大科研机构和高校对洁净煤技术的研发投入，对洁净煤技术的重点实施区域或企业的推广应用予以资金支持，建立资源循环利用技术发展基金或专用资金渠道，严格杜绝资源浪费并加大矿区污染治理的投入，实施发展循环亏损补贴、财政贴息、税前还贷等政策，充分调动企业发展循环经济的积极性和可能性。

（二）推进煤炭行业多元化发展

煤炭产业是山西省的主导产业，煤炭行业多元化发展，延长产业链条，增加市场竞争力，是实现循环经济发展的客观必然性。在山西省煤炭相关产业中电、铁、铝、化等衍生企业数量多、分布广，这些产业可以增加煤炭资源的附加价值，但除少数形成规模外，普遍规模还是偏小，还不能有效全面地发挥推动作用。

1. 打破传统体制束缚加强多元化发展

长期以来，煤炭工业在传统的计划经济体制束缚下，产业机构单一，这些利用率低、单一的产品既浪费了煤炭资源，也不能满足市场多样化的需求。只有调整产业结构，发展多种经营才能够适应市场的发展规律。要想打破传统体制束缚，就必须保证从依附矿山企业转向面对市场的需求，真正地充分发挥市场配置的基础作用和企业作为主体的作用，以市场需要的产品来引导生产，转变靠山吃山、靠水吃水的思想观念，要充分地依靠科学技术，和铁路、建材、化工、轻工等部门以及科研机构广泛开展横向联合，发挥联合优势，增加产品的市场竞争力。山西省煤炭工业厅在2011年12月14日下发的《关于做好2012年煤炭产运需衔接工作的通知》中，对山西省煤炭产运需衔接工作做了部署，也深刻地强调了必须要加强产业链延伸，发展多元化产业，切实做好2012年全省的工作。此外，还需要统一管理体制、明晰产权制度、提高资金利用、引进专业人才与技术等。

2. 增进煤炭行业协会调节监督作用

山西煤炭行业协会要充分发挥桥梁、纽带作用。在省委、省政府的领导下，协助政府在煤炭行业清理整顿、煤炭产业条例出台、拓宽营销市场、加强行业自律、节能降耗、清洁生产、维护煤炭市场交易秩序等方面，促使全省煤炭行业在科学发展、和谐共建的进程中，迈开较大的步伐。煤炭行业协会要有效地了解煤炭企业制定发展煤炭循环经济发展战略规划，建设煤炭企业可持续发展的信息共享机制，建立省内各企业关于循环经济发展建设沟通的平台，并借鉴国外煤炭矿区可持续发展的成功例子，使各煤炭矿区交流经验和弥补不足，煤炭行业协会不但对山西省发展起到引导与监督的作用，还可以通过引进先进的技术手段统筹全局，带动全国煤炭矿区协调统一发展。

（三）加强煤炭企业自身的发展

企业是经济活动的主体，也是能源消耗、效益产出的根本载体，只有树立正确的商业目标和环境目标，才能从真正意义上促进煤炭行业循环经济的发展。自2009年起，山西省大部分的煤矿企业都进行了兼并重组，但是兼并重组只是节能高效的一种手段，也就是说兼并重组只是在构建环境友好型社会，实现山西省煤炭行业循环经济有序发展中起到一定的推动作用，需要做的还很多，煤炭企业只有自身有了较好的发展才能带动整个行业的进步。

1. 积极推进煤炭企业技术研发

在2011年，山西省煤炭循环经济的发展取得了很大的进步，尤其是煤炭高效节能技术在国家扶持和山西省政府的带动下，大同煤矿集团、潞安集团、晋煤集团、山西煤炭进出口集团等省级企业技术中心，都取得了很大的进步，但是随着实践活动的进一步开展，技术研发也需要更深入，目前山西省开展循环经济的技术基础还略显薄弱，需要进一步地通过分析重点企业的实践经验，来归纳总结出适合自己发展的道路，煤炭技术的研发离不开科研机构、高校学者等无形技术的加入，还需要一定的资金和良好设备的支持，同时，应该把一些发展基本成熟、条件基本具备、具有代表性的煤炭资源型城市纳入典型培养范围，重点扶持，以点带面，推动循环经济全面进行。

2. 大力发展煤炭附加产品转化利用

煤炭行业的经济增长方式已日益向集约式转变，根据生态环境的理念，推行清洁生产，提高能源利用效率，减少污染物产生量与排放量，从开采的源头，就要改革矿井开拓布置和采煤工艺，尽可能采用先进技术装备和工艺，实现规范化生产，对矿产资源、水资源、土地资源和伴生矿资源等进行综合开发，充分利用煤炭开采过程中的附加产品，如高岭土、煤矸石、煤焦油、粉煤灰等可以通过科学的再加工，将其再次地作为生产产品的原料，达到物尽其用的效果，实现资源的综合利用率提高，并从根本上减少工业垃圾。在煤炭开采及附加产品加工的过程中，企业要树立自己的企业目标和实施的战略规划，把短期目标和长期目标相结合，以长远的利益为最终目的，实现新技术在旧技术中不断的改进。如新汶矿业集团的煤炭地下气化是通过高新科技和常规技术的结合，从造气到实现应用成功的产业化示范工程，达到国际领先水平。此技术还能够为高硫高灰劣质煤寻找到更好的废物利用，变废为宝，集中方便地脱除煤气中的焦油、硫分和氧化物等有害物质，提高煤炭企业综合利用率。

3. 全面增加企业与员工的风险防范意识

对于企业来讲，坚决摒弃产品结构单一的发展模式，一旦产品滞销，市场需求偏离正常预测，企业在市场上就会失去主动权，轻者资金损失，重者破产倒闭，煤与非煤的产品互补可以从根本上增强抗击市场风险的能力。对于员工来讲，尽管安全生产水平持续提高，但安全形势仍旧十分严峻，2007年全省共发生各类煤矿事故142起，死亡458人。其中，乡镇煤矿事故占事故总数的53.8%，占总死亡人数的70%；全省7起10人以上的事故，死亡人数占总死亡人数的近50%。企业可以定期组织培训行业和岗位相关的法律法规、通过多媒体教学手段提高员工的安全技能和分析以往的煤矿安全事故等，尽可能地降低事故发生率。

（四）提高煤炭行业物流效率

物流是企业的第三利润源泉，很多成本费用只是凸显出实际费用的冰山一角，而山西煤炭物流产业的确是山西省煤炭行业的发展瓶颈。作为经济大省，却缺乏先进的煤炭物流产业；作为煤炭大省，却缺少动力煤定价话语权；作为公路运力大省，却自身运力不足40%，甚至山西省的冬季供暖也难以保证，但是其北部运力与产能增加基本吻合，中南部运能仍然紧张，水路运输提升，铁路直达困难，公路外部潜力不大。

1. 加强物流行业监管稳定运输市场秩序

山西省煤炭物流行业的滞后是导致山西煤炭行业缓慢发展的重要因素。首先，在山西省内个体和民营股份制单位主导整个煤炭运输市场，必须要完善管理体制，理顺市场监管，保证市场有序经营，政府出面协商物流成本和运输费用的计算标准，防止行业垄断，造成资源的不合理配置。其次，要想行业监管的政策有效性，必须要进行事后监督，制订跟踪计划，要求运输业严格遵守行业制度和履行企业职责，对于违反的企业实施处罚。只有这样才能防止山西省煤炭的产运销链条的断裂，从而使山西省煤炭在全国市场的话语权逐步增强，市场综合竞争力逐渐提高。

2. 建立综合运输体系满足客户多样化需求

山西煤炭物流中铁路与公路是两大主要运输方式。而山西省煤炭的外销量占生产总量的80%左右，其中铁路的运输量占80%以上，铁路以运量大、费用低作为主要运输手段，但也存在一定的弊端，如铁路干线饱和、在途时间长、装卸搬运过程缓慢等，而公路作为仅有20%的运输手段，有着铁路无法比拟的时间优势，却仅限于地方性（即比较近的目的地），要想建立综合运输体系，就必须在基础设施上形成多条高速公路连接线的改造工程，在运输方式上扬长避短、分工协作，在货运方式上加快装卸搬运效率，在技术上保证信息的高度透明化，实施运输订单跟踪、合理规划最短路程等。所以各煤炭企业要充分考虑自身的特点利用资本优势、资源优势和技术优势，推进产销联合、储运结合、路矿结合，增加企业经济效益，选择适合自己的运输方式实现成本最低化。

3. 合理分配物流节点优化产业链结构

煤炭物流的核心就是供应链，运输与仓储是物流中最重要的两大子系统，其总成本可以占到整个物流成本的50%，所以对于仓储的研究也极具现实意义。首先，在重点产煤区域建设煤储中心，可以对当地用户、合作户集中供应、解决储运矛盾。如晋城、运城、临汾、侯马、忻州、大同公司可以在沿郑州、石家庄和西安等煤炭外运主要集散地建设容量比较大的临时煤炭储运仓库，为用户提供标准化的煤炭产品。在仓储方面要充分考虑库存成本、积压时间、装卸搬运效率、管理费用等。其次，在遵循物流的基本理念下，符合物流学中的"效益背反规律"，即根据要素之间存在的博弈关系，某一环节的效益达到最高值必然会引起另一环节的效益降低。所以要达到供应链的整体效益最优，不能片面地追求某一环节的经济增长。要根据省内煤炭资源的区域分布和省外所需煤炭资源的分布情况，依靠科学的手法，保证信息度透明化，健全调度中心的配套设施，降低物流成本，加强政策和组织的后续保障。最后，对煤炭资源进行再加工配送，客户分流，提高产品的科技含量，促进产业结构升级，在外省市煤炭外运的主要集散地建设大型煤炭超市，满足用户的多样化需求，提升煤炭产业附加值。

六、本章结论

煤炭循环经济是使废弃物资源化、减量化和无害化的生态型发展模式，代表了我国未来经济的发展方向，是区域竞争力国际化的发展趋势。山西省作为转型大省，本着储量丰富、煤种多样、煤质优良和交通便利等的诸多优势，要充分地利用好自身的先决条件，把循环经济的发展理念贯穿整个转型阶段，借鉴国内外优秀的案例典范，以他人之长补己之短，从根本上贯彻落实国家政策，来实现企业内部的小循环、园区之间的中循环和城市转型的大循环，小循环是中循环的前提基础，中循环是大循环的必经之路，最后逐步建立循环型企业，生态型社区，循环型工业园区,来实现环境友好、资源节约和生态文明的社会。总之,在煤炭行业循环经济向下一阶段过渡的时期,要遵循资源化、减量化、再利用化的原则,以物质流、能量流和信息流将三者有机地闭环结合起来,使三个层次相互补充、相互联系、相互促进,交叉组合,各企业要从思想意识、经济实力、技术水平、区域条件等各方面打好基础,然后分步骤、分层次实施,在区域条件较好、经济效益较优、有创新力的大型煤炭企业试点,然后逐步推进,通过工业园区的发展带动城市的转型,构建能源高效的生态社会。煤炭循环经济建设是一个长期的发展目标,而山西省由初级阶段向下一阶段过渡的关键时期,要稳扎稳打,走好节能减排的每一步,为后续的发展奠定坚实的基础。

本章以山西煤炭行业循环经济为出发点,通过各种不同的阶段评价指标在循环经济理论、可持续发展理论、低碳理论和系统论的基础上,全面评价了山西省现在的煤炭行业循环经济发展阶段的程度,并深入分析了在国家政策下,山西省政府和煤炭企业在进行煤炭行业改革的过程中存在的问题,并全面分析了相应对策,以此来补充和完善前人在此方面研究的不足,为后续研究提供理论与实证依据。

第二章 山西省煤炭行业节能减排对策研究

一、绪论

(一) 研究背景及意义

1. 研究的背景

近几年由于过度消耗化石燃料导致全球变暖趋势的不断加强及其所带来的严重后果,使得全球变暖突破了环境和生态学的范围,引起了社会学界的重点关注和讨论。

首先从国际层面来说,2012年《京都议定书》已经到期,而下一阶段各国对节能减排目标尚未达成一致,尤其是世界上第一大温室气体排放国——美国在几次国际性会议上明确表示不愿意再参加下一阶段的国际节能减排计划,这无疑是对严峻的国际环境恶化的挑战。而世界各国在近几年都相继开展各种活动,采取各种政策措施以实现各国节能减排的目标。从《京都议定书》的签订之后,欧洲逐渐成为世界气候问题的主导者。在欧洲经济发展的过程中,环境破坏和资源消耗带来的问题逐渐成为制约欧洲经济的重要瓶颈。欧洲对外则希望利用政治手段迫使美国提升生态成本;对内为了实现减排目标,欧盟通过了一些具体协议,如逐步用节能荧光灯取代能耗高的老式白炽灯泡,提高办公室和街道采光的能源使用效率,限制汽车尾气排放等。与此同时,节能减排的先锋——日本,则通过加大科研投入、提高资源利用率、减少能源消耗以实现节能减排的目标。但是近年来,日本家庭温室气体排放量仍然在不断增加,为了实现《京都议定书》规定的目标,日本政府提议开展以"一人一日一公斤"为目标的国民减排运动,以期望日本家庭大范围使用高效节能家电，在兼顾环保及经济发展中充分发挥节能技术。尽管作为碳排放大国的美国拒绝签署下一阶段的节能减排协议，但是为了促进经济发展、降低能源消耗和保护环境，美国政府也做出了努力：将降低能耗和节能减排纳入政策法规，鼓励低能耗产业的发展，加大对高能耗产业的科技投入等。由此可见节能减排已经成为了世界各国现阶段除了经济发展以外最关注的话题。

其次从国内层面来说，自改革开放以后，我国也像大多数的资本主义工业化国家一样，延续了传统的高能耗经济增长模式，并且为此付出了惨重的代价，如能源的过度开采和浪费，全球气温变暖等环境问题。尤其是随着我国工业化、城镇化和现代化发展速度的不断加快和程度的不断加深，资源过度消耗、生态和环境破坏的问题日益凸显。因此如何减少资源消耗，实现资源、环境和人类的和谐发展成为当前我国经济发展的首要任务。随着《京都议定书》的实施以及气候变化问题谈判进程的加快，中国作为发展中国家承担着减限排的巨大潜在压力。中国是煤炭资源大国，2008年中国一次能源生产中，原煤的产量占76.7%，一次能源消费中，煤炭占68.7%。煤的生产和消费长期以来徘徊在能源结构的70%左右，并且随着中国经济的增长、工业化和城镇化的快速发展，在今后很长的一段时间内，这种局面不会改变。在世界油气价格的冲击下还可能进一步推动我国煤炭的需求，而煤炭燃烧排放的二氧化碳是导致全球气候变暖的主要原因。在保持经济增长的同时，将温室气体排放控制在容许范围内，减缓对全球气候变化的影响，这就需要进一步从政策角度研究如何降低高排放和高能耗产业的碳排放和能源消耗。

煤炭作为关系国家能源安全的一种能源，在促进经济发展和就业方面都发挥了巨大的作用。煤炭行业也因此而成为了未来很长一段时期内支撑中国经济发展的重要产业，与煤炭相关的各项产业的高速发展带来的能源消耗严重影响了我国的可持续发展。因此如何在煤炭行业的发展和可持续经济发展之间实现平衡成为了经济学界关注的热点话题。

2. 研究的意义

2011年9月，国务院颁发了《"十二五"节能减排综合性工作方案》，在方案中明确提出我国在"十二五"期间节能减排的总体要求和主要目标，即以邓小平理论和"三个代表"重要思想为指导，深入贯彻落实科学发展观，坚持降低能源消耗强度、减少主要污染物排放总量、合理控制能源消费总量相结合，形成加快转变经济发展方式的倒逼机制；坚持强化责任、健全法制、完善政策、加强监管相结合，建立健全激励和约束机制；坚持优化产业结构、推动技术进步、强化工程措施、加强管理引导相结合，大幅度提高能源利用效率，显著减少污染物排放；进一步形成以政府为主导、企业为主体、市场有效驱动、全社会共同参与的推进节能减排工作格局。到 2015 年，全国万元国内生产总值能耗下降到 0.869 吨标准煤（按 2005 年价格计算），比 2010 年的 1.034 吨标准煤下降 16%，比 2005 年的 1.276 吨标准煤下降 32%；"十二五"期间，实现节约能源 6.7 亿吨标准煤。

国务院为了实现这一目标，综合考虑节能潜力、经济发展水平、产业结构、国家产业布局及环境容量等因素，将全国节能减排目标合理分解到各地区、各行业。各地区要将国家下达的节能减排指标层层分解落实，明确下一级政府、有关部门、重点用能单位和重点排污单位的责任。在"十二五"规划中明确提出山西省的节能目标：单位国内生产总值能耗降低率由"十一五"期间的 22.66% 降至 16%。山西省作为产煤大省，尤其是随着社会经济的高速发展，在煤炭需求不断增长的同时也加剧了能源消耗和环境排放。煤炭行业因此也成为了高能耗产业，但是产生的经济效益与能源消耗不成正比，使山西省一直延续且很难摆脱高能耗经济发展模式。因此，研究如何最大限度地降低煤炭行业的能源消耗和环境排放对于山西省实现跨越转型和国家的节能减排目标具有重大的现实意义。

（二）相关理论研究现状

1. 关于低碳经济的研究现状

自 2003 年英国政府发布的能源白皮书《我们能源的未来创建低碳经济》中首次提出低碳经济，各国的学术界都投入了大量的人力、物力对低碳经济进行相关研究。综合近年的研究成果，对低碳经济的研究主要集中在以下几个方面：

（1）低碳经济的内涵。学术界从发展阶段、模式、社会经济形态、资源使用方式和物质流过程对低碳经济的内涵进行了概括。

1）发展阶段论。该理论认为低碳经济的最理想状态是在国民经济产业结构中第三产业的比重超过第二产业，GDP 增长和碳生产力的增长同时达到一定的水平。低碳经济已经成为世界经济发展的必然趋势，但是各国在发展低碳经济的同时必须要结合自身的发展实际情况，尤其是发展中国家不能为了实现低碳经济一味地要求改变产业结构和能源结构。

2）发展模式论。该理论对低碳经济内涵的解释是现阶段最被接受和使用的观点。它认为低碳经济是以低能耗、低排放、低污染为基础，经济发展和能源消耗脱钩的新兴经济发展模式。

3）社会经济形态论。该理论认为低碳经济不仅仅是企业未来生存和发展的重要途径，还是未来社会生存和社会生活的重要发展模式，它特别强调了社会制度和社会管理机制在低碳经济发展中的重要作用。

4）资源使用方式论。低碳经济的这一内涵是针对高碳经济提出的，该理论认为低碳经济就是节省能源和改变清洁能源使用结构，提高能源使用效率的问题。

5）物质流论。该理论认为低碳经济应当从产品生命周期的各个阶段入手,在物质流的输入阶段、转化阶段和末端阶段提高能源使用效率和降低二氧化碳排放。

(2) 碳排放权界定与分配。从长期看,全球气候变暖已经成为一种趋势,各个国家也都希望能够保护环境,避免气候变暖给自然生态系统和人类带来不利影响;从近期看,各国又都不愿意减少碳排放限制和影响本国的经济与社会发展,因此也就使各国在限制碳排放的问题上产生了分歧。高广生指出碳排放权根据其基本属性可以分为三种:①基本需求的碳排放。这部分碳排放权是人类生存的基本需求,是应该得到充分的尊重,这一部分排放权是不允许买卖的。②社会成员贡献给国家或者社会团体的一部分排放权。国家和社会团体有权力在国家法律制度规定的范围内对这一部分碳排放权进行交易买卖,但是同时也有义务确保这一部分碳排放权能够用于改善人民的生活水平和生活环境。③完全由市场进行配置的碳排放权。在扣除了前两部分排放权之后,社会个体成员有权利把这一部分交易权拿到市场上进行买卖,交易的价格完全由市场决定。

陈文颖、吴宗鑫（1998）在综合考虑公平和效率之后提出碳权混合分配机制,并在此基础上模拟全球碳权交易情况。刘伟平、戴永务（2004）对国内研究碳排放权交易的研究进展、碳排放权交易中各国初始碳排放权的合理配置、碳排放权交易对中国经济的影响和对中国林业的影响等重要问题的研究情况进行了述评。岳杰等将期权理论运用于企业内部碳交易机制中,并进一步研究碳排放初始分配市场的定价策略问题,以此希望得到相对合理、完整的期权定价模型。

(3) 碳减排影响因素。碳排放总量的增加引起了各国学者开始研究影响碳排放的各项因素,试图通过控制这些因素实现碳减排。如张雷（2010）从经济结构、能源消费结构和碳排放增加三者间的相互作用和影响入手,探讨了国家碳排放的基本演进规律;杜婷婷等（2007）发现碳排放与收入水平之间遵循倒 U 形曲线关系和 N 形关系;刘红光、刘卫东（2009）借助 LMDI 分解方法,分析了经济总量、能源消费结构和能源利用效率对中国工业碳排放的影响程度。

(4) 碳关税及碳税。庇古最早在《福利经济学》一书中提出碳税的概念:因为温室气体排放量与燃料含碳量直接相关,所以在国家的碳治理中可以通过碳税的课征减少温室气体的排放量,按照含碳量进行征税。财政部财政科学研究所课题组认为碳税的实质正是使外部性内在化,目的就是为了避免大气层这一公共资源出现"公地的悲剧",这一观点与科斯的福利经济学观点保持了一致。从国际层面来说,对碳税的定义更加侧重于碳税偏重效率原则,使碳税能够更好地反映相关产品的沉没成本（如因生产该产品而导致的地球温度上升、生态环境破坏和能源利用效率低的成本等）,进而通过价格传导机制,使消费者能够主动选择环保节能的产品,减少对高碳产品的需求,运用市场机制来增强环保消费的内在动力,优化社会资源配置，最终实现帕累托最优。在碳税的实施过程中主要涉及两个主要方面：一是进行碳税的课征，二是降低一些其他租税，在总税收不增和税收中立性原则下，进行环境税移转。全球各地对碳税进行了不同程度的探索和改革，对碳税制度进行了发展和完善。对碳税的改革最早发生在一些高福利的发达资本主义国家，如丹麦、挪威、瑞典、英国等。这些国家因实行高福利政策导致了其国家财政负担过重，而相继出现了经济实体课税过高的问题。从20世纪末开始，这些国家纷纷开始进行绿色税制的改革，一方面通过征收环境税获得财政收入，另一方面将这些收入用于减轻财政负担，以达到经济和环境双赢的目的。其中比较成功的案例是1991年瑞典通过税制改革，使相当于该国6% GDP的税收进行了重新分配，实现了该国降低所得税的目标。随后在90年代末美国、德国、意大利也相继进行了相关的税制改革，但是目前碳税在我国还处于论证阶段。从成功实施碳税制度的国家经验看，碳税改革不但可以改善环境，增加财政收入，而且还可以促进经济增长、提高社会福利、对社会收入进行二次分配，因此我国也应当在进行节能减排的过程中借鉴这些国家的经验对我国的碳税制度进行修改和完善。

（5）碳金融。碳金融是指与低碳经济相关的投融资活动，即服务于限制温室气体排放等项目和技术的银行贷款、直接投融资和碳权交易等金融活动，是近年国际金融领域一项重要的金融创新。低碳金融活动主要有三个方面：一是"碳交易"市场机制，包括项目的交易和碳交易配额的交易；二是机构投资者和风险投资者介入的碳金融活动，包括期权市场、碳减排期货、碳排放信用等衍生品；三是商业银行为碳交易提供中介服务，为碳减排项目提供融资服务等。

2. 关于循环经济的研究现状

（1）循环经济的概念。关于循环经济的概念学术界还没有给出统一的定义。厉无畏认为，循环经济是以"减量化、再利用、资源化"为原则，以资源的高效利用和循环利用为目标，以物质闭路循环和能量流动方式进行的经济模式。魏全平、童适平（2006）认为循环经济就是在经济活动中对有限的资源进行循环利用，提高资源的利用效率。胥树凡（2003）认为，循环经济是20世纪末以工业生态理论为指导，以自然生态理论为基础，以工业生产系统为载体，以自然生态系统为模型，构建生态工业形成的。

（2）制度创新。在循环经济的发展过程中，人们逐渐发现循环经济的发展不仅需要技术支持，还需要有制度的保障。究其原因，汤建光（2009）认为包括三个方面：①由于在循环经济条件下，许多产品和资源具有"公共产品"的性质，这就不可避免地会出现"搭便车"问题。②发展循环经济必然会发生技术成本、制度成本以及难以计算的机会成本，和市场的不确定性所带来的风险和代价。这一部分成本由谁来承担仍然有待商榷。③循环经济的运行必然会破坏原有的利益关系和利益链，同时产生新的利益关系，如何协调这些利益关系需要制度上的保障。

（3）经验启示。由于发达资本主义国家在完成工业化的过程中比发展中国家较早地认识到了环境对经济发展的重要作用，因此发展循环经济在发达资本主义国家开展得也较早，发达国家在发展循环经济的过程中给发展中国家提供了经验和启示。从政府、技术、企业、社会意识四个角度对发展循环经济取得显著成效的三个国家（英国、日本、德国）的经验教训进行总结，发展中国家应当尽早地实行循环经济，避免走资本主义国家"先污染、后治理"的老路，同时加强政府的引导作用，完善相关的法律制度建设，制定促进企业发展循环经济的激励政策；大力发展循环经济技术；加大循环经济的宣传力度，使循环经济的生产和生活方式深入贯彻落实到每个方面。

3. 关于节能减排的研究现状

"十一五"以来，节能减排逐渐成为社会各界的研究热点，经过近年的发展，我国在节能减排方面取得了一定的成果，主要包括以下几个方面：

（1）节能减排的含义及其关系。社会各界从经济学、环境保护、资源综合利用、系统论等角度对节能减排做出了概念的界定，不同的学者对节能与减排的相互关系也有不同的观点。

从经济学的角度说，比较具有代表性的有刘戒骄（2007），他认为节能减排实质是通过机制和政策的制定实现社会资源的优化配置。从环境保护角度，张炜等（2008）认为，节能减排就意味着污染的低排放甚至零排放；从资源综合利用角度，他认为节能减排的核心是资源的高效利用和循环利用。对于节能与减排之间的关系，袁开复等（2008）认为，节能和减排互为因果，如提高资源利用效率，必然会减少污染物排放；反之，如果对废弃物加以循环利用，也必将减少对资源的开采。而陆小华（2010）则认为，节能和减排之间相互矛盾。节能可以减排，但减排往往是耗能的；并且由于节能与减排的矛盾还没有被全社会阶层尤其是决策层所认识和重视，特别是减排背后的能耗代价及节能机制没有被充分揭示，造成节能减排国策难以落实。

（2）节能减排的价值。袁纯清（2007）指出，为了应对资源稀缺与环境承载能力有效的挑战，节能减排是遵循人类社会发展规律、顺应时代发展而必然采取的措施。不仅如此，节能减排还是现阶段落实科学发展观和实现可持续发展的重要举措，这些都充分体现了节能减排的经济、环境和社会价值。张卓元（2007）认为，节能减排是从"高投入、高消耗、高排放、低效率"的粗放型增长方式向"低投入、低消耗、低排放、高效率"的资源节约型增长方式转变的核心，是实现可持续发展、人与自然、经济与环境和谐相处的关键。

（3）制约节能减排目标实现的因素。由于我国能源消耗和环境污染的形势十分严峻,实现节能减排的目标任重而道远。社会各界分别从微观主体、宏观调控、技术水平、能源结构、产业结构等多角度对制约节能减排目标实现的因素进行了分析,主要包括以下几个方面:

1) 中国产业结构和能源结构扭曲。张海旺等(2007)指出,改革开放以来,由于我国在经济发展上长期片面地追求经济增长而忽视了经济增长效率,从而导致部分高耗能和高污染行业的高速增长。尤其是能耗和污染大户重工业的不断发展从根本上制约了节能减排目标的实现,同时也加剧了我国经济与环境之间的矛盾。同时他对影响我国能源消耗结构进行了实证分析,证明了现阶段我国能源消耗仍然以煤炭为主,这一特点在未来的很长一段时间都将成为制约我国经济环境可持续发展的重要因素。袁开复等(2008)则从产业结构的角度对制约我国节能减排的外部因素进行研究,他认为工业尤其是重工业的发展是推进我国四个现代化的重要支撑,但工业特别是重工业的高速增长势必会导致我国环境污染的加剧和能源的过度消耗。

2) 地方对以节能减排为重点的宏观调控落实不够。张海旺等(2007)认为,尽管国家针对节能减排制定了一系列法规政策,但是由于在政策的执行和落实过程中势必会损耗一些人的利益,致使有些地方政府消极怠工,因而从根本上制约我国能源消耗的减少。陈红敏(2008)对这一观点也持认同态度,她认为地方政府节能减排动力不足是我国节能减排工作进展缓慢的主要原因。由于中央政府单纯地以地方的经济发展速度和绝对数量来衡量地方政府的政绩,而节能减排则意味着必须对一些支撑地方经济发展的高能耗和高污染的重工业的发展进行限制,二者之间的矛盾无法得到平衡,致使地方政府为了政绩而忽视节能减排。

3) 政策法规不健全。袁开复等(2008)认为,政策法规不健全是现阶段制约节能减排的重要因素。尽管政府相继针对节能减排颁布了一些相关法律,但是这些法律条文存在着比较大的漏洞和缺陷。如对执法主体、监督主体、节能行政主管部门法律地位规定不明确,缺乏配套法律和标准体系,缺少针对企业和普通百姓的财政税收等激励政策,已有的政策局限于工业领域,可操作性有待提高,监督难、执行难等。刘戒骄(2007)指出,在能源和环境领域缺乏有效的产权制度。正是由于缺乏有效的产权制度,而导致资源价格只能够反映其开发成本,不能够真实地反映市场的供求关系和其所消耗的环境成本,难以发挥市场经济在资源市场中的调节作用。

4) 技术、资金投入不足。就现在国内的节能减排基本情况看,不管是在节能减排技术的开发还是在推广方面都还有很多的不足之处。如对节能减排技术研发的资金投入不足;相关机制和服务体系不完善等。袁开复等(2008)指出技术、资金不足是制约节能减排的外部因素。由于缺乏足够的技术支持和资金投入，我国的企业在技术研发、推广、设备更新换代以及提高资源利用率等方面与发达国家的差距在不断的扩大。

5）整个社会缺乏节能意识或存在错误的节能减排观念。袁开复等（2008）指出，由于我国能源价格不能准确地反映其全部成本而使能源价格与其他国家相比偏低，导致在企业的大规模发展中，能源投入与其他投入相比比较固定，因此在企业的生产经营管理过程中往往忽视节能减排。而且在现阶段整个社会在节能减排方面形成这样一种错误的观念：节能减排就只是工业尤其是重工业领域应当关心的事，与其他产业无关；而且节能减排就意味着需要大量的资金投入。这种错误的观念是导致整个社会节能减排活动无法顺利开展的根本原因。

4. 关于能源模型的研究现状

在世界经济发展的过程中能源的地位不断提升，经济学界在前人研究的基础上对能源模型进行了完善、修改和创新。现阶段常用的能源模型覆盖技术、经济、环境、安全等各个领域。常见的几种划分方法和模型代表如表 2-1 所示。

表 2-1 主要能源类型的分类

分类方法	划分类别	典型代表	主要研究的问题	时间跨度
按研究内容	能源—经济模型	MACRO 模型	能源经济	长期
	能源—环境模型	AIM 模型	能源消费、能源环境	长期
	能源—经济—环境模型	3Es - Model 模型	能源经济、环境、政策	长期
	综合模型	HASA - WEC E3 模型	能源技术、经济、环境	长期
按研究方法	能源仿真模型	POLES 模型	能源经济	中期
	能源优化模型	MESSAGE 模型	能源技术、经济、政策	长期
	能源均衡模型	CGE 模型	能源技术、经济	长期
	能源投入—产出模型	HERMES 模型	能源经济	—
按模型功能	能源供应模型	PRIMES 模型	能源经济、环境、技术	长期
	能源需求模型	MEDEE 模型	能源技术、经济	长期
	能源技术模型	ERIS 模型	能源技术、能源发电	—
按研究范围	全球能源模型	HASA - WEC E3 模型	能源技术、经济、环境	长期
	区域能源模型	GEM - E3 模型	能源经济、环境	长期
	国家能源模型	MEMS 模型	能源经济、环境、政策	中期
	部门能源模型	LEAP 模型	能源经济、环境	长期
按建模方法	自顶向下能源模型	CGE 模型	能源经济、环境	中期
	自底向上能源模型	MARKAL 模型	能源经济、环境	长期
	混合能源模型	NEMS 模型	能源经济、环境、政策	中期

二、节能减排理论基础

(一) 情景分析法

情景分析法是本书研究涉及的最主要的方法。在进行情景分析的过程中我们结合定量分析,对影响能源消耗的各项相关因素及未来可能的发展趋势重新进行了定性分析。

1. 情景分析法的定义

情景分析法,又称"脚本法"或"前景描述法",是建立在推测基础之上的,描述组织环境未来可能的状态,并将一些有关联的单独预测集合形成一个总体的综合预测。情景分析就是通过对内外部环境的详细分析和研究,从中甄选出影响研究对象及其未来发展趋势的外部因素,进而通过不断地模拟不同的外部因素的变化及可能出现的情景,分析和预测可能产生的结果。

现阶段能源研究领域关于情景分析法的使用大多将其与一些能源模型来定量分析:先设定几种可能出现的情景,运用过去的资料和数据选择适当的能源模型来进行定量分析。而 LEAP 模型就是针对长期情景分析的概念设计出来的一款能源消耗情景分析工具。

2. 情景分析法的分类

情景分析法主要分为定量情景分析法和定性情景分析法。定量情景分析法是以数学或计量的方法为基础,对设置好的参数和参数值加以变化,将这些数字化信息用于情景模拟,其分析结果通常表现为表、图、地图等。这种方法的论证过程比较严谨,但是无法体现研究者的价值观念、思维方式以及经济结构等现实世界的变化。定性情景分析法则是用文字来主观地模拟不同情景的发展状况,其结果通常表现为故事情节。研究者利用这种方法表达比较复杂的内容,其体现的观点较具代表性,但是过于主观,缺乏科学性、主观性。

3. 情景分析法的步骤

一般情况下,在进行情景分析前要充分地获取环境信息,从情景分析的步骤看,有起步分析法、十步分析法,并不统一,但大体思路是一致的:分析环境→设置情景,本章也遵循这种思路,结合研究实际,将分析分为以下六步:

(1) 问题的界定。分析研究背景,确定研究的目标和方法。

(2) 现状分析。充分分析山西省煤炭行业能源消耗现状以及对环境的污染情况。

（3）基本参数设定。识别、确定影响山西省煤炭行业未来可持续经济发展的环境因素，或是对其发展有影响的宏观政策、经济因素。将影响因素的历史数据输入 LEAP 模型，再通过 SPSS 软件预测未来能源消耗总量，完成 LEAP 模型基本参数设置。

（4）建立情景。通过改变参数之间的比例或是参数的值，建立 2~3 个研究情景，如基本情景、参考情景等。

（5）分析情景。分析情景产生的结果，找到与未来的差距。

（6）对策建议。结合情景分析的结果，对今后低碳环境下山西省煤炭行业的可持续发展提出对策建议。

情景条件设定是得到定量的综合情景计算结果的必要前提。情景设定需要首先明确所关心和所要进行研究的情景具有什么样的特点，并对这些特点进行科学、全面的定性描述。描述的内容包括：各经济部门的发展情况和技术水平、获得能源资源的途径和限制条件、宏观社会经济发展状况、希望达到的环境目标、拟推行的能源政策及目标，等等。然后按照定性描述建立起来的基本框架，对一些关键要素进行定量分析。在本书中，需要量化的参数包括：影响能源消费的设备效率水平以及对能源消耗有重要影响的宏观经济参数，如 GDP、人口、未来的能源需求量和收入水平等。

（二）LEAP 模型

1. 模型的比较与选择

选择一个合适的研究工具是研究的基础。由于我国能源研究领域在日常的实践过程中已经积累了大量的研究模型，并且这些模型是分别针对不同的细分能源研究领域建立的，因此有必要对这些模型进行深入、详细的比较，选择适合本章的能源模型。现阶段常用的能源模型中，比较有代表性的是 MARKAL 模型、AIM 模型、CGE 模型。MARKAL 和 AIM 是自底向上的模型，通过对技术的详细描述，并且利用分散的数据来预测未来的能源供给，这类模型更侧重于强调能源消费的变化。CGE 模型是一种自顶向下的模型，一般用于模拟部门活动水平和宏观经济发展的数量关系。但是由于我国经济的高速发展及其发展变化过程中的复杂性和不确定性，CGE 模型在我国不具有实际的可操作性。

由于本章的研究对象是煤炭行业这一单个生产部门，因此应该选择部门能源模型；本章研究内容为山西省煤炭行业的碳减排潜力，具体来说就是要模拟不同的环境、能源政策实施以及在终端技术改进的情况下，对能源消耗和碳排放结果所产生的影响。所以，进行本章研究需要一个具备情景分析仿真功能的、以部门为研究单位的、环境影响评价及预测能源需求的能源计量模型。

综合以上分析，本章决定采用 LEAP 模型预测分析在不同情景下，山西省煤炭行业发展所需的能源消耗总量和由此引起的环境排放。

2. LEAP 模型

LEAP 又名长期替代性能源规划系统，是由斯德哥尔摩环境研究所开发的一款用于能源政策分析和缓解气候变化的评估工具。

LEAP 已经被全世界 190 个国家或组织所采用，使用者包括非政府组织、政府机关、咨询公司、能源单位和学术机构。LEAP 现已成为发展中国家实行资源整合计划和缓和温室气体排放评估的重要标准。

具体而言，模型使用者是在基于目前状况以及对未来社会、经济和能源发展的不同理解的基础上设定一系列的情景，并将相应的定量指标输入到模型中，最后对不同情景下的分析结果进行比较，为决策者提供参考和对策建议。LEAP 模型主要是为了解决种种"如果……那么……"的问题，如运输部门："如果提高铁路运输的比例，降低公路运输比例，能源需求结果会怎么样？""如果运输车辆能够使用洁净燃烧技术，那么未来能源需求会有什么变化？"

LEAP 模型设置了费用效益分析、环境影响、能源需求、能源转化等模块。本章主要选择其中的两个模块：能源需求模块和环境影响模块。能源需求模块根据给定需求部门的活动水平（如产品产量或服务量）和各种活动所对应的能源消费品种和能耗强度，计算出该部门对各种能源的需求量。环境影响模块则是根据能源需求模块测算出的能源需求总量，在假定关键生产技术或者设备在不断改进的情况下，能源消耗的各项排放物的总量。在 LEAP 模型中，能源需求模块具有比较完备的功能，即可以通过输入具体用能设备的技术数据来对终端用能技术进行详细分析，也可以根据所输入的宏观经济参数来分析部门能源消费的变化趋势。能源需求模块可以单独运行，对能源需求进行计算。

三、山西省煤炭行业能源消耗的定性分析

（一）山西省煤炭行业发展的总体现状

1. 煤炭行业的概念及界定

煤炭行业是指对各种煤炭的开采、洗选、分级等生产活动构成的煤炭开采和洗选业，即按照国家分类标准 1994 年和 2002 年进行分类中的煤炭开采和洗

选业。

但是煤炭在被开采和洗选出来后,要经过运输和销售的过程才能够最终到达消费者的手中,在整个运输和销售过程中由于交通工具的使用也产生了大量的能源消耗。另外,山西省作为全国的产煤大省,负担了全国75%以上的煤炭供应,在煤炭外调的过程中进行运输也产生了大量的能耗。因此笔者在本章中将煤炭运输部门归入煤炭行业能源消耗统计的范围内。在各种统计年鉴中没有一项指标专门用于测算煤炭在运输过程中产生的能耗,因此本章根据煤炭的运输量占全部货运量的比重进一步测算煤炭运输过程中产生的能耗。

2. 山西省煤炭行业的发展现状

由于经济的高速增长,能源需求大幅度增加,山西省煤炭行业也得到了前所未有的发展。山西省煤炭1949年年产267万吨,到2010年达到了7.5亿吨。1996~2010年,山西省累计生产原煤216.9亿吨,累计外销原煤52.2亿吨,原煤产量占全国产量的32.62%。从近年的情况看,煤炭形势一片大好,但是在节能减排方面存在着许多问题,主要有以下几个方面:

(1)煤炭行业市场集中度低。造成山西省煤炭行业市场集中度低的原因主要表现在以下几个方面:

1)历史上产业政策的作用。改革开放后,国家为了保障国民经济发展所需要的煤炭资源的供给,对山西省的煤炭行业发展采取放任自流的态度,从而导致山西省的煤炭行业中企业数量的增加和规模的减小。

2)大量小煤矿的存在。随着市场经济的发展,地方政府的自主权不断扩大,政府为了追求政绩,特别是在煤炭资源条件比较好的地方,鼓励中小煤炭企业的发展,从而在山西省范围内形成了数以万计的小煤矿,而这些小煤矿与国有大中型煤矿相比,在企业规模、设备水平等方面都存在巨大的差距。

(2)煤炭行业在节能减排方面整体素质不高。山西省煤炭行业整体素质不高的原因主要体现在以下几个方面:

1)思想观念比较陈旧,相当一部分职工甚至是管理层都认为经济效益重于一切,而因此忽视了节能减排。

2)管理方式粗放,企业当中缺乏专门的资源管理者,而致使在生产经营管理过程中出现效率低下、资源浪费等问题。

3)科技进步缓慢。作为山西省经济支柱的国有大中型煤炭企业缺乏技术开发和引进的热情,从而导致采煤设备的水平与发达国家相比差距在不断扩大。

4)职工整体素质偏低。由于对人力资源开发重视不够和对教育投入的严重不足,企业中缺乏高素质人才,企业员工从根本上缺乏节能减排的意识和观念。

（3）煤炭资源浪费严重。山西省的煤炭产业在日常的生产经营管理过程中存在严重的资源浪费现象。造成这种现象的原因很多，如缺乏节约资源的意识、服务体系和运行机制等。但究其根本原因还在于地方利益的膨胀。一些煤炭资源丰富的地方为了自身的利益，人为地分割和控制煤炭资源，从而地方上存在大量的私营煤矿，而无法形成和发挥规模经济。尤其是近年煤炭价格大幅度上涨，部分煤炭企业为了追求经济效益，不惜以消耗资源、缩短矿山服务年限为代价，对煤炭资源进行过度、不合理的开采。

（二）采选部门及其特点

山西省煤炭资源丰富是人皆共知的事实，但落后的采煤方式造成的资源浪费十分严重，发达国家的资源回采率为85%以上，而山西省各类煤矿的回收率只有15%~40%，山西省每开采1吨煤平均损耗煤炭资源2.5吨，山西省产原煤60亿吨，消耗的煤炭资源保守估计在150亿吨以上。山西省的主要采选设备和工艺水平与发达国家相比存在较大的差距，而且机械化水平远低于发达国家，这也是导致山西省煤炭行业能耗居高不下的主要原因。采选过程中涉及的主要能耗设备如表2-2所示。

表2-2 煤炭采选涉及的主要能耗设备

	能耗设备
采煤设备	采煤机、刮板运输机、掘进机以及液压支架
洗煤设备	重介质旋流器、跳汰机、干选机、微泡浮选机（柱）
辅助设备	筛分机、煤泥脱水设备（如加压过滤机、隔膜压滤机）、末煤脱水离心机、破碎机

山西省煤炭采选部门的能耗情况如表2-3所示。

表2-3 山西省煤炭采选部门能耗总量及构成

年份	能源消耗总量(万吨标准煤)	煤炭(万吨)	电力(亿千瓦时)	焦炭(万吨)	汽油(万吨)	柴油(万吨)
1995	756.70	2637.35	55.37	8.17	7.91	8.11
1996	890.01	2764.21	58.19	5.20	7.69	8.57
1997	479.38	1718.33	59.18	5.27	7.36	9.64
1998	690.55	1972.02	57.81	5.20	7.28	8.80
1999	735.30	1637.72	57.89	5.88	5.87	9.81

续表

年份	能源消耗总量(万吨标准煤)	煤炭(万吨)	电力(亿千瓦时)	焦炭(万吨)	汽油(万吨)	柴油(万吨)
2000	752.65	1459.98	61.40	4.12	5.88	10.05
2001	783.56	1284.93	61.55	4.57	5.89	11.26
2002	914.43	1315.73	70.84	4.52	5.91	14.40
2003	867.59	1350.60	76.48	6.83	5.93	16.88
2004	1171.19	926.09	86.59	3.42	4.43	23.78
2005	1422.73	1131.10	110.17	4.86	4.71	19.21
2006	1592.59	1672.74	123.68	46.93	4.96	25.67
2007	2036.39	1571.72	142.51	40.15	5.48	24.47
2008	2004.46	2378.12	178.33	50.74	5.39	25.05
2009	2633.96	2321.36	150.83	43.69	6.16	34.92
2010	2780.92	2698.23	171.85	41.14	7.3	28.72

资料来源：历年《山西省统计年鉴》。

（三）运输部门及其特点

由于特殊的地理位置和煤炭运输的特殊性，山西省的煤炭运输没有涉及水运、航运和管道运输，因此山西省的煤炭运输部门可以细分为铁路运输和公路运输两个子部门。在运输过程中涉及的能耗设备和能耗种类如表2-4所示。

表2-4 山西省煤炭运输涉及的能耗设备及能耗种类

	运输工具	能耗类型
公路运输	轻型、中型、大型货车	柴油、汽油
铁路运输	蒸汽机车	煤炭
	内燃机车	燃油（主要是柴油）
	电力机车	电力

1. 铁路运输

与其他几种运输方式相比，铁路运输在远距离运输过程中有着不可比拟的优势，截止到2010年末，山西省铁路营业总里程达到了3752公里，铁路货运量达到了

63836万吨，其中煤炭运输量41219万吨。铁路运输能耗的具体情况如表2-5所示。

表2-5 铁路运输能耗总量及构成

年份	铁路运输能源消耗总量(万吨标准煤)	煤炭(万吨)	电力(亿千瓦时)	汽油(万吨)	柴油(万吨)
1995	108.1491483	35.64298377	8.945661219	27.52794	12.27547595
1996	130.2389274	37.45908323	9.43523839	26.50323	13.79681085
1997	139.5933202	39.48050478	9.809221606	25.68024	20.02686223
1998	142.1775924	45.82180691	12.83660548	29.21546	22.69966818
1999	126.0480137	36.16676404	8.931977415	23.49162	18.00593713
2000	128.4094722	38.5685479	9.241424789	23.04095	17.90682581
2001	132.0316081	41.38386125	10.83427046	22.46814	33.46721405
2002	176.6126332	45.34177363	12.66632543	22.94624	39.35127479
2003	193.1297766	51.11127297	13.64188576	23.93742	44.84602016
2004	233.7919225	54.70751344	16.23413655	26.64129	62.97725384
2005	298.8839304	44.83885381	20.48739982	30.33876	97.788265
2006	328.1953806	41.99808922	24.49013577	37.97546	99.81108391
2007	351.0416345	37.29646627	28.00820512	42.7943	104.731974
2008	472.4838138	39.42580168	26.78451289	68.64108	167.1825265
2009	542.2898394	33.53334709	25.84992949	80.83909	208.8207271
2010	574.1223749	35.4571019	29.44862686	66.57081	209.1865751

资料来源：历年《山西省统计年鉴》、山西省煤炭工业厅数据。

在能源消耗构成中煤炭和电力消耗的总量没有发生较大的变化，比重随着能源消耗总量的增加而减少；而汽油和柴油的总量相对于煤炭和电力变化较大，而且比重在不断的增加。

2. 公路运输

公路运输的特点是机动性强、灵活性大、覆盖范围广。尤其在近几年随着公路建设的发展，全省公路运输里程大幅度的增加，同时煤炭运输量也有了明显的提高。截止到 2010 年底，山西省的公路总里程达到 131644 公里，公路承担的运煤量占山西省公路运输的 16.64%，能源消耗主要以燃油中的柴油、汽油为主。山西省煤炭运输部门能耗具体情况如表 2-6 所示。

表 2-6 公路运输能耗总量及构成

年份	公路运输能源消耗（万吨标准煤）	煤炭（万吨）	电力（亿千瓦时）	汽油（万吨）	柴油（万吨）
1995	9.825040748	3.238063113	0.812688	2.500834	1.115192
1996	13.29288932	3.82327663	0.963011	2.705063	1.408177
1997	14.58334444	4.1245369	1.024772	2.68282	2.092211
1998	12.88978125	4.154192358	1.163763	2.648666	2.057946
1999	14.50545626	4.162028411	1.027881	2.703387	2.072102
2000	16.04769919	4.820021794	1.154927	2.879494	2.237867
2001	19.46645768	6.101547919	1.597382	3.312655	4.934334
2002	29.30549092	7.523600725	2.101735	3.80749	6.529592
2003	31.94195671	8.45335244	2.256247	3.959037	7.417135
2004	45.69422249	10.69248785	3.172934	5.206993	12.30879
2005	65.00288317	9.751794858	4.45571	6.598236	21.26752
2006	73.61355324	9.420085592	5.493087	8.517818	22.38742
2007	80.69682277	8.573644925	6.438476	9.837476	24.0756
2008	146.2119539	12.20046767	8.288572	21.24925	51.73528
2009	157.3986308	9.732992464	7.502895	23.4634	60.60983
2010	148.0257279	9.14188951	7.592727	17.16392	53.93449

资料来源：历年《山西省统计年鉴》、山西省煤炭工业厅数据。

随着煤炭公路运输总量的增加，能源消耗也在不断增加，且能源消耗的增长率远高于运输总量的增长率。

四、山西省煤炭行业能源消耗的定量分析

（一）基于 LEAP 模型的计算过程

1. 能源需求计算

（1）能源需求计算公式。

$$DEVICEDEMAND d.t = ACTLEV d.t \times ENINTENSITY.t \qquad (2-1)$$

其中：

$$ACTLEVd.t = ACTLEV_{sector,t} \times ACTLEV_{subsector,t} \times ACTLEV_{enduse,t} \times ACTLEV_{device,t}$$
(2-2)

式中：$DEVICEDEMANDd.t$ 为第 t 年的终端能源需求；$ACTLEVd.t$ 为第 t 年的生产活动水平；$ENINTENSITY.t$ 为第 t 年能源强度，即单位活动水平的能源消耗量；$ACTLEV_{sector,t}$ 为第 t 年的部门活动水平；$ACTLEV_{subsector,t}$ 为第 t 年的分部门活动水平；$ACTLEV_{enduse,t}$ 为第 t 年的终端使用活动水平；$ACTLEV_{device,t}$ 为第 t 年的耗能设备活动水平。其中的第 t 年指的是预测期内的某一年。

（2）预测未来经济活动水平的方法。LEAP 模型在预测未来经济活动的水平时，提供了内推法、增长率法和弹性系数法三种方法。

1）内推法，是指用已知的基期活动水平来推预测期的活动水平的一种方法。

2）增长率法，其公式为：

$$FUTURVALEVAL_t = BASEYEAR(1+G)^{(t-1)}$$
(2-3)

式中：$FUTURVALEVAL_t$ 为第 t 年经济活动水平；$BASEYEAR$ 为经济活动水平；G 为活动水平年均增长率。

3）弹性系数法，其公式为：

$$FYTYREVAL_t = BASEYEARVAL(MD_t/MD_0)^e$$
(2-4)

式中：MD_t 为预测期宏观经济活动水平；MD_0 为基期宏观经济活动水平；e 为弹性系数。

2. 二氧化碳排放计算

$$CEM = \sum_i \sum_n EMF_{n,i} \times ENINTENSITY_{n,i} \times ACTLEV_i$$
(2-5)

式中：CEM 为某一行业的二氧化碳排放量；$EMF_{n,i}$ 为第 i 种设备的二氧化碳排放强度，即使用第 i 种设备时，每单位的单位能源 n 所产生的二氧化碳排放量；$ENINTENSITY_{n,i}$ 为第 i 种设备的能源强度，即对 n 种能源的能源单耗；$ACTLEV_i$ 为第 i 种设备的活动水平。

（二）煤炭需求预测

1. 历史数据统计

在本章的研究过程中，由于细分了采选和运输两个子部门，对于采选部门的能源消耗不能仅仅单纯地以山西省的煤炭供给过程产生的能耗来衡量，煤炭产品自一开始生产就产生了能耗，无论其是否卖出。对于运输部门的能耗要通过煤炭运输量进行衡量（其中包括铁路运输和公路运输两个部门，见表 2-7）。

表 2-7 1995~2010 年山西省一次能源煤炭生产量和铁路、公路运煤量

年份	一次能源煤炭生产量（万吨）	铁路运煤量（万吨）	公路运煤量（万吨）
1995	34731	19181	2656
1996	31881	19847	3298
1997	34843	19248	3548
1998	31482	17041	3751
1999	24896	17122	4010
2000	25152	18019	4524
2001	27660	19779	5534
2002	36762	21052	6610
2003	45232	23073	6834
2004	51495	26514	9029
2005	55426	32355	10928
2006	58142	35085	11556
2007	63021	40714	12887
2008	65577	39726	13599
2009	61535	34579	9982
2010	74096	41219	10120

资料来源：历年《山西省统计年鉴》、山西省煤炭工业厅数据。

2. 相关因素分析

影响煤炭生产量和运输量的因素很多。根据以往的研究经验，影响山西省煤炭生产量的主要因素有：山西省第一、二、三产业产值，总人口，山西省全社会固定资产投资总额，山西省煤炭保有储量，山西省煤炭消费总量等。影响山西省煤炭外销量的主要因素有：全国的 GDP，第一、二、三产业产值，全社会固定资产投资总额，全国能源消费总量，山西省铁路和公路运营里程等。

影响山西省煤炭生产总量的因素数据统计如表 2-8 所示。

表 2-8 影响山西省煤炭生产量因素的数据

年份	山西省第一产业产值（万元）	山西省第二产业产值（万元）	山西省第三产业产值（万元）	山西省总人口（万人）	山西省煤炭保有储量（亿吨）	山西省煤炭消费总量（万吨）
1995	1686900	4944500	4128900	3077.00	2586.6	13373
1996	1982800	6002100	4936200	3109.26	2613.1	14144
1997	1918400	7075800	5765800	3140.89	2612.0	13327
1998	2072500	7612500	6425800	3172.20	2608.4	14081
1999	1599600	7854700	7216700	3203.63	2581.3	12793
2000	1798600	8583700	8074900	3247.80	2565.3	12704

续表

年份	山西省第一产业产值（万元）	山西省第二产业产值（万元）	山西省第三产业产值（万元）	山西省总人口（万人）	山西省煤炭保有储量（亿吨）	山西省煤炭消费总量（万吨）
2001	1710900	9560100	9024300	3271.62	2656.8	13271
2002	1978000	11343100	9926900	3293.71	2650.0	16587
2003	2151900	14633800	11766500	3314.29	2652.8	18829
2004	2763000	19194000	13756700	3335.07	2644.9	19112
2005	2624200	23570400	16110700	3355.21	2658.4	22631
2006	2767700	27556600	18461800	3374.55	2670.7	25514
2007	3119700	34544900	22579900	3395.80	2654.8	27772
2008	3135800	42423600	27594600	3410.64	2840.9	26879
2009	4775900	39938000	28869200	3427.36	2860.8	26149
2010	5544800	52340000	34123800	3574.11	2878.3	28180

资料来源：历年《山西省统计年鉴》、山西省煤炭工业厅数据。

影响山西省煤炭运输总量的因素数据统计如表 2-9 所示。

表 2-9 影响山西省煤炭运输总量因素的具体数据

年份	国家第一产业产值（万元）	国家第二产业产值（万元）	国家第三产业产值（万元）	全社会固定资产投资额（万元）	国家能源消费总量(万吨)	山西省铁路货运量（万吨）	山西省公路货运量（万吨）	山西省铁路运营里程（万公里）	山西省公路路线里程（万公里）
1995	12135.81	28679.46	19978.46	20019.26	129034	26095	39976	2435	33644
1996	14015.39	33835.00	23326.24	22974.03	133032	26757	43560	2485	35911
1997	14441.89	37543.00	26988.15	25318.00	133460	26863	47398	2504	44043
1998	14817.63	39004.19	30580.47	28406.20	129834	20975	50962	2512	48560
1999	14770.03	41033.59	33873.44	29854.71	131935	26531	53993	2512	52807
2000	14944.72	45555.88	38713.95	32917.73	135048	28779	57813	2512	55408
2001	15781.27	49512.30	44361.61	37213.49	143875	32404	61489	2512	56993
2002	16537.02	53896.78	49898.90	43499.91	150656	34404	65098	2512	59611
2003	17381.78	62436.31	56004.73	55566.61	171906	37784	67671	2512	63122

续表

年份	国家第一产业产值（万元）	国家第二产业产值（万元）	国家第三产业产值（万元）	全社会固定资产投资额（万元）	国家能源消费总量（万吨）	山西省铁路货运量（万吨）	山西省公路货运量（万吨）	山西省铁路运营里程（万公里）	山西省公路路线里程（万公里）
2004	21412.73	73904.31	64561.29	70477.40	196648	41680	72621	2512	65813
2005	22420.00	87598.09	74919.28	88773.60	216219	49067	76201	2512	111227
2006	24040.00	103719.54	88554.88	109998.20	232167	53465	78512	3110	112930
2007	28627.00	125831.36	111351.95	137323.90	247279	59614	82804	3115	119869
2008	33702.00	149003.44	131339.99	172828.40	260552	60305	66709	3324	124773
2009	35226.00	157638.78	148038.00	224598.77	274619	55086	54786	3536	127330
2010	40533.60	187581.42	173087.00	278121.80	296916	63836	60819	3752	131644

资料来源：历年《山西省统计年鉴》、山西省煤炭工业厅数据。

由于煤炭生产量和各种方式的煤炭运输量受以上各因素的影响程度不同，因此在本章中，选用 SPSS 软件来进行相关因素分析，得到山西省煤炭生产量与各个相关因素的相关系数。从最后的分析结果可以看出山西省铁路煤炭运输量与除山西省公路运货量外所有的因素都显著相关，山西省公路煤炭运输量与除山西省公路运货量外所有的因素都显著相关。

3. 预测模型的建立

通过前面的分析，从影响煤炭生产量和运输量的各个因素中筛选出了相关程度较高的因素。在接下来的研究中使用这些相关因素预测未来 40 年山西省一次能源煤炭生产量和煤炭运输量的具体数据。在对煤炭生产量和运输量的预测过程中主要使用了多元统计分析中的多元线性回归。在进行线性回归时假定被解释变量（此处为一次能源煤炭生产量或煤炭运输量），与多个解释变量 X_1，X_2，$\cdots X_k$ 之间存在线性关系，线性回归模型为：

$$Y_t = b_0 + b_1 X_1 + b_2 X_2 + \cdots + b_t X_t \qquad (2-6)$$

式中：Y_t 为第 t 年的一次能源煤炭生产量或煤炭运输量；b_0，b_1，b_2，$\cdots b_t$ 为各解释变量的系数；X_k 为影响一次能源煤炭生产量或煤炭运输量（铁路、公路）的因素。

线性回归中自变量的选择方法主要有三种：向前法、向后法和逐步回归法。本章采用向后回归法进行自变量的选取。

向后回归法首先将全部 m 个自变量引入回归方程，然后逐个剔除对因变量 Y 作用不显著的自变量。具体地说，从回归式 m 个自变量中选择一个对 Y 贡献最小的自变量，将它从回归方程中剔除；然后重新计算 Y 与剩下的 $m-1$ 个自变量回归方程，再剔除一个贡献最小的自变量，依次下去，直到得到"最优"的回归方程为止。

（1）一次能源煤炭生产量预测。将一次能源煤炭生产量作为因变量；将山西省第一、二、三产业产值，总人口，煤炭保有储量和山西省煤炭消费总量作为自变量，用向后回归法进行回归，经 SPSS 软件运行分析后得到分析结果。

从输出结果看，回归分析的结果一共有五部分。

第一部分，对模型中自变量的情况进行简要说明。

第二部分，对模型进行总结。这部分分析结果给出了 4 个基本模型：相关系数、决定系数、调整后的决定系数以及标准误差。从结果看，首先，4 个基本模型调整后的决定系数分别如下：0.970、0.971、0.968、0.966。说明模型 1、2、3、4 可以分别解释数据变动的 97%、97.1%、96.8%、96.6%，得到模型 2 与其他几个模型相比其拟合程度最好。其次，通过比较 4 个模型的标准差发现模型 2 的标准差也是最小的，因此可以确定模型 2 是最贴近实际情况的模型。

第三部分，模型的方差分析。由于在上一部分中已经确定了模型 2，因此在这一部分中主要是通过模型的方差分析判断该模型是否通过了显著性检验。由于模型 2 的 P 值为 0，小于 0.05，所以认为该模型通过了显著性检验。

第四部分，模型各变量的系数分析。该部分是分析结果中最重要的一部分，这部分给出了 4 个模型的参数估计值以及相应的 T 检验结果。

第五部分，根据已排出的变量表可以看出，自变量山西省第一产业产值，第二产业产值、第三产业产值，煤炭保有储量以及煤炭消费总量依次被选入回归模型，其他的自变量被排除在外。最终建立的模型为：

$$Y_{煤炭生产量} = 0.262X_{山西省第一产业产值} + 1.721X_{山西省第二产业产值} - 2.343X_{山西省第三产业产值} + 0.23X_{山西省总人口} + 0.277X_{山西省煤炭保有储量} + 0.9X_{山西省煤炭消费总量} \quad (2-7)$$

（2）煤炭运输量的预测。由上一部分所做的相关因素分析结果，在对铁路运煤量和公路运煤量的回归过程中将山西省公路运煤量这一因素从中剔除。对山西省铁路运煤量和公路运煤量的线性回归结果进行分析，最后建立的模型为：

$$Y_{铁路运煤量} = 893.327 + 0.427X_{国家第二产业产值} - 0.466X_{国家第三产业产值} + 0.508X_{山西省铁路运货量} \quad (2-8)$$

$$Y_{公路运煤量} = -9967.574 + 0.336X_{国家第一产业产值} + 0.082X_{国家第三产业产值} + 0.028X_{山西省公路路线里程} - 0.108X_{全社会固定资产投资总额} + 0.049X_{国家能源消费总量} + 0.061X_{山西省铁路运货量} \quad (2-9)$$

(3) 相关因素的预测模型。由煤炭生产量和煤炭运输量的回归方程可知，煤炭生产量的主要相关因素为：山西省第一产业产值、第二产业产值、第三产业产值，山西省煤炭保有储量以及山西省煤炭消费总量；铁路运煤量的主要相关因素有：国家第二产业产值、国家第三产业产值和山西省铁路运货量；公路运煤量的主要相关因素有：国家第一产业产值、国家第三产业产值、山西省公路路线里程、全社会固定资产投资总额、国家能源消费总量以及山西省铁路运货量。在本章中，选择线性函数，二次、三次多项式，复合模型，幂函数，S 曲线，增长曲线，指数曲线，逻辑曲线，指数、对数函数等进行回归。

1) 山西省第一产业产值预测。由 SPSS 的曲线估计结果分析比较可知，增长函数、指数函数和 Logistic 函数的拟合程度较好，回归程度显著，因此选择这三个函数进行山西省第一产业产值的预测，预测的回归方程为：

$$X = e^{(-119.62 + 0.067t)}$$
$$X = (1.121E - 52)e^{0.067t} \quad (2-10)$$

2) 山西省第二产业产值预测。由 SPSS 的曲线估计结果分析比较可知，幂函数、增长函数、指数函数和 Logistic 函数的拟合程度较好，回归程度显著，因此选择较简洁的增长函数和指数函数进行山西省第二产业产值的预测，预测的回归方程为：

$$X = e^{(-306.014 + 0.161t)}$$
$$X = (1.258E - 133)e^{0.161t} \quad (2-11)$$

3) 山西省第三产业产值预测。由 SPSS 的曲线估计结果分析比较可知，增长函数、指数函数和 Logistic 函数的拟合程度较好，回归程度显著，因此选择较简洁的增长函数和指数函数进行山西省第三产业产值的预测，预测的回归方程为：

$$X = e^{(-262.42 + 0.139t)}$$
$$X = (1.078E - 114)e^{0.139t} \quad (2-12)$$

4) 山西省总人口的预测。由 SPSS 的曲线估计结果分析比较可知，增长函数的拟合程度较好，回归程度显著，因此选择增长函数进行山西省总人口的预测，预测的回归方程为：

$$X = e^{(-8.458 + 0.008t)} \quad (2-13)$$

5) 山西省煤炭保有储量的预测。由 SPSS 的曲线估计结果分析比较可知，增长函数、指数函数和 Logistic 函数的拟合程度较好，回归程度显著，因此选择较简洁的增长函数和指数函数进行山西省煤炭保有储量的预测，预测的回归方程为：

$$X = e^{(-4.535 + 0.006t)}$$
$$X = 93.185e^{0.006t} \quad (2-14)$$

6) 山西省煤炭消费总量的预测。由 SPSS 的曲线估计结果分析比较可知，幂函数、S 曲线、增长函数、指数函数和 Logistic 函数的拟合程度较好，回归程度显著，因此选择较简洁的增长函数和指数函数进行山西省煤炭保有储量的预测，预测的回归方程为：

$$X = e^{(-113.697+0.062t)}$$

$$X = (4.189E-50)e^{0.062t} \tag{2-15}$$

7）国家第一产业产值预测。由 SPSS 的曲线估计结果分析比较可知，复合函数、幂函数、增长函数、指数函数和 Logistic 函数的拟合程度较好，回归程度显著，因此选择较简洁的增长函数和指数函数进行国家第一产业产值的预测，预测的回归方程为：

$$X = e^{(-142.419+0.067t)}$$

$$X = (1047E-62)e^{0.067t} \tag{2-16}$$

8）国家第二产业产值预测。由 SPSS 的曲线估计结果分析比较可知，复合函数、幂函数、增长函数、指数函数和 Logistic 函数的拟合程度较好，回归程度显著，因此选择较简洁的增长函数和指数函数进行国家第二产业产值的预测，预测的回归方程为：

$$X = e^{(-239.167+0.125t)}$$

$$X = (1.353E-104)e^{0.125t} \tag{2-17}$$

9）国家第三产业产值预测。由 SPSS 的曲线估计结果分析比较可知，复合函数、幂函数、增长函数、指数函数和 Logistic 函数的拟合程度较好，回归程度显著，因此选择较简洁的增长函数和指数函数进行国家第三产业产值的预测，预测的回归方程为：

$$X = e^{(-273.887+0.142t)}$$

$$X = (1.139E-119)e^{0.142t} \tag{2-18}$$

10）全社会固定资产投资额预测。由 SPSS 的曲线估计结果分析比较可知，增长函数、指数函数和 Logistic 函数的拟合程度较好，回归程度显著，因此选择较简洁的增长函数和指数函数进行全社会固定资产投资额的预测，预测的回归方程为：

$$X = e^{(-344.35+0.177t)}$$

$$X = (2.823E-150)e^{0.77t} \tag{2-19}$$

11）国家能源消费总量预测。由 SPSS 的曲线估计结果分析比较可知，增长函数、指数函数和 Logistic 函数的拟合程度较好，回归程度显著，因此选择较简洁的增长函数和指数函数进行国家能源消费总量的预测，预测的回归方程为：

$$X = e^{(-112.945+0.062t)}$$

$$X = (8.88E-50)e^{0.062t} \tag{2-20}$$

12）山西省公路路线长度预测。由 SPSS 的曲线估计结果分析比较可知，复合函数、幂函数、增长函数、指数函数和 Logistic 函数的拟合程度较好，回归程

度显著,因此选择较简洁的增长函数和指数函数进行山西省公路路线长度的预测,预测的回归方程为:

$$X = e^{(-182.613 + 0.097t)}$$
$$X = (4.921E - 80)e^{0.097t} \qquad (2-21)$$

13) 山西省铁路货运量预测。由 SPSS 的曲线估计结果分析比较可知,复合函数、幂函数、S 曲线、增长函数、指数函数和 Logistic 函数的拟合程度较好,回归程度显著,因此选择较简洁的增长函数和指数函数进行山西省铁路货运量的预测,预测的回归方程为:

$$X = e^{(-135.319 + 0.073t)}$$
$$X = (1.705E - 59)e^{0.073t} \qquad (2-22)$$

综上,一次能源煤炭生产量、铁路运煤量、公路运煤量以及相关因素的预测模型汇总如表 2-10 所示。

表 2-10 预测模型汇总表

预测变量		预测模型
一次能源煤炭生产量		$Y_{煤炭生产量} = 0.262 X_{山西省第一产业产值} + 1.721 X_{山西省第二产业产值} - 2.343 X_{山西省第三产业产值} + 0.23 X_{山西省总人口} + 0.277 X_{山西省煤炭保有储量} + 0.9 X_{山西省煤炭消费总量}$
煤炭运输量	铁路	$Y_{铁路运煤量} = 893.327 + 0.427 X_{国家第二产业产值} - 0.466 X_{国家第三产业产值} + 0.508 X_{山西省铁路运货量}$
	公路	$Y_{公路运煤量} = -9967.574 + 0.336 X_{国家第一产业产值} + 0.082 X_{国家第三产业产值} + 0.028 X_{山西省公路路线里程} - 0.108 X_{全社会固定资产投资总额} + 0.049 X_{国家能源消费总量} + 0.061 X_{山西省铁路运货量}$
相关因素	山西省第一产业产值	$X = e^{(-119.62 + 0.067t)}$
	山西省第二产业产值	$X = e^{(-306.014 + 0.161t)}$
	山西省第三产业产值	$X = e^{(-262.42 + 0.139t)}$
	山西省总人口	$X = e^{(-8.458 + 0.008t)}$
	山西省煤炭保有储量	$X = e^{(-4.535 + 0.006t)}$
	山西省煤炭消费总量	$X = e^{(-113.697 + 0.062t)}$
	国家第一产业产值	$X = e^{(-142.419 + 0.076t)}$
	国家第二产业产值	$X = e^{(-239.167 + 0.125t)}$
	国家第三产业产值	$X = e^{(-273.887 + 0.142t)}$
	全社会固定资产投资额	$X = e^{(-344.35 + 0.177t)}$
	国家能源消费总量	$X = e^{(-112.945 + 0.062t)}$
	山西省公路路线长度	$X = e^{(-182.613 + 0.097t)}$
	山西省铁路货运量	$X = e^{(-135.319 + 0.073t)}$

(三) 预测结果分析

根据上面的预测模型,首先将年份代入,计算出相关因素的预测值,再预测一次能源煤炭生产量和煤炭外调量的未来值,之后使用历史年份对一次能源煤炭生产量和煤炭外调量进行了预测,对向后回归法的预测结果做出修正,最终的预测结果如表 2-11 所示。

表 2-11 预测结果   单位:万吨

年份	一次能源煤炭生产量	铁路运煤量	公路运煤量
2011	30054271	81010.54	28179.90
2012	36154229	87779.71	31730.65
2013	43555394	95073.15	35636.01
2014	52520889	102919.62	39933.32
2015	63365151	111346.72	44663.87
2016	76463690	120380.02	49873.36
2017	92264673	130042.06	55612.29
2018	111302672	140351.06	61936.40
2019	134214966	151319.34	68907.24
2020	161760875	162951.38	76592.59
2021	194844675	175241.51	85067.06
2022	234542760	188171.03	94412.64
2023	282135814	201704.76	104719.24
2024	339146927	215786.89	116085.24
2025	407386727	230335.97	128618.10
2026	489006807	245238.94	142434.75
2027	586562971	260343.95	157662.10
2028	703090071	275451.78	174437.30
2029	842190551	290305.69	192907.91
2030	1008139181	304579.21	213231.83
2031	1206006917	317861.81	235576.95
2032	1441807360	329641.72	260120.34
2033	1722669899	339285.79	287047.04

续表

年份	一次能源煤炭生产量	铁路运煤量	公路运煤量
2034	2057044354	346015.43	316548.04
2035	2454942831	348878.38	348817.48
2036	2928225486	346715.29	384048.73
2037	3490938132	338120.32	422429.03
2038	4159711014	321394.76	464132.44
2039	4954229791	294492.39	509310.49
2040	5897791688	254955.27	558080.13
2041	7017962150	199838.22	610508.26
2042	8347350044	125620.22	666591.88
2043	9924522694	100280.23	726233.14
2044	11795085830	82200.36	789207.70
2045	14012958022	74523.26	855125.21
2046	16641874432	62224.71	923379.87
2047	19757160958	52341.26	993088.92
2048	23447827133	45452.40	1063016.38
2049	27819034788	36125.95	1131478.64
2050	32995009647	34202.77	1196228.04

表2-11中关于铁路运煤量的预测中自2044年后之所以出现递减趋势的主要外在影响因素包括：节能减排技术的发展、第三产业在国民经济中比重的上升、国家在节能减排方面的政策强度等。这些外在影响因素的存在导致山西省的煤炭运输自2044年开始仅仅依靠公路运输就可以满足。

五、山西省煤炭行业节能减排结果分析与对策建议

根据整个山西省社会经济发展趋势及煤炭行业的发展现状，并且参考国外发达国家煤炭行业的耗能演变状况，本章主要设置了以下两种情景：

第一种是基本情景，是指在此情景下山西省煤炭行业各部门的能耗量随着经

济发展而增长，并且生产技术没有大的改进，生产或者运输设备的构成仍沿袭了基准年的构成。

第二种是发展情景，在本章中也被称为深度碳减排情景，即在未来的一段时间内通过改变生产设备的构成比例，运输方式的选择等手段希望达到的情景。设置这一情景的主要目的是与参考方案的燃料需求及污染物排放量进行比较分析。

（一）基本情景设置及结果分析

基本情景设置目的：为了测算在不实施重大的节能减排政策和加大节能减排力度的情况下，山西省煤炭行业未来的能源消耗和碳排放情况。基本情景通过对历史数据为1995~2010年的分析来预测2011~2050年的能源消耗和碳排放。

基本情景中的主要宏观情景设置主要是人口、收入、三产产业产值与煤炭行业相关的宏观经济、政策因素的设置。

1. 采选部门

采选部门的基本情景设置为在未来的40年内与山西省煤炭生产量相关的所有变量的增长速度都保持与近几年相同的增长速度，而且终端能源使用设备（煤炭开采和洗选设备）数量和设备水平没有发生变化（见图2-1和图2-2）。

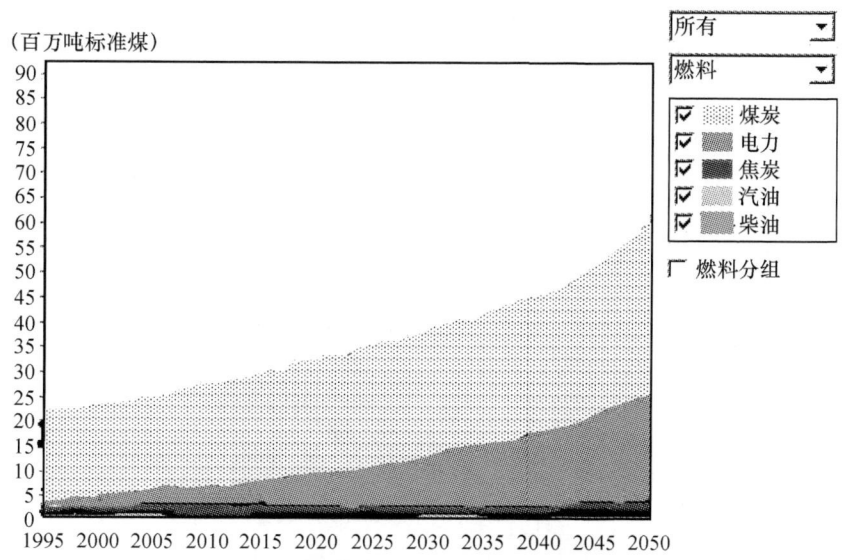

图2-1 基本情景下的采选部门能源需求

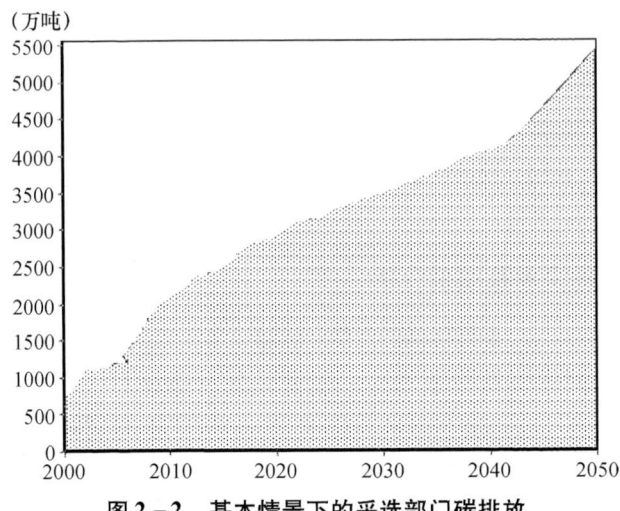

图 2-2　基本情景下的采选部门碳排放

由图 2-1 和图 2-2 得出的结果：在保持现有的宏观经济指标增长速度的情况下，在未来的 40 年山西省煤炭行业仅采选部门的能耗和碳排放将会成倍的增长。

2. 运输部门

运输部门的基本情景设置为其次子部门（铁路运输部门、公路运输部门）和终端利用设备的运输量构成均不变（与基年 2010 年相同）。应用山西省煤炭行业—能源—环境模型对以上基本情景进行模拟，可以得出铁路运输部门和公路运输部门的能源需求和碳排放如图 2-3~图 2-6 所示。

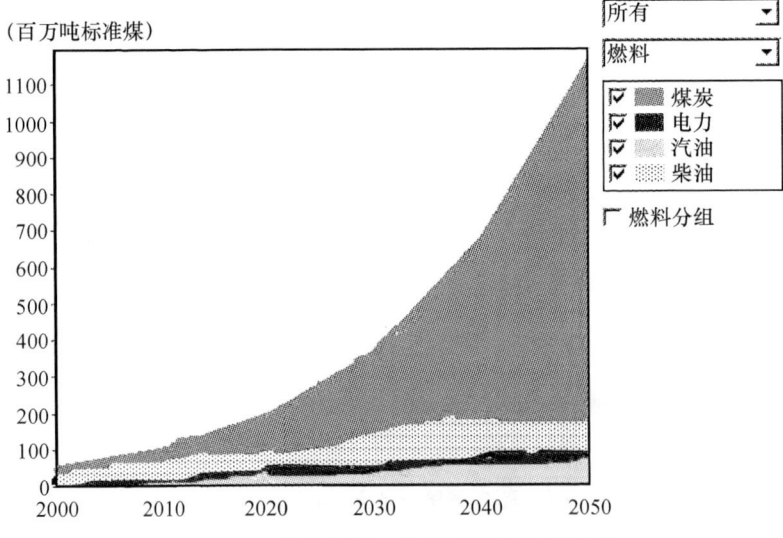

图 2-3　基本情景下的铁路运输能源需求

第二章 山西省煤炭行业节能减排对策研究

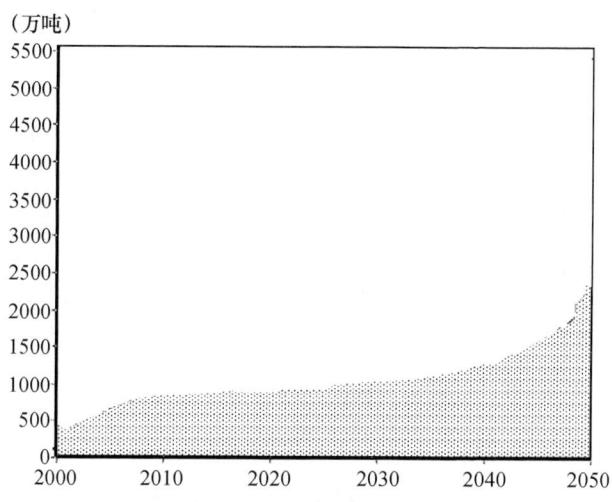

图2-4 基本情景下的铁路运输的碳排放总量

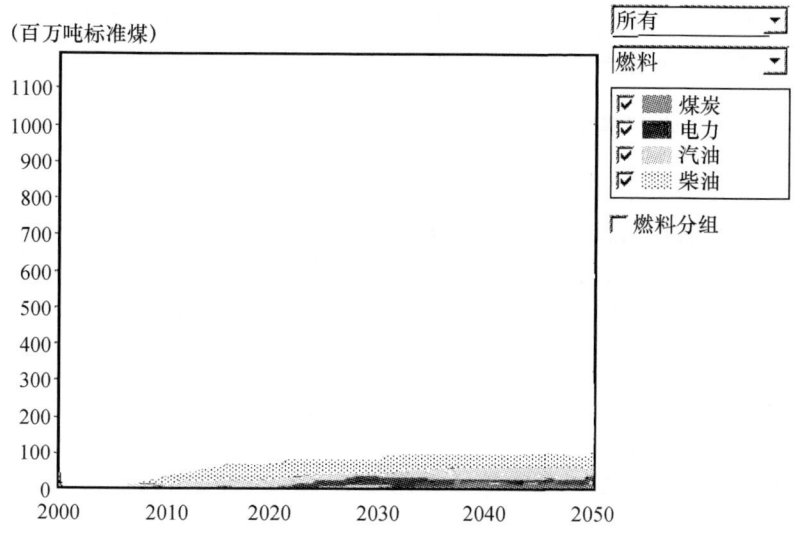

图2-5 基本情景下的公路运输能源需求

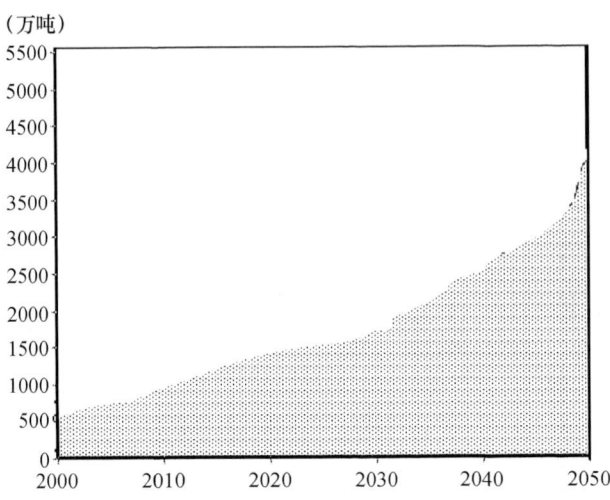

图 2-6 基本情景下的公路运输碳排放总量

通过上面一系列的图形可以直观发现,如果没有实施应对能源问题的重大政策措施,山西省煤炭行业的能源消耗将在未来几十年内成倍增长,如果放任这种趋势的继续发展,山西省很难完成碳减排承诺,构建和谐社会更是无从谈起。因此,政府非常有必要出台一些措施,社会各界也应该积极配合。

(二) 发展情境下煤炭行业节能减排对策研究

深度碳减排情景是以基本情景为基准,模拟新的对策措施所产生的效果。在本章中,深度碳减排情景通过改变煤炭运输方式比例,如提高铁路运输比例等方法,借以改变参数的设置,来仿真这些措施的效果。为了着重比较不同的政策执行力度对能源消费的影响,在发展情景下假定两个情景的人口、煤炭生产量和煤炭运输量都相同,第一、二、三产业的比例相同,能源部门以外的各部门或行业的产出量相同。

1. 采选部门

采选部门的发展情景与基本情景相比,唯一不同的是终端能源使用设备的变化。在发展情景中假定在未来的 40 年内逐渐淘汰落后的煤炭采选和开采设备,使用国际上最先进的设备,提高整个山西省煤炭行业的设备水平。

将这一结果与基本情景的结果进行对比后发现:在改变能源使用设备水平的前提下,能源消耗和碳排放将会大幅度的下降,这一结果符合对山西省煤炭行业节能减排的预期(见图 2-7 和图 2-8)。

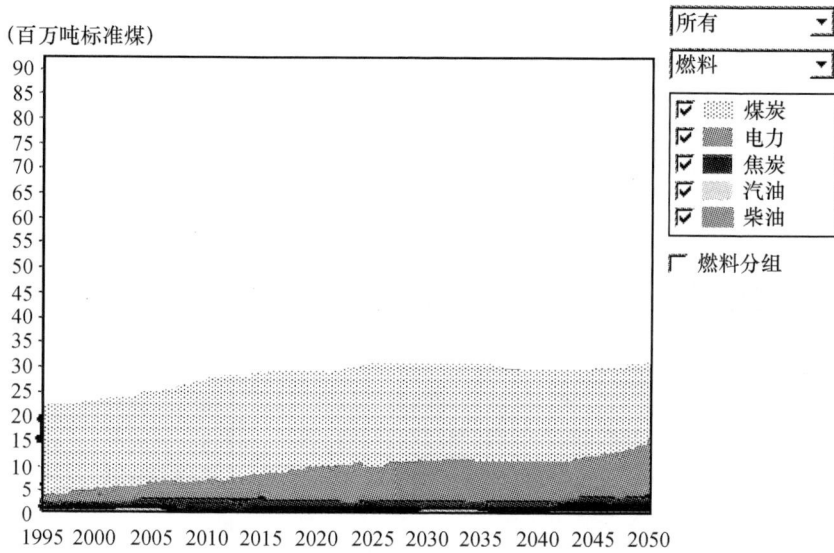

图 2-7　发展情景下的采选部门能源需求

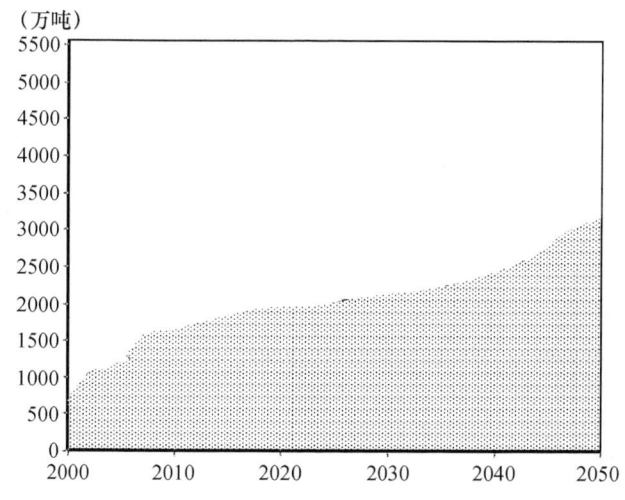

图 2-8　发展情景下的采选部门碳排放总量

2. 运输部门

由于公路运输本身所具有的便捷特点和现代交通运输发展趋势,在未来的实践发展中更多地使用铁路运输是未来降低能源消耗和缓解环境污染的有效且重要的途径之一。所以发展情景设计为逐步提高铁路运输的比例,降低公路运输的比例。此外，在发展情景中还设置了以下可能的情景：在铁路运输中，逐步淘汰煤燃用能铁路机车，加大电气化机车的使用比例；在公路运输中，提高新能源运输设备的比例。应用山西省煤炭行业—能源—环境模型对以上发展情景进行模拟，可以得出运输部门的能源需求和碳排放如图2-9~图2-12所示。

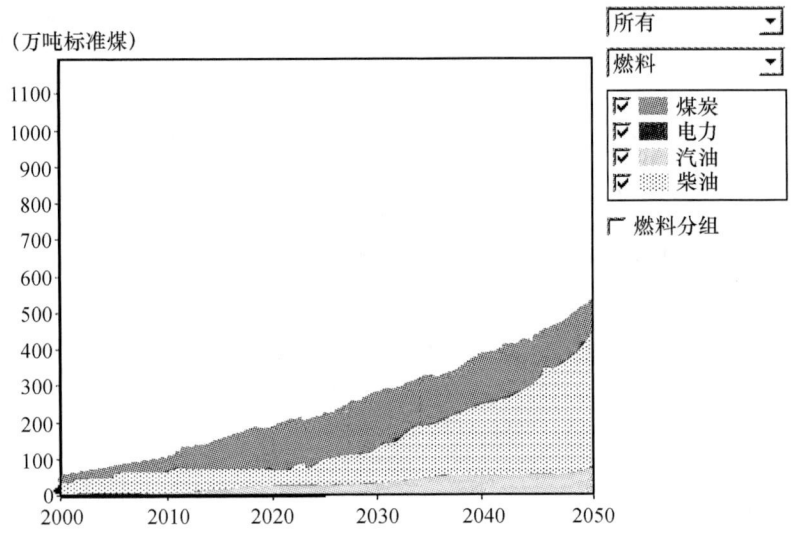

图2-9 发展情景下的铁路运输能源需求

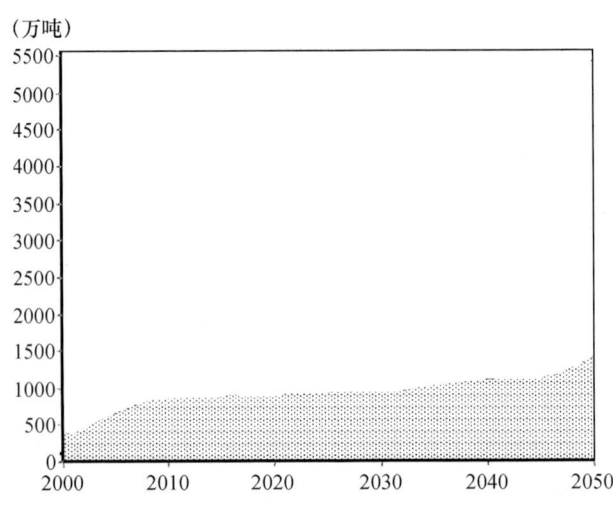

图2-10 发展情景下的铁路运输碳排放总量

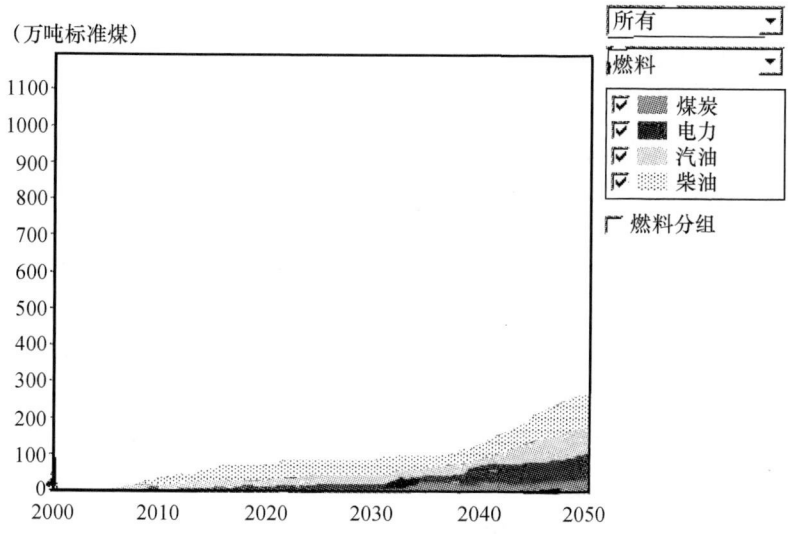

图 2-11　发展情景下的公路运输能源需求

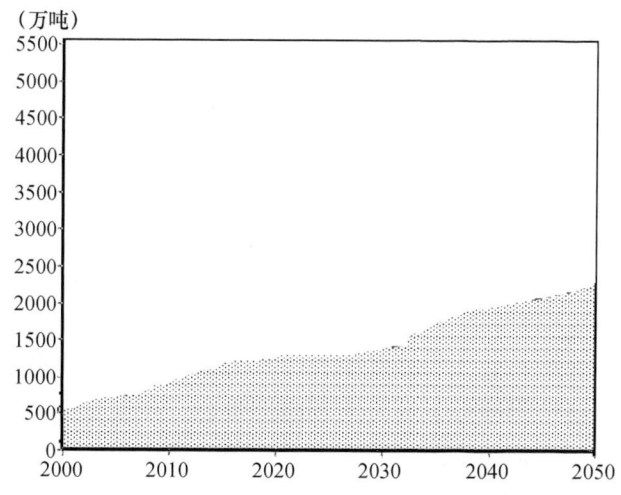

图 2-12　发展情景下的公路运输碳排放总量

运输部门发展情景计算结果显示，通过调整运输方式的比例，提高电气化运输工具的比例，会使能源需求量和大气污染排放的增长得到明显遏制。

（三）降低煤炭行业碳排放的对策建议

1. 采选部门的节能减排对策

煤炭从开采到洗选，整个过程都具有很大的节能减排空间。如在煤炭的洗选过程中，可以通过改进工艺，最大限度地提高原煤的入洗率，实现洗煤增收，提高洗煤效益；在开采过程中可以通过对瓦斯的抽取提高能源的利用效率。

（1）从宏观经济层面来说，我国的能源价格机制未能完全反映供求关系、环境成本和资源稀缺程度。目前我国正在对不可再生能源有偿使用制度进行改革，如对煤炭资源采取税费并举共同调节的办法，即征收煤炭资源补偿费、资源税、探矿权采矿权、探矿权采矿权价款等，使煤炭企业的生产成本逐步反映资源、环境、安全、劳动以及可持续发展等政策性成本，理顺煤炭资源价格形成机制，促进资源节约和合理开发利用，通过企业行为促进煤炭产业的可持续发展。山西省作为产煤大省更应当紧跟国家的有关政策，积极进行配合和探索。

（2）从微观层面来说，煤炭企业是煤炭行业的重要组成个体，从根本上进行节能减排对于煤炭行业实现转型以及实现山西省温室气体减排的承诺具有重要意义。因此实施企业的转型发展、洁净煤技术的不断创新和发展是关键环节。尤其是山西省的大中型煤炭企业，这些企业集中了大量的物力和财力，具有进行研发的物质基础，政府应当采取经济或者政策上的奖励促进企业研发、推广、引进适合山西省煤炭行业的洁净煤技术，从源头上促进节能减排，为发展低碳经济做出更大贡献，从而引领煤炭行业清洁发展、节约发展、可持续发展和安全发展的方向。

（3）由本章的模拟结果可以看出，不断改进生产设备，降低单位生产设备的能耗可以很大程度地降低煤炭行业采选部门的能耗和碳排放。但是现阶段山西省煤炭行业的生产设备水平普遍低于国际水准，因此如何改进生产设备是山西省煤炭行业进行节能减排的关键。由于煤炭行业的生产设备规模较大，需要投入较多的资金，使资金周转受到影响，而融资租赁与煤炭行业的结合，可以使节能领域的融资难题得到很好的解决。融资租赁模式的运行不仅能够提高煤炭行业节能减排的积极性，更能够实现节能社会效益和经济效益的"双赢"。融资租赁公司不仅可以与节能服务公司合作实现共赢，而且融资租赁公司自己也可以成立有实力的融资租赁公司或节能服务公司，实现内部整合，产生节能服务公司、节能设备厂商、节能客户、融资租赁公司等多方合作的一体化模式。

2. 运输部门的节能减排对策

由不同情景下的模拟结果可以得出以下结论：在煤炭运输量不断增加的情况下，相应提高煤炭的铁路运输比例和电力机车的比重，降低公路运输比例是未来煤炭运输部门实现节能减排的重要途径。

（1）铁路运输。山西省煤炭运输主要涉及的铁路干线有：石太线、侯月线、太焦线、邯长线和阳涉线。这5条铁路线负责将山西省大量的煤炭资源运送到河南省、山东省以及华东地区，但是这5条干线难以承担全部的煤炭运输量，所以在未来的很长时间内不断地对煤炭铁路运输干线进行建设和规划是提高煤炭铁路运输比例的根本途径。同时还应当大力发展铁路运输的节能技术,如车体轻量化、减小列车行进阻力、减少转化损失、列车节能操作以及基本线路条件改善等。对于煤炭铁路运输工具方面,对比现有的内燃机车、蒸汽机车、电气机车可以大力发展,电气机车在节能减排方面具有不可比拟的优势:能耗少、能量转化损失小。因此在条件允许的情况下应当逐渐地淘汰落后的内燃机车和蒸汽机车,更多地采用电气机车。

(2) 公路运输与铁路运输相比而言其能耗较大,但是彻底地放弃煤炭公路运输也是不切实际的。公路运输是现阶段我国交通运输中的能源消耗大户,因而必须尽快制定适合可持续发展战略要求的汽车能源效率标准,从源头上降低能源消费,加强加快我国老旧汽车的淘汰进程。目前我国生产的汽车与世界发达国家生产的汽车相比,仅相当于其20世纪五六十年代的产品。其中,国产轻型载货汽车的燃料经济性与国外同类车型差别最大,如BJ-130型车与日本五十铃TK-TLD550型车相比,有效载重都是2吨而前者百吨公里油耗15升,后者仅为8.7升;国产中吨位汽油车(如解放、东方)国外已柴油化,国产重型汽车不仅产量低、车型少,而且性能差、油耗高。为了限制高能耗汽车的生产、销售和使用,国家应制定严格的汽车油耗标准,以推动我国汽车工业的技术发展和落实公路运输节能减排的宗旨。我国现有的在用车辆中,有相当数量的老旧汽车,这部分车辆安全系数低、油耗重,因而政府应当继续推动这方面的工作,制订严密的行动计划。

六、本章结论

山西省作为全国的产煤大省,供给着全国75%的煤炭消费,为了紧追国家低碳经济的经济导向,山西省煤炭行业必须改变传统的煤炭生产和运输工艺,这对山西经济的长远发展至关重要。

本章围绕山西省煤炭行业发展对能源需求和环境排放的影响,在对现有研究分析的基础上,通过对模型的比较分析,明确其适用范围及优缺点,最终选取LEAP模型进行山西省煤炭行业对节能减排的影响研究;通过对山西省煤炭行业发展现状的分析,将模型分为采选部门和运输部门2个子模块,并通过SPSS回归预测山西省煤炭生产量和外调量,根据权威机构的数据计算能源强度和排放强度;设置基本和发展两大情景,从宏观和采选、运输部门两方面设置情景,通过LEAP模型进行计算模拟,从减少山西省煤炭行业碳排放的角度出发对山西省煤炭行业发展进行思考。

第三章 山西省低碳经济发展水平评价及对策研究

一、绪　论

(一) 研究背景及意义

早在 1898 年，瑞典科学家 Svante Ahrrenius 就警告说，二氧化碳排放量可能导致全球变暖。然而，直到 20 世纪 70 年代，随着科学家们逐渐深入了解地球大气系统才引起了大众的广泛关注。联合国大会于 1992 年通过的《联合国气候变化框架公约》是世界上第一个为全面控制二氧化碳等温室气体排放，以应对全球气候变暖给人类经济和社会带来不利影响的国际公约，这项公约也是国际社会在应对全球气候变化问题时，进行国际合作所共同遵守的一个基本框架。然而低碳经济概念的提出较晚，由英国在 2003 年《我们能源的未来——创建低碳经济》的白皮书中首先提出。低碳经济概念提出后，大量学者对减少二氧化碳的可行性进行了探讨。2005 年《京都议定书》的正式生效是人类历史上首次以法规的形式对温室气体排放进行限制。2007 年 6 月我国正式发布了《中国应对气候变化国家方案》；同年 7 月美国参议院提出了《低碳经济法案》，是美国未来在低碳方面的重要战略选择；同年 12 月在巴厘岛举行的气候变化大会，制订了令世人高度关注的应对气候变化的"巴厘岛路线图"，其制订对全人类来讲意义非凡。从 1992 年《联合国气候变化框架公约》签署到 2005 年《京都议定书》生效，再到后京都谈判的艰难上路，气候变化已超过恐怖主义、阿以冲突、伊拉克问题成为压倒一切的首要问题，走"低碳经济之路"是各个国家实现经济持续发展的必然选择。

1. 研究的背景

人类社会的发展与能源消费密不可分,长期以来以能源消耗高、浪费严重为特征的粗放经济增长模式使人类面临能源日益减少、环境日益恶化的威胁。本章虽然研究的是山西省的低碳经济,但是近年来涌现的绿色经济理论、可持续发展理论、循环经济理论等与低碳经济理论一样,最终落脚点都是为了实现人类社会的永续发展。所以本章将上述4种理论都作为研究的理论基础。

联合国的一份报告指出,如果没有有效的措施来应对全球气候变暖,或许到21世纪中叶,由于洪水、风暴和干旱等自然灾害频繁发生,全球将会有2亿人丧失家园。坚定不移地走"低碳经济之路"已经成为各国政府管理者、各领域学者普遍认同的应对当前气候变暖最主要的选择路径。作为一个负责任的大国,我国政府在哥本哈根气候大会上承诺争取到2020年实现单位GDP的二氧化碳排放量下降40%~45%。我国作为全球的碳排放大国,高碳经济模式使得生态环境长期超负荷运行,我国"经济—资源—社会—环境"系统的健康、协调、可持续发展面临威胁。一方面是义不容辞的国际道义,另一方面是迫在眉睫的自我改革与发展,选择"低碳经济"对我国的国际地位及自身经济健康、持续的发展都至关重要、意义非凡。

山西省是我国最重要的能源生产基地,在保证本省经济持续增长的同时对我国经济发展也做出了突出的贡献。一方面,山西省是我国生态环境污染最严重的省份,生态环境的长期赤字必然会制约山西省经济的可持续发展,山西省经济健康、稳定、持续发展面临严峻挑战;另一方面,山西省成为我国批复的第9个"综改区",这为山西省实现经济发展方式的转变、经济占领新的制高点提供了历史机遇,对我国二氧化碳减排工作的顺利进行意义重大。山西省同时面临挑战与机遇,对山西省逐步摆脱粗放的经济发展方式,迈向资源节约型、环境友好型社会至关重要。

2. 研究的意义

付加峰等(2010)对低碳经济的概念和核心要素进行了探讨,认为低碳经济实质上是一种经济形态,其发展过程具有阶段性的特征,包括4个方面的核心要素:发展阶段、资源禀赋、技术水平、消费模式,以上4个方面的核心要素中的后3个要素都与发展阶段密切相关。我国目前正处于工业化、城市化发展阶段,发展低碳经济是我国努力的方向,在哥本哈根气候大会上我国也展现了大国姿态,但是发展低碳经济必将是一个长期而艰难的过程。我国现阶段的主要任务首先是保持经济的增长,其次是发展低碳经济。我国并没有强制碳减排压力,然而,全球正面临气候变化对全人类的威胁,我国也不例外,走发展低碳经济之路是必然趋势。

近年来，我国政府高度重视构建低碳经济。在 2009 年的哥本哈根气候大会上，温家宝总理代表中国政府做出承诺：中国将努力实现甚至超过减排目标。北京环境交易所、天津碳排放权交易所、上海能源环境交易所的成立，标志着我国发展低碳经济的坚定决心。2010 年 8 月 10 日，国家发展和改革委员会决定，中国将首先在广东、辽宁、湖北、陕西、云南 5 省和天津、重庆、深圳、厦门、杭州、南昌、贵阳、保定 8 市开展低碳产业、建设低碳城市、倡导低碳生活的试点工作。湖北省武汉城市圈、湖南省长株潭城市圈以及山西省等国家级综合配套改革试验区的批复设立都是我国为发展资源节约型、环境友好型低碳社会所做的积极努力。

煤炭资源是我国经济发展的重要基础，关系到我国的能源安全和经济命脉。山西省丰富的煤炭资源长期保障了我国的能源供给，为我国经济发展贡献了力量。山西省是典型的资源型省份，避免"资源的诅咒"，山西省必须逐步实现转型，在煤炭资源枯竭之前，投入大量人力、物力、财力来培育和发展煤炭产业的替代产业，才能实现山西省的长期可持续发展。然而，实现山西省的完全转型还需要很长一段时间。所以，在山西从产业链主要依赖煤炭资源的时代到实现转型需要一个长期的过渡期，在过渡期内，山西省是对煤炭资源的依赖度逐步减少的过程，但是在目前阶段，山西省对煤炭资源的依赖度仍然很大。对于山西省而言，低碳经济是包括煤炭资源的利用效率高、二氧化碳排放少、环境污染轻、经济持续增长等内涵的经济发展方式，发展低碳经济对山西省意义重大。

（二）国内外研究现状

由于国内外对低碳经济研究的起步时间不同、研究内容及研究方向不同，因而本章将国内外对低碳经济研究的文献分别进行介绍，使综述更加清晰明了。国外对低碳经济的研究内容和方向主要集中于实现低碳经济的切入点（低碳技术、低碳能源）、碳排放的影响因素、低碳经济评价方法、发展低碳经济的经济手段（碳交易、碳税制度等）等领域；国内对低碳经济的研究内容主要集中于影响低碳经济发展的因素、低碳经济的发展对策、低碳城市研究、低碳经济发展水平评价指标体系及方法等几方面。

1. 国外研究现状

（1）低碳技术。低碳技术是发展低碳经济的核心，是实现低碳经济的重要切入点之一。Gessinger（1997）注意到全球二氧化碳的巨额排放量，认为通过技术创新及技术改进可以实现二氧化碳减排。Omer（2008）认为与可再生能源相关的可再生能源技术可以对资源进行保护，通过促进低碳技术创新和完善可再生能源市场体系可以保护生态环境，使二氧化碳排放减少，并由此分析了在能源利用、能源替代等领域的节能技术及节能建议。Pacala 等（2004）提出温室气体含量的楔形减排方案，指出低碳技术的规模化应用可以实现未来相应减排目标。Johnston 等（2005）学者探讨了英国大量减少住房二氧化碳排放的技术可行性，认为利用现有技术到 21 世纪中叶实现在 1990 年基础上减排 80% 是有可能的。

低碳能源方面，Staffan Jacobsson 等（2006）对在德国的风力发电机和太阳能电池两项技术盛行的原因进行了探讨并对之扩散迅速的原因进行了分析。Nick Kelly（2006）在对英国的能源需求、可再生能源发展趋势进行分析的基础上提出了降低能源需求的方法对策。John W. Halloran（2007）认为在建筑领域中应用氢能源和碳材料（HECAM），可以实现建筑过程中节约成本、提高质量。Sperling 等（2010）认为降低交通运输过程中燃料的二氧化碳排放量的一种很好的途径是使用低碳燃料标准（LCFS）这种工具。并对建立 LCFS 的重要性与必要性进行了阐述说明。

（2）碳排放的影响因素。首先，Kara Yoichi 提出了著名的 KAYA 恒等式，即一国或地区碳排放量的增长主要取决于常住人口、人均 GDP、能源强度和能源结构 4 个因素的推动。而后，Salvador Enrique Puliafito 等（2008）与 Michael Dalton 等（2008）分别采用 L-V 模型和 PET 模型的研究，均验证了人口数量与结构、GDP 及能源消耗对碳排放量的影响。但 Lantz 等（2006）对加拿大 1970~2000 年的数据进行回归分析后，得出的结果却表明人均 GDP 与二氧化碳排放不相关，人口与二氧化碳排放呈倒 U 形关系，而技术与二氧化碳排放呈 U 形关系。Fan 等（2006）利用 STIRPAT 模型分析了不同经济发展水平的国家后，客观地指出人口、经济和技术水平等因素对不同发展水平国家碳排放的影响是不同的。国际贸易也是影响碳排放的一个不可忽略的因素。Stretesky 等（2009）以 1989~2003 年世界 169 个国家的面板数据为样本，采用了固定效应模型进行估计，其结果显示：各国人均碳排放与对美国出口量之间存在显著关系。Yan 等（2010）基于对中国因出口而增加碳排放的实证研究表明，国际贸易具有促进碳排放在各贸易国间自由转移的作用。

（3）低碳经济发展水平评价方法。国外关于低碳经济水平的评价方法主要有低碳经济综合评价模型、投入—产出法、一般均衡模型。

E3MG、ECLIPSE 模型是较常用的综合评价模型。Dagoumas 等（2010）运用 E3MG（Energy - Economy - Environment Model at the Global Level）对二氧化碳的排放情况进行了分析评价，对英国如何实现脱碳经济提出了建议。Turton（2008）在对能源研究和投资战略分析的基础上，构建 ECLIPSE（Energy and Climate Policy and Scenario Evaluation）模型来评估能源和气候变化政策二者之间的影响。

运用 I-O 模型来分析低碳经济，尤其是在分析低碳经济活动与环境之间的关系时，须加入一些环境方面的因素对其进行一定程度的改变。如 Druckman 等（2008）通过环境方面的投入—产出模型（Environmental Input - Output，EIO）对英国的二氧化碳减排情况进行了分析。Parikh 等（2009）通过投入—产出法（IO）和社会会计矩阵方法（SAM）对印度当前经济发展阶段的二氧化碳排放现状进行了评估。Lee 等（2007）在灰色理论和投入—产出理论的基础上，运用模糊目标规划方法构建了相应的模型，对三种不同的碳税方案下二氧化碳减排力度和对经济的影响进行了模拟。

一般均衡模型的优点是对经济系统的描述比较详细，模型的解包括了市场出清价格、部门的产出、投资、就业、外贸、二氧化碳排放等；并且还可以模拟碳税等经济政策在经济活动中的影响。在这方面，Babiker（2005）运用跨区域性的可计算一般均衡模型（CGE）来预算碳消费的支出额。

（4）发展低碳经济的政策工具。国外对发展低碳经济政策工具的研究主要集中于碳交易和碳税方面。

碳交易市场源于碳排放空间资源的稀缺性，Auser 等（2010）认为通过将不同国家和地区的碳交易系统联系起来，建立一个全球的碳交易市场，可以提高市场的流动性，从而有效降低减排的成本。目前关于碳交易的研究与具体操作主要是在发达国家开展，其对发展中国家的作用仍不明朗，而且与发达国家相比，作用有限。Foxon 等（2010）研究表明，个人碳交易制度能够较碳税制度为整个经济社会带来更多收益。

Nakata 等（2000）研究发现，征收碳税和能源税能使二氧化碳排放下降，并可实现能耗结构由煤向天然气转换。Bruvoll 等（2004）对最先征收碳税的国家——挪威的研究得出，1990~1999 年挪威每单位 GDP 的二氧化碳排放降低 12% 的同时，碳税对二氧化碳减排的贡献率只有 2.3 个百分点，所以碳税并不是一个实现二氧化碳减排的好方法。

碳交易和碳税是减少温室气体排放的两种不同的经济手段，两者的目的相同，可以实现优势互补，但是看到两者带来益处的同时也应谨慎其"副作用"。

2. 国内研究现状

（1）影响低碳经济发展的因素。发展低碳经济的核心是减少碳排放的同时不损害经济的增长。二氧化碳是主要的温室气体，发展低碳经济与控制二氧化碳排放密不可分。王汉伟等（2012）认为我国发展低碳经济的瓶颈因素主要有政策、法律、社会认知和技术等方面。赵贺春等（2012）将影响我国低碳经济发展的因素归结为产业结构、经济发展方式、能源结构、能源利用效率、城镇化水平、碳汇碳源的变化幅度以及制度环境。雷玉桃等（2012）对广州市低碳经济发展的现状分析提出存在的三大问题：碳排放强度高、产业结构层次不高、人口数量增长过快。安文等（2012）在分析江苏省现状的基础上提出其发展低碳经济面临的问题有高碳的产业结构、GDP 考核办法单一、低碳经济发展缺乏法律保障、南北经济发展不平衡。刘宏等（2011）认为低碳经济评价指标体系主要应考虑指标的广泛性，应包括能源利用结构、产业经济、农业发展、科学技术、建筑、交通、消费方式、政策法规等。综上可知，对发展低碳经济影响因素的研究有人口、GDP、二氧化碳排放、能源结构、能源利用效率、产业结构、技术等方面。

（2）低碳经济发展对策。国内对发展低碳经济的对策方面的研究很多，在这里本章仅选择一部分进行介绍。赵贺春等（2012）在分析我国低碳经济发展的影响因素及我国发展低碳经济的现状的基础上提出我国发展低碳经济的政策选择有优化能源结构、积极有效地利用 CDM 机制、加大我国低碳技术自主研发力度、优化产业结构、建设低碳城市和推进生物固碳。蒋启亮等（2011）基于技术创新与政策规制的视角提出了低碳经济的实施路径，包括替代、再利用或减量化技术、资源化或能源化技术、制造、建筑、生物、化学和材料领域开发绿色或节能技术、绿色消费技术。何建坤等（2009）将提高碳生产率视为发展我国低碳经济的核心，分析影响我国碳生产率的主要因素，认为转变经济发展方式、提高能效、发展低碳能源技术等是提高碳生产率的主要途径。

（3）低碳城市研究。目前对于低碳城市的研究文献比较多，大多集中于研究资源型城市低碳经济的建设。邓玲等（2010）构建了以经济、科技、社会和环境为主的城市低碳经济发展综合评价指标体系，并对北京、天津、上海、重庆 4 个城市进行评价分析发现，这些城市发展低碳经济各有优势，仍需做好经济、技术、社会和环境 4 个方面的协调工作。姚红（2011）运用模糊层次分析法和数据包络分析法对资源型城市——大庆市的低碳经济发展水平进行了评价，大庆市目前处于中碳经济阶段，并提出了对策建议。孙婷婷（2010）对武汉市的低碳经济发展水平进行了测算，提出了武汉市低碳经济发展建议。对低碳城市进行研究的文献还有很多，限于篇幅，在此不再一一介绍。

（4）低碳经济发展水平评价指标体系及方法。庄贵阳等（2011）从四个方面构建了低碳经济发展水平综合评价指标体系：低碳产出指标，这一指标将能源消耗导致的碳排放与 GDP 产出直接联系在一起，还包括关键产品的单位能耗指标；低碳消费指标，这一指标被分解为两个分指标：人均碳排放指标与人均生活碳排放；低碳资源指标，主要包含三个核心指标，即非化石能源占一次能源消费比重、森林覆盖率和单位能源消费的二氧化碳排放因子；低碳政策指标，发展低碳经济的各种途径都离不开政策支持，是否有低碳经济发展战略规划，二氧化碳排放量的监测、统计和监管体系是否建立或者是否完善，公众低碳意识程度如何，执行建筑节能标准的情况如何，对于风能、太阳能等非商品能源是否具有激励鼓励措施等，都能够反映一个国家向低碳经济转型的努力程度。李晓燕（2010）从经济发展、低碳技术、低碳能耗排放、低碳社会、低碳环境、低碳理念6大系统的角度出发，建立了30个三级指标的省区低碳经济评价指标体系。用模糊层次分析法对四川省低碳经济发展情况进行了分析，结果表明四川省仍处于高碳经济发展阶段。任福兵等（2010）从产业链的角度出发确定了碳排放相关指标，从横向路线角度确定了影响生产环节碳排放的相关指标，构建了以能源结构、产业社会、农业发展、科学技术、建筑、交通、消费和政策8个方面为准则的低碳社会评价指标体系。

二、低碳经济理论基础

虽然我国对于低碳经济的研究起步较晚，但是对这方面的研究已经有大量的文献作为本章研究的基础。低碳经济是在全球变暖的大背景下提出的，与可持续发展理论、循环经济理论存在区别的同时三者之间的联系又是不可分割的。可持续发展理论、循环经济理论一方面可以作为研究低碳经济的基础，另一方面又可以作为研究低碳经济的有效补充。所以，本章将可持续发展理论、循环经济理论作为本章研究的理论背景，从而更加全面、有效地对低碳经济发展水平进行研究。

（一）低碳经济理论

1. 低碳经济的产生

低碳经济的发展理念最早起源于英国，能源问题、气候变化问题对英国自身以及对全人类的威胁很早就被意识到，如果英国持续目前的消费模式，预计到21世纪20年代，英国所需能源的4/5都必须依靠进口，气候变化带来的影响也越来越大。英国在其特定的国际国内经济、政治、社会以及能源与环境方面的背景下提出了"低碳经济"。2003年2月24日，英国宣布至2010年，二氧化碳排放量将在1990年的基础上减少20个百分点，到21世纪中叶二氧化碳排放量减少3/5，并实现经济的低碳发展。

2. 低碳经济的内涵

英国的《能源白皮书》为低碳发展模式制定了较详细的目标和路线图，但是它并没有为"低碳经济"提出明确的内涵和可供比较的指标体系。目前被广泛引用的是英国环境专家鲁宾斯德的阐述：低碳经济是一种正在兴起的经济模式，其核心是在市场机制基础上，通过制度框架和政策措施的制定和创新，推动提高能效技术、节约能源技术、可再生能源技术和温室气体减排技术的开发和运用，促进整个社会经济朝着高能效、低能耗和低碳排放的模式转型。中国环境与发展国际合作委员会所说的低碳经济较传统的经济形式在生产和消费领域更能使能源得到节约，温室气体排放得到减少，并且还能与此同时保持经济和社会发展的势头。低碳经济是一个涉及经济、社会、环境系统的综合性问题。时至今日，低碳经济已成为低碳发展、低碳产业、低碳技术、低碳生活等一类经济形态的总称。

（二）可持续发展理论

1. 可持续发展理论的内涵

20世纪70年代围绕"环境危机"、"石油危机"和罗马俱乐部提出的《增长的极限》，全球曾经爆发了一场关于"停止增长还是继续发展"的讨论。1987年，挪威前首相布伦兰特夫人在《我们共同的未来》的专题报告中，率先提出了为人们普遍接受的"可持续发展"概念，即实现代际之间的公平。可持续发展的内涵包括四个方面：第一，可持续发展包括经济发展、社会发展、良好的生态环境；第二，可持续发展依赖于可再生资源特别是生物资源的永续性；第三，调控"自然—社会—经济"这一符合系统；第四，生态持续是基础、经济持续是条件、社会持续是目的。可持续发展构成系统中强调的分别是人与自然之间的关系、人与人之间的关系。不论是在可持续发展理论之后提出的循环经济理论还是最近几年研究的热点——低碳经济理论，其目的都是为了实现人类社会的永续发展。

2. 可持续发展遵循的原则

可持续发展战略应遵循的原则包括下列五个方面：

（1）系统性原则。可持续发展是一个系统的、全面的发展，并不是单纯追求经济增长、环境友好、社会发展等某一方面的发展，而是强调经济—生态—社会这一复合系统的可持续发展，根据合理的需求，对资源的利用进行全面的均衡和协调。

（2）发展性原则。可持续发展需表达一个国家、地区或者企业等可以看作一个系统的发展度，强调量的概念。发展是可持续发展的核心，强调的是一个系统兼顾眼前利益与长远利益，实现长期、永续发展。

（3）协调性原则。可持续发展应该满足衡量一个系统的协调度的要求，强调平衡的概念，在促进人类之间及其与自然之间和谐的同时，使社会进步、经济发展、能源增效和环境保护四者之间协调发展。

(4) 持续性原则。可持续发展应该能够体现一个系统的持续度，强调的是长期合理的概念，要求人们在保持生态系统相对稳定的前提下，以生态系统持续性和限制因子作为依据来对自己的生活方式和资源的需求进行一定程度的调整，从而确定自己最佳的资源消耗量。

(5) 平等性原则。可持续发展是既满足当代人的需求又不损害后代人满足需求的能力，平等性包括代内公平和代际公平，这是可持续发展模式与传统发展模式的根本区别之一。

3. 可持续发展研究的现状

从1994年至2012年10月底，可持续发展方面的论文著作等高达92428篇，2003年可持续发展方面的研究论文著作从2002年的69篇迅速上升至3794篇，所有研究可持续发展的学科中宏观经济管理与可持续发展、工业经济、农业经济、环境科学与资源利用4个学科的可持续研究比例占所有研究成果的55%，至今可持续发展仍然是学术研究的热点。对于可持续发展理论方面的研究主要集中于以下几个方面：企业可持续发展、生态可持续发展、能源资源可持续发展、社会可持续发展、旅游可持续发展、人口可持续发展等，1993~2012年10月以上几个方面的研究成果如图3-1所示。

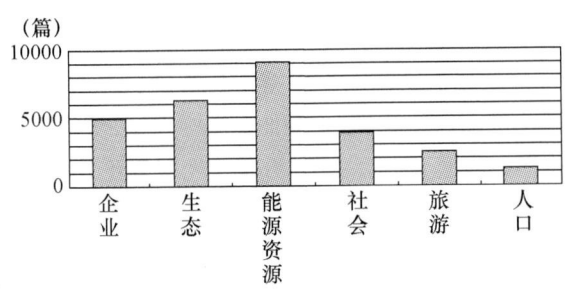

图3-1 可持续发展研究成果的范围与数量

能源资源是人类社会赖以生存和发展的前提条件，由于前期我国对煤炭等一次能源的粗放利用，大量的能源被浪费。赵丽芬等在其专著《可持续发展战略学》中提到中国每100万美元的GDP需要913吨石油，是最高的，而最低的是日本，仅为158吨，中国是日本的7倍。能源关系到一个国家的命脉，由图3-1可知，就可持续发展研究成果而言，对"能源资源可持续"的研究最繁荣。

低碳经济是手段，可持续发展是目的，低碳经济与可持续发展密不可分。在知网中的搜索项目中选择篇名，在篇名中同时出现低碳经济与可持续发展的文献自2003年至今共308篇；在搜索项目中选择全文，则高达9811篇文献。

(三) 循环经济理论

1. 循环经济理论的内涵

循环经济是对物质闭环流动型经济的简称,以可持续发展思想为导向,按照清洁生产的方式,将经济活动再造成一个"资源—产品—消费—再生资源"的封闭式流程。与传统经济相比,循环经济的不同之处在于:以往的经济活动方式是由"资源—产品—污染排放"构成的开放式的(见图3-2),这种传统经济通常对资源的利用是粗放性和一次性的,导致了许多自然资源的短缺甚至枯竭,酿成了灾难性环境污染后果。而循环经济是一种物质反复循环流动的过程(见图3-3),使整个经济系统以及生产和消费的过程基本上不产生或者只产生很少的废弃物。

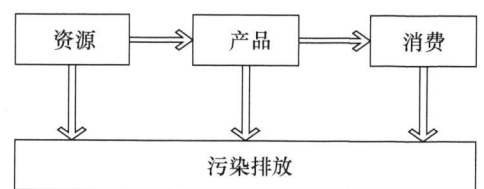

图3-2 传统经济运行模式

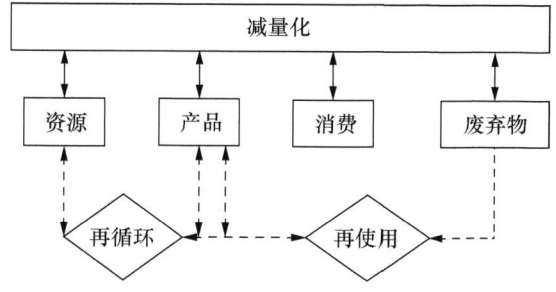

图3-3 循环经济运行模式

2. 循环经济理论的原则

循环经济理论以3R为基本原则,每一个原则对循环经济的成功实施都是必不可少的。减量化原则要求用较少的原料和能源投入来达到既定的生产目的或消费目的,在经济活动的源头就注意节约资源和减少污染。此外,要求产品包装追求简单朴实,从而达到减少废弃物排放的目的。再使用原则要求产品和包装容器能够以最初使用时的形态被多次循环使用,而不是用过一次就丢弃。再循环原则要求经济活动过程能够循环往复多次，使产生的垃圾最少或者不产生。显而易见，通过再使用和再循环原则的实施能够使减量化原则的实施得到强化。

3. 循环经济的研究对象

循环经济涉及经济、社会、生态三个方面的和谐统一，追求的是人与自然和谐发展的发展观。目前，循环经济的研究集中在以下三个层面上。

（1）微观层面。其研究对象通常是一个企业或者一个家庭，最终目标是通过使投入的资源或者能源得到最大程度的利用、排放的三废最少，这就是"微观层面的循环"。以循环经济思想为指导，从"资源的开发—生产制造—投入使用—废弃物处理"的全过程来对产品与环境的影响程度大小进行评价，这是循环经济一个相当重要的方面，也是3R原则中减量化这一原则的鲜明体现。投入最少的资源、能源，实现产出最大化的同时能够使排放的废弃物最小化，企业应当尽量做到以下内容：第一，减少产品和服务的物料使用量；第二，尽可能少的投入量；第三，尽可能少的废弃物排出量；第四，不断挖掘投入资源、能源的潜能；第五，最大限度地利用废弃物，变废为宝。

（2）中观层面。工业生态学指出，通过企业与企业之间的物质、能量和信息三者的集成，可以形成企业与企业之间相互的代谢、共生关系，通过建立生态工业园区来实现这种关系（见图3-4）。建立生态工业园区这种模式，可以实现废弃物的零排放，前一个环节生产产生的废弃物都可以成为后一个生产环节所需要投入使用的原材料，从而使所有的物质都得到连续不断、充分高效的利用。

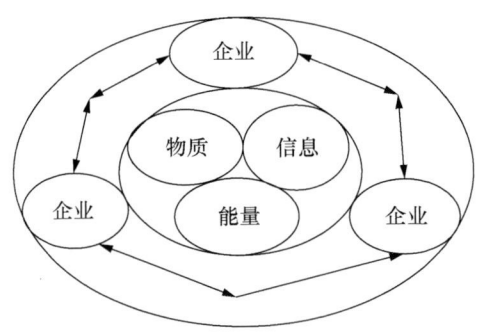

图3-4　生态工业园区内企业间的共生关系

（3）宏观层面。主要是针对整个国家、整个社会而言的，建立宏观层面经济的循环也是循环经济所追求的最终目标。

循环经济、低碳经济都是为了实现社会的可持续发展，发展循环经济又是实现低碳经济的重要途径，所以本章所建立的低碳经济发展水平评价指标体系是以可持续发展和循环经济两个方面的研究为重要参考而构建的。

(四) 绿色经济理论

除了上述提到的可持续发展理论、循环经济理论及低碳经济理论，绿色经济理论也一直是研究的热点。绿色经济作为一种经济发展模式侧重对环境损害最小，强调的是经济与自然环境的和谐。可以将绿色经济看成是一种以较低二氧化碳排放量、较高资源利用效率为主要特征的社会包容型经济。所以，可持续发展理论、循环经济理论、绿色经济理论与低碳经济理论四者相互之间存在紧密的联系，基于可持续发展背景提出的循环经济、绿色经济为本章的研究提供了更为丰富的资源。

(五) 数据包络分析法

1. 低碳经济发展水平测度方法比较

目前对于低碳经济发展水平的研究主要有层次分析法、主成分分析法、模糊综合评价法、物质流分析法以及数据包络分析法，本章通过表3-1简单对以上几种方法的优缺点进行了比较，最终选择了数据包络分析法对山西省低碳经济发展水平进行测度。

表3-1 低碳经济发展水平测度方法比较

方法	优点	缺点
层次分析法	定性与定量相结合 所需定量数据信息较少 简单、实用、易于理解	主观性强 可靠性差 不宜单独使用
主成分分析法	包含的信息量大 使问题得到简化	数据需求量大 工作量烦琐 耗费时间和精力
模糊综合评价法	运算过程简单 可将不确定的问题量化、清晰化	受主观因素影响大
物质流分析法	系统性 客观性	方法不成熟，尚有的文献大都只是借助于该方法的基本思想，没有实质的应用
数据包络分析法	无须赋予指标权重 操作简单方便 客观性强 支持多输入、多输出	

2. DEA 实质及应用

数据包络分析（DEA）实质上是求解一个线性规划的最优化问题，该术语在 1978 年由查尔斯、库伯和罗兹首次提出。其基本思想是，DEA 方法将被评价对象称为 DMU，即决策单元，通过综合分析每个决策单元的投入产出比率，确定 DMU 的有效性，用 θ 表示，当 $\theta=1$ 时，为 DEA 有效；当 $\theta\neq 1$ 时，为非 DEA 有效。对于非 DEA 有效的 DMU，可以通过计算线性规划中的剩余变量和松弛变量进行调整，从而使其落在有效生产前沿面上，达到 DEA 有效。

DEA 在用以研究多输入、多输出的生产函数理论时，由于不需要预先估计参数，在避免主观因素和简化算法、减少误差等方面有着很大的优越性，大大丰富了微观经济中的生产函数理论及其应用技术。并且在模型计算出 θ 值之后，判断 DMU 是否位于有效前沿面上，如果不是可以根据所需调整投入量、改进工作、调整决策等方法使得 DMU 达到有效状态。所以，由于 DEA 区别于其他方法所特有的优点而被广泛应用。

3. DEA 模型的简介

DEA 方法是一种"相对效率评价"方法，目前已成为管理科学与系统工程领域较广泛运用的一种有效分析工具。DEA 方法的主要模型有 CCR、BCC、FG、ST 等，其中最初始的也是最基本的模型为 CCR。CCR 是在规模报酬不变的情况下用来评价决策单元"技术效率"和"规模效率"的模型。假设有 N 个参加评比的部门或单位（DMU），每个部门有 M 种输入和 S 种输出，如表 3-2 所示。

表 3-2 决策单元输入、输出情况

决策单元	输入数据				输出数据			
	1	2	...	m	1	2	...	s
	V_1	V_2	...	V_m	U_1	U_2	...	U_s
1	X_{11}	X_{21}	...	X_{m1}	Y_{11}	Y_{21}	...	Y_{s1}
2	X_{12}	X_{22}	...	X_{m2}	Y_{12}	Y_{22}	...	Y_{s2}
...	...	...	...	...	...	...	...	...
j	X_{1j}	X_{2j}	...	X_{mj}	Y_{1j}	Y_{2j}	...	Y_{sj}
...	...	...	...	...	...	...	...	...
n	X_{1n}	X_{2n}	...	X_{mn}	Y_{1n}	Y_{2n}	...	Y_{sn}

表 3-2 中，X_{ij} 为第 j 个决策单元对第 i 种输入的数据，其中，$X_{ij}>0$；Y_{rj} 为第 j 个决策单元对第 r 种输出的数据，其中，$Y_{rj}>0$；V_i 为对第 i 种输入的一种度量或者权重；U_r 为对第 r 种输出的一种度量或者权重；$i=1,2,\cdots,m$；$r=1,2,\cdots,s$；$j=1,2,\cdots,n$。令 $X_j=(X_{1j},X_{2j},\cdots,X_{mj})^T$，$Y_j=(Y_{1j},Y_{2j},\cdots,Y_{sj})^T$，$V=(V_1,V_2,\cdots,V_m)^T$，$U=(U_1,U_2,\cdots,U_S)^T$，第 j 个决策单元可用 (X_j,Y_j) 来表示。则，评价第 j 个决策单元效率时可用式（3-1）来表示：

$$H_j = \frac{U^T Y_j}{V^T X_j} \text{ 且 } H_j \leq 1 \tag{3-1}$$

4. CCR 的模型分析

针对第 j_0 个决策单元进行效率评价的原始规划模型 CCR 的分式规划模型可表示为：

$$\begin{cases} \max \dfrac{U^T Y_j}{V^T X_j} \\ H_j \leq 1 \\ V \geq 0 \end{cases} \tag{3-2}$$

模型（3-2）可以得到无限多个解，为了避免这一情况的发生，通过 Charnes-Cooper 变换可将方程组（3-2）转化为一个只有唯一解的线性规划问题的求解模型，设 $t = 1/V^T X_0$，$\omega = tV$，$\mu = tU$，则可推出 $\omega^T X_0 = (tV)^T X_0 = t(V^T X_0) = t * (1/t) = 1$，变换之后的模型为：

$$\begin{cases} \max \mu^T Y_0 \\ \mu^T Y_j - \omega^T X_j \leq 0 \\ \omega^T X_0 = 1 \\ \omega \geq 0, \mu \geq 0 \end{cases} \tag{3-3}$$

从模型（3-3）中可以看出，决策单元 j_0 的有效性是相对于其他的决策单元而言的。规划模型（3-3）可以表达 CCR 模型。本章建立的对偶规划模型（3-4）将更有利于从理论和经济意义上进行分析。线性规划问题模型（3-3）的对偶规划为：

$$\begin{cases} \min \theta \\ \sum\limits_{j=1}^{n} \lambda_j X_j + S^- = \theta X_0 \\ \sum\limits_{j=1}^{n} \lambda_j X_j - S^+ = Y_0 \\ \lambda_j \geq 0, j = 1,2,\cdots,n \\ S^- \geq 0, S^+ \geq 0 \end{cases} \tag{3-4}$$

模型（3-4）反映出两个问题：第一，实现决策单元达到有效前沿面的投入最小化；第二，实现决策单元达到有效前沿面的产出最大化。

当 $\theta=1$，并且 $S^-=S^+=0$ 时，决策单元为 DEA 有效，位于随机有效前沿面上，达到 Pareto 最优状态，其形成的有效前沿面为规模报酬不变，且决策单元是技术有效的。

当 $\theta=1$，并且 $S^-\neq 0$ 或者 $S^+\neq 0$ 时，决策单元为弱 DEA 有效，也位于随机有效前沿面上，但是技术无效的，即在保持产出不变的情况下投入仍有减少的空间或者在保持投入不变的情况下产出仍有增加的空间，也就是说存在 Pareto 改进。

5. 有效前沿面分析

本章将生产有效前沿面表示为图 3-5 中的分段线性凸曲线。为了便于表述及理解，假设图 3-5 中有两种投入（X_1、X_2）、一种产出（Y），横轴表示单位产出需要投入的 X_1 的数量，纵轴表示单位产出需要投入的 X_2 的数量。

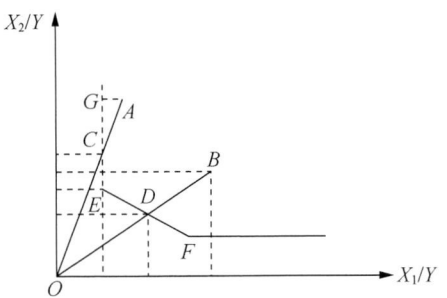

图 3-5 投入导向的生产前沿面

图 3-5 中 C、E、D、F 位于生产前沿面上，A、B 是无效点，A 在前沿面上的投影为 C，C 虽然在前沿面上，但是却不是技术有效的，因为 C 到 E 的移动可以在 X_2 减少 CE 的情况下产出不变，所以 C 是弱 DEA 有效。对于无效点 B，其在前沿面上的投影为点 D，从 D 移动到 F，X_2 减少的同时 X_1 增加，则应根据 EF 的斜率等具体情况来判断 D 与 F 相比谁的效率更高。

模型（3-4）中的 $\lambda=(\lambda_1,\lambda_2,\cdots,\lambda_n)$ 表示为使决策单元达到 DEA 有效且技术有效，投入减少的比例或者是产出增加的比例。S^+、S^- 表示达到有效前沿面时产出的增加量、投入的减少量，在图 3-5 中对于 X_2 的松弛变量 S^+ 表示为 GE。

在一定的经济发展阶段和改善生态环境、创建低碳社会的目标下，一个国家或者省市的低碳经济发展水平有多高？影响低碳经济发展水平的主要因素是什么？如何有效降低二氧化碳排放量？可以根据评价目标建立低碳经济发展水平评价指标体系，并选择指标体系中的若干指标用来衡量若干国家、省市或者同一国家、省市的不同时间段上低碳经济发展水平的相对有效性。通过比较发现差距和不足，从而促进相关部门积极地寻求能够缩短差距和弥补不足的措施，不断降低碳排放量、提高能源利用效率、改善生态环境，提高低碳经济发展水平。为了实现本章研究目的，拟运用 DEA 方法对山西省 2000~2011 年的低碳经济发展水平的相对有效性进行评价。

三、山西省发展低碳经济现状分析及评价指标体系设计

（一）山西省发展低碳经济面临的问题

山西省是我国典型的资源型省份，该省的 11 个直辖市中有 10 个属于煤炭资源型城市，该省对煤炭资源的依赖度之高可见一斑。山西省丰富的煤炭资源禀赋为我国的经济建设做出了突出的贡献，自身的经济也因煤而兴，但是长期以来山西省的粗放经济发展方式使其付出了生态环境长期透支的沉痛代价。赵国浩等指出，据有关部门测算，受污染影响，山西省新生儿缺陷率高于全国的平均缺陷率；呆傻症发病率是全国的 4 倍；肺癌发病率和死亡率明显高于全国平均水平。在国家公报的 2005 年各省 GDP 能耗中，山西省以每万元 GDP 消耗 2.95 吨标准煤，仅次于西部经济欠发达省市，列倒数第 4 位，属高能耗省市。薛晓娇、李新春对全国各省份的能源生态足迹进行了计算和排序，能源生态足迹越大说明本地区能源利用效率越低，山西省的能源生态足迹在全国各省份中位列第一，高达 $5837.957 \times 10^4 hm^2$，是能源生态足迹最低的省份海南省的 37 倍。山西省经济增长与环境负荷密切相关。王云（2011）在 IPAT 方程的基础上运用 LMDI 分解法构建了低碳经济"脱钩"量化分析模型，并以山西省为例进行分析表明：1999~2009 年，山西低碳经济从"扩张负脱钩"和"无脱钩努力"阶段逐步改善为"弱脱钩"发展阶段。

1. 资源浪费问题比较突出

近几年，山西省通过整合资源、发展循环经济、加强资源管理等措施和办法，一定程度上缓解了资源浪费的问题。全省煤矿回采率由 2004 年的 40% 提高到了 2011 年底的 70% 左右，资源利用率有了大幅度的提高。但是，煤炭资源是

有限的、不可再生的,在持久的开采中必将逐步减少。而且也由于长期以来市场准入门槛不高、资源回采率偏低、开采技术落后以及私挖乱采等原因,也使山西省的资源浪费问题仍然比较突出,优质资源后续接替困难。

(1) 优质资源逐渐减少,资源枯竭在有的地区已经凸显。长期的粗放式掠夺式开采,导致山西省资源开采强度明显高于其他省市。以煤炭为例,目前开采强度已经超过23%,是陕西省、内蒙古开采强度的2.6倍和2.7倍,全省煤矿的平均开采年限比服务年限缩短了20%~50%,后备资源大大减少。山西省资源枯竭问题已经开始显现,2000~2004年,全省重点煤矿已有"一局十七矿"衰老矿井关闭破产,衰减生产能力1600万吨/年,随着开采强度的进一步加大,矿井衰减程度将会更加严重。预计到2020年,仅五大国有重点煤炭企业将有32处矿井面临资源枯竭,衰减能力5400万吨/年。因此,随着不可再生煤炭资源开发的日趋枯竭,山西省的比较优势将逐步减弱,必须及时培植新的支柱产业,否则就会出现资源枯竭,城市衰落的窘困局面。

(2) 资源综合利用水平偏低,资源破坏和浪费并存。山西省资源回收率长期偏低,共生、伴生资源有效利用程度不高,特别是传统产业和重点行业仍然较多地延续粗放式的发展模式,煤炭、冶金、焦炭、电力产业初级化特征明显,关联度差,技术装备落后,在开发、加工、转化过程中资源综合利用率比全国平均水平低10个百分点,比国际水平低20~30个百分点,导致了资源的破坏和浪费并存。资源开发过程中的资源回收率不高、共生伴生矿产没有得到有效利用、资源综合利用程度偏低、能耗居高不下是造成资源破坏和浪费的主要原因。

2. 环境污染问题比较突出

经济发展和资源环境的矛盾已经成为制约我国经济社会发展的重大问题,这一问题对资源型省份的山西省而言,更突出。根据中科院发布的《2006年中国可持续发展战略报告》显示,山西的可持续发展能力在全国排名第23位,环境支持系统排全国倒数第2位,7类资源消耗指标和污染物排放指标位列全国最后一位。

(1) 水环境污染问题严重。山西省是全国水资源贫乏省份之一。根据山西省第二次水资源评价结果显示,全省多年平均水资源量为123.8亿立方米,居全国倒数第二位;人均水资源量为382立方米,仅为全国平均水资源的1/6,远低于国际公认的人均500立方米的严重缺水线;亩均水量为190立方米,仅为全国平均值的1/9。但是,很长一段时间,水资源的极度短缺没有引起足够的重视,而且由于产业结构不合理,无节制排放污水以及煤炭的开采造成了山西省水环境污染问题日趋严重。

(2) 大气环境处于高污染水平。山西省的空气环境污染属典型的以二氧化硫和颗粒物为主要污染物的煤烟型污染,由于原料开发和初加工型的经济结构,环境污染负荷较重。据有关专家对山西省和全国所做的比较分析,山西省每平方米单位面积的污染负荷,二氧化硫为全国的3.82倍、烟尘为6.11倍、粉尘为3.22倍、化学需氧量为1.39倍;人均污染负荷,二氧化硫为全国的2.43倍、烟尘为3.88倍、粉尘为2.04倍、化学需氧量为0.88倍;万元产值污染负荷,二氧化硫为全国的2.5倍、烟尘为4.46倍、粉尘为2.33倍、化学需氧量为1.1倍。2006年,全省二氧化硫排放量为151.64万吨,排在全国第3位。

(3)固体废物、废水污染负荷重。山西省固体废弃物产生量大、排放量大、贮存量大,除一部分得到综合利用外,其余大部分堆积在地表环境中,不仅占用大量土地,对地下水和土壤造成污染,而且煤矸石自燃对大气环境也造成了污染。2006年,全省废水排放量为10.29亿吨,废水中化学需氧量排放量为37.6万吨。化工、电力、冶金、煤炭、造纸5个行业的工业废水排放总量占到全省工业排放量的75.66%。

3. 生态破坏问题比较突出

资源型地区大都生态环境脆弱,生态建设任务比较繁重,山西省作为典型的资源型地区也面临着同样的问题。

(1)土地荒漠化迅速,治理任务艰巨。土地沙漠化、土地盐渍化和水土流失三种现象统称为土地荒漠化,土地荒漠化被认为是生态环境的综合性危机。山西省沙漠化土地主要分布在晋西北各县(区),主要以偏关、保德、河曲县面积较大,左云、右玉、岢岚、五寨等县也有分布;山西省现有盐渍化土地面积5370平方公里,主要分布在中部各大盆地,占盆地面积的15%;20多年来,水土流失累计损失达到90亿元,如若彻底治理恢复,约需810亿元,两项合计总损失约为900亿元,水土流失已经成为全省山区农业生产落后、生存条件差和农民贫困的主要原因之一。

(2)森林植被遭到破坏,生物多样性受到威胁。据2010年全国第8次森林资源连续清查,山西森林覆盖率为18.03%,比全国平均值低2.33个百分点,周边省(自治区)陕西、河北、内蒙古均高于山西。天然草地资源原本比较丰富,但多年来资源的不合理开发和利用,原生植被早已荡然无存,草地几乎全部退化。

(3)土地资源破坏严重,地质灾害加剧。改革开放以来,资源过度开采,导致山西省出现地表下沉、地表塌陷、地质灾害加剧的现象。一是地表下沉。据不完全统计,目前全省因采煤漏水导致不同程度地表下沉,已涉及20多个县、1678个村庄,使100多万亩水浇良田变为旱地,每年减少粮食产量1.17亿公斤。二是地表塌陷。数据显示,全省因煤炭开采造成的地表沉陷面积就达到3000平方千米,造成地表塌陷共1842处,每年新增的塌陷区面积约94平方千米。三是地质灾害加剧。全省11个市中,除太原市、运城市、朔州市外,其余各市均有地质灾害发生。

(4)水资源承载能力降低,水源危机日益显现。根据《山西省煤炭开采对水资源的破坏影响及评价》课题研究表明,山西省每挖1吨煤损耗2.48吨水资源,以每年6亿吨的煤炭产量计算,直接造成15亿立方米的水资源受到破坏。据评价,山西煤炭开采对水资源破坏影响的总计面积为20352平方千米,占全省总面积的13%。根据该课题的研究,山西省水资源承载能力下降主要表现在三个方面:地表水锐减、地下水骤降和泉水断流。

4. 经济结构失衡问题比较突出

山西省作为典型的资源型地区,经济发展对资源具有较高的依赖性。在发展中过分依赖矿产资源开发,忽视了矿产资源的综合开发利用,忽视了高新技术产业的引入和发展,忽视了环境资源、旅游资源、社会资源的开发利用,造成了经济结构的失衡。概括起来主要有以下三点:三次产业发展不协调,产业结构层次不高;经济增长主要依靠资源开发,资源型产业占据主导地位;贸易结构单一,资源性产品占据贸易主体。

(二)山西省低碳经济发展水平评价指标体系设计

众所周知,每个评价指标是从不同侧面刻画系统某种特征大小的度量。低碳经济发展模式是一种全新的经济发展模式,其发展水平的评价指标体系的设计,既要不失一般性,又必须紧紧围绕低碳经济的本质特征,充分体现评价对象的特有属性。

1. 山西省低碳经济发展水平评价指标体系构建原则

(1)系统性与科学性原则。所谓系统性,是指应用系统论的思想,把发展低碳经济的各地区视作一个相互联系、相互制约的有机整体。所谓科学性,是指选定的指标数据应该容易获取并且数据精确,使得所选择的指标具有客观性。

(2)"三低"原则。所建立的低碳经济发展水平评价指标体系应该能突出低碳经济。所以,山西省低碳经济发展水平评价指标体系的构建原则应该能够满足"三低"原则,即"低能耗、低污染、低排放",从而建立一套涉及宏观、中观、微观三个层面的完整、全面的指标体系。

(3)可操作性和可比性原则。所谓可操作性,主要针对的就是数据获取的难易程度,可操作性要求计算简单、数据易获得。那么指标的可比性则是指,指标在名称规范、计算方法、计量口径和计算范围等方面的一致性,并且要求指标符合国内外相关方面的标准,既满足纵向可比又具备横向可比的特性。

(4) 全面性与重要性相结合的原则。低碳经济发展水平评价指标体系应该能够全面反映山西省 2000~2011 年的低碳经济发展状况，同时也应突出主要因素，以便对症下药，从而更好更快地解决问题。

(5) 继承与发展兼顾的原则。我国正处于工业化、城市化时期，需要大量的能源消耗，碳排放在短期内不会减少，不能为了减少碳排放而牺牲经济发展。低碳经济发展理念需要传承，要想实现社会发展的未来利益，就不能牺牲当前利益，只有在继承的基础上不断挖掘改造，不断地打破当前发展空间的局限性，才能获得实现整个社会长远利益的目标。关于这一点，一定要在评价中反映出来，实事求是地评价各地区低碳经济发展水平和潜力。

(6) 定性与定量相结合的原则。典型的定性分析方法如 SWOT 分析法，若单纯地使用这一方法，将会受到多种人为因素的干扰、制约和影响，从而不利于评价的科学性、客观性。因此在分析问题、解决问题时，应尽量将定性方法和定量方法结合起来使用。

2. 山西省低碳经济发展水平评价指标体系构建

本章指标体系的建立是指对评价山西省低碳经济发展水平的输入、输出指标进行确定。低碳经济发展水平指标体系的整体设计是一个统一的整体，既有上下的层次关系，又有指标间的平行关系，不同的指标由于所反映低碳经济发展水平的不同侧面，又分属于不同的类别。根据低碳经济发展水平的内涵和特性，以及指标体系的构建原则，参照可持续发展指标体系、循环经济发展指标体系及其他体系的构建方法，本章建立的山西省低碳经济发展水平评价指标体系包括输入输出指标。

输入指标。鉴于考虑指标数据的可获得性、可度量性等因素，本章选择煤炭资源消费量、二氧化碳排放量、R&D 经费投入额、第二产业产值作为投入指标。以上四个指标可以依次概括为碳源控制、碳排放、低碳技术及低碳产业，是建设低碳经济社会的关键。

输出指标。本章将山西省历年地区生产总值（GDP）与城镇化率作为产出指标。可依次概括为低碳产出与人文发展，发展低碳经济的最终目的是实现人类的可持续发展，本章选择城镇化率作为人文发展。山西省地区生产总值与城镇化率反映了四种输入指标的产出能力。

山西省低碳经济发展水平评价指标体系如表 3-3 所示。

低碳经济发展水平评价输入、输出指标释义如下：

(1) 煤炭资源消费量（X_1）。山西省是典型的煤炭资源型省份，其经济发展对煤炭资源的依赖程度很高，山西省二氧化碳排放主要来自于煤炭能源。万元 GDP 耗煤量是研究能源、环境、经济发展质量等时常用的指标之一，可用公式表示为：

表3-3　山西省低碳经济发展水平评价输入输出指标

输入指标		输出指标	
煤炭资源消费量	X_1	GDP	Y_1
二氧化碳排放量	X_2	城镇化率	Y_2
R&D 经费投入额	X_3		
第二产业产值	X_4		

$$X_{1t} = \frac{COA_t}{GDP_t}, t = 1, 2, \cdots, 12 \qquad (3-5)$$

式中：COA_t 表示第 t 年煤炭资源消费量，单位：万吨；GDP_t 表示第 t 年的山西省地区生产总值，单位：万元；X_{1t} 表示万元 GDP 耗煤量，单位：吨/万元。考虑到 MAXDEA 的特点本章选择山西省煤炭资源消费量作为输入指标之一。

（2）二氧化碳排放量（X_2）。低碳经济已经成为各界学者研究的热点问题，二氧化碳排放量是衡量一个国家或者地区低碳经济发展状况的一个绝对指标。碳排放弹性是较二氧化碳排放量更有现实意义的衡量低碳经济发展状况的一个相对指标。碳排放弹性用来表示二氧化碳排放增长速度与 GDP 增长率的比值。当碳排放弹性小于零时，碳排放与经济增长的关系以强脱钩为主要特征，英国一直呈现强脱钩的特征；当碳排放大于 0 小于 0.8 时，为弱脱钩；当碳排放大于 0.8 小于 1.2 时，处于扩张连接阶段。可用公式表示为：

$$X_{2t} = \frac{\Delta CO_2}{\Delta GDP} = \frac{[(CO_2)_t - (CO_2)_{t-1}]/(CO_2)_{t-1}}{[GDP_t - GDP_{t-1}]/GDP_{t-1}}, t = 1, 2, \cdots, 12 \qquad (3-6)$$

式中：$(CO_2)_t$ 表示第 t 年山西省二氧化碳排放总量，单位：万吨；GDP_t 表示第 t 年山西省地区生产总值，单位：万元；X_{2t} 表示第 t 年山西省二氧化碳排放弹性，反映了二氧化碳排放量对 GDP 变化的敏感程度。考虑到 MAXDEA 对输入、输出指标的要求及分析结果的可靠性，本章对碳排放弹性进行分解，将二氧化碳排放量作为输入指标，将地区生产总值作为输出指标。

（3）R&D 经费投入额（X_3）。R&D 经费投入强度是指 R&D 经费投入额占 GDP 的比重，反映一个地区研发投入力度，大量的经费投入可以在一定程度上支持和保障发展低碳经济所需要的技术、金融、政策等方面的研究与开发，所以，本章将 R&D 经费投入强度作为评价低碳经济发展水平的输入指标之一。2010 年我国 R&D 经费投入总额为 7062.6 亿元，比上年增长 21.7%，R&D 经费投入强度为 1.76%，而山西省同年 R&D 经费投入强度仅为 0.99%，远远低于全国平均水平。

（4）第二产业产值（X_4）。图3-6是山西省2000~2011年三产占GDP的比重。由图可以看出，山西省第二产业自2000~2011年底，一直是山西省的支柱产业，并且一直处于上升的趋势，而有利于发展低碳经济的第二产业比重总体呈现下降趋势。第二产业主要是工业和建筑业，工业是消耗能源、排放二氧化碳的主要部门，第二产业占比较大增添了山西省发展低碳经济的困难性。

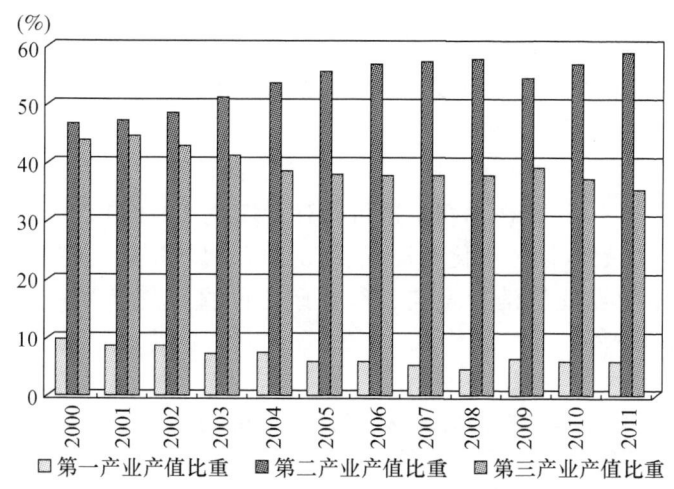

图3-6　山西省三产比重柱状图

（5）GDP（Y_1）。本章研究的是山西省低碳经济发展水平，二氧化碳排放量及GDP是本章建立的山西省低碳经济发展水平评价指标体系的两个核心指标，将GDP作为输出指标，反映了二氧化碳排放量与经济增长之间的相互依赖程度，同时也反映了输入指标对GDP的贡献程度。

（6）城镇化率（Y_2）。城镇化是一个国家前进道路上所不可缺少的，城镇化过程中虽然必然产生大量的能源消耗，然而实现一个地区全面的城镇化能提升效率、降低二氧化碳排放，城镇化是一个导致二氧化碳排放先上升而后下降的过程。城镇化率每每提高1个百分点，将拉动投资50%，拉动消费40%，投资和消费的增加又直接拉动GDP的增长。所以在保持资源消耗总量不变，相应提高资源利用效率，提高城镇化率，从而使二氧化碳排放的同时实现GDP的增长。全国范围的城镇化进程在不断加快，山西也不例外，山西省的城镇化率从1998年的31.03%上升至2011年的49.68%，在之后的城镇化进程中，对减少二氧化碳排放量的影响将会越来越明显。所以，就我国目前的大局、政策导向来看，城镇化是影响低碳经济发展水平的重要指标之一。

四、山西省低碳经济发展水平评价的实证分析

(一) 山西省低碳经济发展水平评价指标数据的搜集与整理

DEA 方法要求 DMU 的数量为输入输出指标之和的 2 倍左右,由于研究期间尚无法获得所需 2012 年的全部数据,因此本章选取山西省 2000~2011 年的数据对其低碳经济发展水平进行评价。

因为我国目前对于二氧化碳排放量尚无准确的计量,本章对山西二氧化碳排放量分别针对以下 10 种能源消费量进行计算:煤炭(原煤)、洗精煤、焦炭、汽油、煤油、柴油、燃料油、液化石油气、天然气、焦炉气,其平均低位发热量、二氧化碳排放系数及能源消费量与二氧化碳之间直接的换算系数(计算所得)如表 3-4 所示。

表 3-4 各种能源平均低位发热量、二氧化碳排放系数及换算系数

能源种类	平均低位发热量	二氧化碳排放系数 (单位:千克二氧化碳/吨焦)	换算系数
煤炭(原煤)	20934 千焦/千克	94532	1.9789 万吨/万吨
洗精煤	26377 千焦/千克	94570	2.4945 万吨/万吨
焦炭	28470 千焦/千克	106967	3.0454 万吨/万吨
原油	41868 千焦/千克	73278	3.0680 万吨/万吨
汽油	43124 千焦/千克	69285	2.9878 万吨/万吨
煤油	43124 千焦/千克	71486	3.0828 万吨/万吨
柴油	42705 千焦/千克	74076	3.1634 万吨/万吨
燃料油	41868 千焦/千克	77382	3.2398 万吨/万吨
液化石油气	47472 千焦/千克	66761	3.1693 万吨/万吨
炼厂干气	46055 千焦/千克	57574	2.6516 万吨/万吨
天然气	35588 千焦/立方米	56100	19.9649 万吨/亿立方米
焦炉气	16746 千焦/立方米	46445	7.7777 万吨/亿立方米

由于《山西省能源统计年鉴》中历年原油和炼厂干气的数据缺失,所以本章选择剔除原油和炼厂干气后的 10 项能源消费来计算山西省 2000~2011 年的二

氧化碳排放量，如表3-5所示。利用表3-4中的换算系数和表3-5中的数据直接相乘可以计算出山西省2000~2011年的二氧化碳排放量，计算结果如表3-6所示。

表3-5　2000~2011年分类能源消费量

年份	原煤（万吨）	洗精煤（万吨）	焦炭（万吨）	汽油（万吨）	煤油（万吨）
2000	16383.45	1772.47	6242.46	88.84	6.36
2001	17235.30	1970.93	7151.73	88.77	6.34
2002	20291.80	1801.04	8607.52	89.23	6.66
2003	23134.19	2082.45	9832.70	89.27	5.20
2004	25352.30	6403.84	2724.31	79.78	8.11
2005	27850.00	8571.16	2139.90	95.23	8.45
2006	31255.98	10498.75	2417.14	113.41	10.43
2007	32878.79	12566.85	2526.37	124.82	11.90
2008	32603.72	11082.88	2358.76	236.63	14.67
2009	32207.71	10354.69	2438.39	262.41	16.28
2010	35315.17	11523.58	2589.22	228.35	16.64
2011	39003.46	14620.18	2838.79	269.63	18.09
年份	柴油（万吨）	燃料油（万吨）	液化石油气（亿立方米）	天然气（亿立方米）	焦炉气（亿立方米）
2000	80.67	12.42	2.54	1.14	35.98
2001	110.77	12.62	2.57	1.58	36.50
2002	127.33	9.07	3.22	1.92	43.40
2003	141.05	10.66	5.04	2.50	46.56
2004	190.53	10.25	5.61	2.96	35.08
2005	246.42	8.95	5.94	3.24	143.91
2006	266.79	10.10	6.24	6.02	171.40
2007	272.21	14.39	6.77	6.91	177.76
2008	472.75	12.09	20.89	6.60	172.81
2009	506.67	12.06	25.79	13.76	148.52
2010	474.38	12.25	20.60	28.93	160.72
2011	496.27	14.08	25.94	33.95	168.91

表3-6　2000~2011年二氧化碳排放量　　　　　　　　　单位：万吨

年份	2000	2001	2002	2003	2004	2005
二氧化碳排放量	56744.73	61803.11	71967.08	82111.15	75690.21	85332.46
年份	2006	2007	2008	2009	2010	2011
二氧化碳排放量	98124.13	106965.60	103178.72	100218.51	110683.51	126850.63

（二）山西省低碳经济发展水平评价其他指标数据的搜集与整理

1. R&D 经费投入额（X_3）

提升低碳经济发展水平离不开强大的资金后盾，不足的资金投入只会限制低碳经济的发展，本章用研究与发展经费（R&D 经费）来表示一个地区研究低碳技术所投入的资金支持。所以，研究与发展经费是评价一个地区低碳经济发展水平的重要指标之一。图3-7 显示了2001~2011 年的12 年间山西省与全国范围的 R&D 经费投入占当年 GDP 比例的一个简单比较。

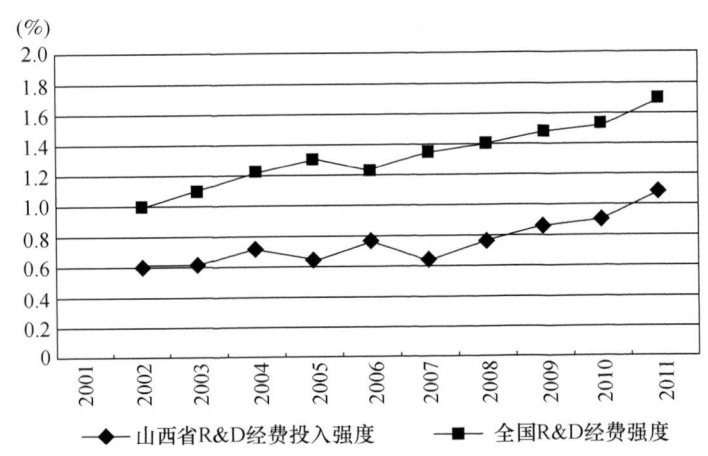

图3-7　山西省与全国 R&D 经费投入强度

图3-7 直观明了地显示了2000~2011 年山西省 R&D 经费投入强度与全国水平存在的差距。山西省 R&D 经费投入强度较全国 R&D 经费投入强度具有较大的波动性，全国 R&D 经费整体是在持续上升。所以，山西省 R&D 经费投入强度持续稳定上升将是其低碳经济发展水平提升的一个重要因素。

2. 山西省低碳经济发展水平评价数据整理

表3-7 山西省低碳经济发展水平评价指标值

年份	煤炭消费量（万吨）	二氧化碳排放量（万吨）	R&D经费投入额（亿元）	第二产业产值（亿元）	GDP（亿元）	城镇化率（%）
2000	16383.45	56744.73	9.90	858.37	1643.81	35.88
2001	17235.30	61803.11	10.17	956.01	1779.97	35.09
2002	20291.80	71967.08	14.41	1134.31	2017.54	38.09
2003	23134.19	82111.15	15.80	1463.38	2456.59	38.81
2004	25352.30	75690.21	23.40	1919.40	3042.41	39.63
2005	27850.00	85332.46	26.30	2357.04	4179.52	42.11
2006	31255.98	98124.13	36.30	2755.66	4752.54	43.01
2007	32878.79	106965.60	49.30	3454.49	5733.35	44.03
2008	32603.72	103178.72	62.56	4242.36	6938.73	45.11
2009	32207.71	100218.51	80.86	3993.80	7365.70	46.00
2010	35315.17	110683.51	89.88	5234.00	9088.10	48.05
2011	39003.46	126850.63	113.39	6635.26	11100.20	49.68

资料来源：历年《中国能源统计年鉴》。

3. 模型建立

根据以上分析，本章选择CCR模型对山西省低碳经济发展水平有效性进行评价。假定以2000~2011年的每年表示为决策单元，分别对应$t=1,2,\cdots,12$。指标表示如下：

$X_1 = (X_{11}, X_{12}, \cdots, X_{112})$ ——煤炭消费量

$X_2 = (X_{21}, X_{22}, \cdots, X_{212})$ ——二氧化碳排放量

$X_3 = (X_{31}, X_{32}, \cdots, X_{312})$ ——R&D经费投入额

$X_4 = (X_{41}, X_{42}, \cdots, X_{412})$ ——第二产业产值

$Y_1 = (Y_{11}, Y_{12}, \cdots, Y_{112})$ ——GDP

$Y_2 = (Y_{21}, Y_{22}, \cdots, Y_{212})$ ——城镇化率

4. 模型求解

本章使用MAXDEA对山西省历年低碳经济发展水平进行评价，在模型建立及数据整理的基础上可得表3-8~表3-14。

表3-8 山西省低碳经济发展水平评价结果

NO	DMU	Score	Benchmark (Lambda)
1	2000	1	2000 (1.0000)
2	2001	1	2001 (1.0000)
3	2002	0.9325	2000 (1.0984); 2009 (0.0288)
4	2003	0.9190	2001 (0.9101); 2005 (0.2002)
5	2004	0.9352	2000 (0.6740); 2005 (0.2608); 2010 (0.0929)
6	2005	1	2005 (1.0000)
7	2006	0.9604	2000 (0.1488); 2005 (0.8220); 2009 (0.1456)
8	2007	0.9405	2005 (0.7236); 2009 (0.0678); 2010 (0.2432)
9	2008	0.9805	2005 (0.5571); 2010 (0.1378); 2011 (0.3025)
10	2009	1	2009 (1.0000)
11	2010	1	2010 (1.0000)
12	2011	1	2011 (1.0000)

表3-9 煤炭资源消费量(X_1)径向、松弛变量改进值与投影值

NO	DMU	Score	Input1		
			Radial Movement	Slack Movement	Projection
1	2000				16383.4500
2	2001				17235.3000
3	2002	0.9325	-1369.2026		18922.5974
4	2003	0.9190	-1873.6115		21260.5785
5	2004	0.9352	-1643.0184	-2122.2369	21587.0447
6	2005				27850.0000
7	2006	0.9604	-1236.2228		30019.7572
8	2007	0.9405	-1956.5794		30922.2106
9	2008	0.9805	-636.1909	-8.6520	31958.8771
10	2009				32207.7100
11	2010				35315.1700
12	2011				38269.3600

表 3-10　二氧化碳排放量（X_2）径向、松弛变量改进值与投影值

NO	DMU	Score	Input2		
			Radial Movement	Slack Movement	Projection
1	2000				56744.7300
2	2001				61803.1100
3	2002	0.9325	-4856.0262	-1898.0461	65213.0077
4	2003	0.9190	-6650.0879	-2133.3416	73327.7205
5	2004	0.9352	-4905.2911		70784.9189
6	2005				85332.4600
7	2006	0.9604	-3880.9626	-1065.0563	93178.1112
8	2007	0.9405	-6365.4012	-5148.0213	95452.1776
9	2008	0.9805	-2013.3090		101165.4110
10	2009				100218.5100
11	2010				110683.5100
12	2011				126850.6300

表 3-11　R&D 经费投入额（X_3）径向、松弛变量改进值与投影值

NO	DMU	Score	Input3		
			Radial Movement	Slack Movement	Projection
1	2000				9.9000
2	2001				10.1700
3	2002	0.9325	-0.9723	-0.2365	13.2012
4	2003	0.9190	-1.2796		14.5204
5	2004	0.9352	-1.5165		21.8835
6	2005				26.3000
7	2006	0.9604	-1.4357		34.8643
8	2007	0.9405	-2.9338		46.3662
9	2008	0.9805	-1.2207		61.3393
10	2009				80.8600
11	2010				89.8800
12	2011				113.3900

表3-12 第二产业产值（X_4）径向、松弛变量改进值与投影值

NO	DMU	Score	Input4		
			Radial Movement	Slack Movement	Projection
1	2000				858.3700
2	2001				956.0100
3	2002	0.9325	-76.5383		1057.7717
4	2003	0.9190	-118.5175	-2.9737	1341.8889
5	2004	0.9352	-124.3915	-115.4092	1679.5993
6	2005				2357.0400
7	2006	0.9604	-108.9907		2646.6693
8	2007	0.9405	-205.5728		3248.9172
9	2008	0.9805	-82.7805	-117.9673	4041.6122
10	2009				3993.8000
11	2010				5234.0000
12	2011				6635.2600

表3-13 GDP（Y_1）径向、松弛变量改进值与投影值

NO	DMU	Score	Output1		
			Radial Movement	Slack Movement	Projection
1	2000				1643.81
2	2001				1779.97
3	2002	0.9325			2017.54
4	2003	0.9190			2456.59
5	2004	0.9352			3042.41
6	2005				4179.52
7	2006	0.9604			4752.54
8	2007	0.9405			5733.35
9	2008	0.9805			6938.73
10	2009				7365.70
11	2010				9088.10
12	2011				11100.20

表 3-14　城镇化率（Y_2）径向、松弛变量改进值与投影值

NO	DMU	Score	Output2		
			Radial Movement	Slack Movement	Projection
1	2000				35.8800
2	2001				35.0900
3	2002	0.9325		2.6447	40.7347
4	2003	0.9190		1.5543	40.3643
5	2004	0.9352			39.6300
6	2005				42.1100
7	2006	0.9604		3.6409	46.6509
8	2007	0.9405		1.242	45.2720
9	2008	0.9805			45.1100
10	2009				46.0000
11	2010				48.0500
12	2011				49.6800

（三）山西省低碳经济发展水平评价结果分析

1. 山西省历年低碳经济发展水平分析

由表 3-8 可知，山西省低碳经济发展在 2000 年、2001 年、2005 年、2009 年、2010 年、2011 年为 DEA 有效，其余年份均为 DEA 无效。山西省低碳经济发展水平评价指标投入、产出值存在径向改进与松弛变量改进。

2. 山西省低碳经济的投入产出值分析

对于 DEA 无效年份 2002 年，煤炭资源消费量减少 1369.2026 万吨，二氧化碳排放量减少 6754.0723 万吨，R&D 经费投入额减少 1.2088 亿元，第二产业产值降低 76.5383 亿元，城镇化率增加 2.6447 个百分点，可以实现 DEA 有效，即达到山西省低碳经济发展效率的有效性。由表 3-9～表 3-14 可知，山西省发展低碳经济存在煤炭资源利用效率低下、二氧化碳排放过量、R&D 经费投入额利用不足、第二产业产值比重过高、城镇化进程中资源浪费等问题，从而导致山西省 2002 年、2003 年、2004 年、2006 年、2007 年、2008 年低碳经济发展水平不高。

五、山西省提升低碳经济发展水平的对策建议

山西省发展低碳经济并不仅仅是政府行为，企业是重要的经济主体，要想发展好低碳经济，必须充分调动政府、企业、民众等各方面的积极性。本章主要从

政府、企业、民众三个层面提出山西省提升低碳经济发展水平的对策建议。

（一）政府层面

政府在发展低碳经济过程中扮演着重要角色，在低碳经济建设中政府应发挥积极作用，做出最大努力支持低碳经济的发展。

1. 寻求低二氧化碳排放量的新能源

（1）提升煤炭资源利用效率。寻求新能源的过程是一个长期而且艰难的过程，在这个过程中仍应兼顾眼前利益，首先做到节能优先，提高煤炭利用效率。我国的经济建设80%左右都来自煤炭资源的支持，但是煤炭资源是不可再生资源，总有枯竭的一天。节约煤炭资源，走出一条新型的煤炭工业之路，走出一条以较高含量的科学技术、较好的经济效益、较低的能源消耗、较少的环境污染为基本特征的新型煤化工之路。节约使用能源和提升能源利用效率能够产生巨大的生产力。政府在发展低碳经济道路上扮演着领导者的角色，政府要想方设法建立并健全节能管理的机构和工作体系，积极引导、鼓励社会各界响应节约用能，实施优惠的政策支持，并辅之以法律法规强制，建立卓有成效的激励约束机制，完善相关能效的标准和相关体系的认证，从而为煤炭资源利用效率不断得到提升保驾护航。

积极努力减少煤炭资源浪费，开动脑筋想方设法使煤炭资源供求紧张的状况得到缓解。要想提升煤炭资源利用效率，科学技术的进步和创新是必不可少的，要积极、大力引进先进的节煤工艺技术和设备，不断加大科技方面的经费投入和支持力度。制定科学管理制度，最大限度地减少煤炭在生产、流通、消费等环节的损失和浪费，在全社会形成节约用煤和合理用煤的良好环境。

（2）积极发展替代能源。倡导低碳经济的原因可以概括为三个方面：气候变化的影响、能源危机的到来以及资源环境的约束。能源危机已经成为一个不可回避的问题，煤炭资源是不可再生资源，即使能够大幅度提高煤炭资源利用效率，但是煤炭资源总有枯竭的一天，仅仅依靠煤炭资源解决能源危机并不是最终的理想方案。解决能源危机问题，主要应该从供需两个方面着手。增加能源开采能量是有限的，解决能源供应问题要放在新能源的开发上。也就是说，推动新能源发展的动力，从能源本身的角度，来源于要实现能源的供应安全和能源来源的多样化。通过多种途径、做出多种努力使能源生产和消费结构得到优化，对新能源的开发和使用采取鼓励措施，逐步由使用煤炭转移到使用二氧化碳排放较低的替代能源或者新能源上来。在能源开发利用方面实行以煤为主、以煤为基的多元发展方针，加大石油、天然气资源在一次能源消费中所占的比例，使能源消费结构形成多样化共存的局面，积极鼓励引导优质能源消费比例。山西省可制定以市场为导向、以技术进步为支撑的鼓励引导新能源开发、利用的政策措施,同时加强宏观政策的引导,逐步培育规范的市场,不断推动提高新能源开发的技术水平和装备水平。

2. 建立二氧化碳排放量的监测系统

由表3-6可知,山西省二氧化碳存在过量排放,这是山西省生态环境恶化的重要原因,促进生态环境综合治理,减少二氧化碳排放量是改善生态环境的关键。本章计算山西省二氧化碳排放量依据的是煤炭(原煤)、洗精煤、焦炭、汽油、煤油、柴油、燃料油、液化石油气、天然气、焦炉气10种能源的消费量,山西省可以针对这10种能源的消费量建立二氧化碳排放量监测系统。对每一种能源的二氧化碳排放量设置年排放限量,并分解为月度或者季度限额,当排放量达到限额时对该种能源的消费量及利用状况进行一定力度的排查。从而实时对二氧化碳排放总量进行监测与控制。

3. 加大低碳经济发展所需经费投入

(1)加大低碳经济发展经费投入强度。

1)加大R&D经费投入强度。图3-7直观明了地说明了山西省2000~2011年的R&D经费投入强度大大低于全国水平,发展低碳经济必须有充分的资金投入作为支撑。企业是发展低碳经济的核心,研发投入要以企业为主体,企业依据自身条件进行科技研发,对于企业的研发项目、科技成果,政府通过奖励、补贴等形式为企业降低研发成本,提高企业对发展低碳经济的体制机制建立、科学技术研发开展的积极性。

2)加大教育投入力度。人才是兴国之本,保障低碳经济发展离不开人的因素,贯彻以人为本的思想,积极调整政策。政府可以支持高等院校设立专门的研究低碳经济的专业,培养与低碳经济高度相关的人才。高校与企业建立长期战略合作,使学习低碳经济专业的学生能够理论与实践相结合,毕业之后能够直接投身相关工作。加大教育投入力度是山西省人才培养、人力资本积累的重要内容。

(2)加强低碳经济发展经费使用的监管。为了保证低碳经济发展经费能够得到充分有效的运用,山西省可以建立独立的审计部门,确保资金真正地用到低碳经济发展上。使用经费的相关系统应详细地记录用途,审计部门可不定期地核对相关系统的记录是否属实,并将审计结果提交上级部门。为了避免审计部门、拨款系统与享受低碳经济发展经费拨款的企业三者之间串谋、寻租,审计部门应对所审计的拨款系统,对享受低碳经济发展经费拨款的企业分别负有连带责任,加大奖惩力度。

4. 推动能源消费、产业结构的调整

能源消费结构不合理是我国各省份普遍存在的问题。在节能减排方面,以煤炭为主的能源消费结构是我国面临的最大挑战。能源消耗结构中，一次性能源69%靠煤。发电80%以上来自火电。以重化工为主导的"病态"产业结构带来的是高能耗项目加高污染能源项目的产业模式和高耗能产品的快速增长，我国现已成为世界上仅次于美国的碳排放大国，必须优化能源消费结构，推动产业结构的调整。山西省GDP构成中第二产业比重长期处于主导地位，这也是山西省二氧化碳排放量大的主要因素，加快山西省经济发展方式转变及产业结构调整，则有利于加快山西省实现经济—社会—生态系统协调持续发展。

依据循环经济理论，为了使能源和各种资源在工业产业链中更好地利用，尽量减少浪费，应加大科研投入，加强和扩宽煤炭工业的产业链，实现多种经营。这对实现煤炭工业的发展有着重要的作用。主要措施包括：利用高效的清洁技术，发展洁净煤项目；加大对煤层气的开发；大力发展煤炭液化项目；以多种形式大力发展坑口电站；发展第三产业，建立物流中心。

5. 提高"三废"综合利用产品产值

鼓励"三废"综合利用，较少资源浪费，是衡量一个地区循环经济成效的重要标准，对减少二氧化碳排放量有积极意义。"三废"综合利用产品产值是指"废水、废气、废渣"作为原材料再利用生产的产品的产值，反映"三废"的综合治理率及资源利用率，提高"三废"综合利用产品产值可以有效降低空气中的二氧化碳含量，在优化环境的同时实现资源的充分利用，在投入不变的条件下可以提高GDP水平，有利于二氧化碳排放量与经济增长之间实现脱钩。提高"三废"综合利用产品产值必须加大资金投入，支撑研发提高"三废"综合利用产品产值水平的科学技术，实现"三废"的充分回收利用。一方面，加大政府对"三废"综合利用的财政投入；另一方面，增强企业治理"三废"的积极性，建立政府与企业共享的"三废"治理数据网站，根据治理数据政府对企业给予一定的奖励，最大程度发挥政府与企业的联动性。

6. 加大森林、城市绿化等碳汇建设

二氧化碳排放量存量及增量持续递增的现象是长期的粗放的经济增长方式造成的，降低二氧化碳排放是一项长期、系统工程。加大碳汇建设能够在短期内发挥作用，吸收、储存部分二氧化碳排放量。加大碳汇建设包括两方面的内容。

（1）增加森林资源。首先要坚持多树种、多形式、多层次的植树造林，以扩大森林面积。具体措施主要有：严禁开荒，加强封山育林；搞好抚育管理，促进林木生长；开展"四旁"植树，促进全民植树活动；加强人工培育，提高森林的造林率、成林率和保存率。其次要坚持造林前的规划设计，严格执行造林技术措施，认真检查验收，加强保护管理，以保证造林质量。因地制宜，采取各种措施促进人工林的数量和质量。

（2）增加建成区绿化面积。合理规划公园、道路、小区等的绿化建设，摆脱单纯依靠平面绿化的传统绿化方式，充分利用垂面绿化空间；加大对绿化面积的管理、维护力度等。从而改善居民的居住环境。

（二）企业层面

企业在当今社会担当着无可替代的责任，为社会创造财富的同时，也应该担负起社会的责任。在环境保护方面，企业总体上排放着巨额数量的温室气体，所以更应该实施低碳管理，为山西省低碳经济的发展贡献力量。

1. 建立低碳企业文化

企业文化是一个企业的灵魂所在，是区别于其竞争对手所具有的独特的无形资产，具有价值导向和行为导向的功能。在当前的国际、国内、省内等背景下，建立低碳企业文化有助于企业适应时代潮流，形成新的竞争优势，从而为社会做出更大的贡献。低碳企业文化的整体建设包括三个层次：精神层建设、制度层建设和物质层建设。

（1）低碳企业文化的精神层建设。以"低碳"文化作为企业的管理者和企业的员工所共同遵守的基本信条、价值准则、职业道德和精神风貌，低碳文化的精神层建设是构建低碳企业文化最重要的核心部分，也是形成低碳企业文化的物质层和制度层的基础和原因。企业文化中的精神层代表了一个企业的精神风貌。低碳企业文化的标志，是在企业的终极目标、企业风貌、企业风气、企业道德和企业宗旨等方面处处能够体现出来低碳。可以通过以下方法来促进低碳企业文化的精神层的建设：第一：提高员工低碳意识、进行低碳教育；第二：企业管理者观念意识的"低碳化"；第三：培训、宣传低碳知识，培育员工的"低碳消费"、"低碳产品"和珍爱人类生存环境的意识及其敬业、奉献精神。

（2）低碳企业文化的制度层建设。"无规矩不成方圆"，任何一个企业的正常运转都需要规章制度作为基本保障。要想建设低碳企业文化，必须将低碳企业文化转化为企业的规章制度，从而逐步形成低碳企业文化。低碳企业文化的制度层建设可以通过以下两个方面来促进：第一，实行低碳目标责任管理，将低碳工作纳入领导和各部门工作的考评体系中，将目标责任与年度考核及晋升挂钩，与各部门的经费使用挂钩；第二，建立低碳激励机制，如果企业具备相应的条件，可以设立"低碳奖励基金"，定期或者不定期发放，用于表彰先进个人或者部门。

（3）低碳企业文化的物质层建设。低碳企业文化的物质层是低碳企业文化的外在表现，从物质层中能折射出低碳企业的经营思想、管理哲学和工作作风等。企业生产的产品和提供的服务是企业生产经营的成果，也是企业贯彻低碳文化的主要载体。

2. 构建低碳办公环境

低碳办公环境的构建，在企业进行低碳管理中占据着重要的地位，人们每天都有至少1/3的时间在办公室中度过，如果能够实现低碳办公，对整个社会来说，环保意义更重大。低碳办公主要可以从以下几个方面来构建：第一，无纸化办公；第二，节约用笔；第三，节约用电；第四，节约用水；第五，种植绿色植物。

3. 实施低碳供应链管理

低碳供应链管理是以系统论和可持续发展论作为指导思想，从而实现整个供应链的节能高效、低碳环保。因此，企业应对整个供应链上的各个环节进行统一的规划和统筹。

（1）低碳战略。供应链的低碳化管理并不单单是某个企业的"低碳化管理"，其最终目的是实现整个供应链上各个企业、各个环节的低碳化管理。企业与供应商或者分销商结成低碳战略合作伙伴，是保障低碳供应链得以顺利运作的重要前提条件。一个理想的低碳供应链战略合作伙伴不仅应该保证本企业的环境符合法规要求，而且应该具备从源头减少、防止环境污染的意识。

（2）低碳设计。又称生态设计，生态设计包括原材料、产品、工艺及分销等。通过供应链全过程的优化，可以进行流程的再造，使供应链的运营效率得到提高，运营成本得到降低。

（3）低碳物流。运送产品方式的价格越低，对环境的影响越小。企业为了获取更多的利润，通常会采取多种办法来降低物流成本。如事先对配送设施的数量进行确定；评估并选择使用飞机、火车和汽车三者之中的最优运输方式；想方设法提高货运公司载运量的最低限额。

（4）低碳技术。先进的技术支撑是实施低碳供应链管理能够获得优势的基础，同时，企业应用和集成技术的能力也必须加强。如企业资源计划（ERP）、业务流程重组（BPR）、电子数据交换（EDI）等。实施低碳供应链管理还必须以特别的环保技术作为支持，如环保运输工具、清洁燃料、污水处理设备等，将先进的技术与低碳供应链管理很好地结合起来，从而使企业的环境管理水平得到提高。

（三）民众层面

发展低碳经济的最终目的是实现人类的可持续发展，越来越多的人开始了解低碳，所以人类更应该在低碳经济的发展过程中提升主人翁意识，节能减排从身边、从自己、从细枝末节做起。

1. 关掉多余电灯

不管是在家里还是在办公室，关掉多余的电灯看似微不足道，但是这样的举手之劳就实现了能源的节约、温室气体排放的降低。

2. 及时关掉电器

电视机、电脑、音箱等电器在不使用时将其关闭，而不将其待机。据统计，如果家中一台电脑每天使用4个小时，其他时间将其关闭，那么每年就可节省500元电费，并且能够减少83%的二氧化碳排放量。

3. 少开一天车

温室气体排放量中至少30%都是交通产生的二氧化碳造成的，每人少开一天车不仅能够减轻城市交通拥堵，而且也能够减少燃料消耗和二氧化碳排放，所以，人们应该多选择乘坐公共交通，选择低碳出行方式。

4. 使用晾衣绳晾衣

清洗和烘干衣物是家庭二氧化碳排放的重要部分，如果在洗衣服时用温水代替热水；衣服洗净后让其自然晾干而不是烘干。那么较原来做法就可以减少90%的二氧化碳排放量。

5. 垃圾细分

胡乱堆放、处理垃圾也是造成温室气体大量排放的一个重要原因。将垃圾进行分类，然后再回收利用，不仅可以实现资源的循环利用，也可以在节约资源的同时降低环境污染，减少二氧化碳排放。

六、本章结论

（一）提高资源利用率

1. 降低资源浪费

煤炭资源消费量存在不同程度的冗余，并在山西省城镇化进程中，城镇化率有待进一步提升。所以，山西省发展低碳经济应加大对煤炭等资源的节约，减少浪费。本章在第五节提出的政府、企业、民众三个层面提升山西省低碳经济发展水平的对策建议都对提高资源利用效率、减少资源浪费直接或者间接性的提了出来。

2. 提高资源利用技术水平

煤炭资源的消费是导致二氧化碳排放的主要因素，但这一现象很大程度上是由煤炭资源利用技术落后导致的。煤炭资源本身是高碳排放能源，寻求煤炭资源的低碳化利用至关重要。赵国浩教授2012年国家自然科学基金项目《应对气候变化的煤炭资源低碳化利用理论与政策研究》对山西省乃至全国的高碳能源低碳化利用指明了方向，具有重要的指导意义。加大低碳经济发展经费投入，这样就能够提供低碳技术需要的资金支持；在企业层面提出的提高低碳技术的途径等，都有助于提升山西省低碳经济发展水平。

（二）有效利用 R&D 经费

R&D 经费利用冗余，表现为 R&D 经费并没有全部用到真正需要的地方，发展低碳经济的资金支撑是至关重要的。本章第四部分的分析结果显示，R&D 经费存在冗余，应削减 R&D 经费投入额，这一结论显然与发展低碳经济需要大量的资金作为后盾是相互矛盾的，所以 R&D 经费冗余的背后是资金没有得到正确、有效的运用。针对这一问题，本章提出加强对低碳经济发展经费的监管及相应的监管对策。

（三）调整产业结构

图 3-6 直观明了地对构成山西省 GDP 的第一产业、第二产业、第三产业的比重进行了比较。2000~2011 年，三个产业中的第二产业长期处于主导地位，而第二产业的支柱又是重工业，重工业是消耗能源、排放二氧化碳的"中坚力量"。山西省发展低碳经济必须调整现有产业结构，有效降低第二产业比重，大力发展第三产业。针对产业结构不合理的问题，本章在第五节政府层面的对策建议中提出了调整产业结构的途径或者措施。

第四章 山西省发展低碳经济对策研究

一、绪 论

(一) 研究背景及意义

1. 研究的背景

伴随着工业微波能、生物能、风能、太阳能、水能、核能等的使用,人类逐步从原始文明走向农业文明和工业文明。作为具有广泛社会性的前沿经济理念,低碳概念的推出直到20世纪90年代末才真正被人们所知道,而真正被人们所熟知则要到21世纪。其中《联合国气候变化框架公约》和《京都协议书》是催生低碳经济出现的重要文件与公约,正是它们的出现才让人们真正意识到低碳经济的重要性。

目前,全球大气中的二氧化碳,大部分来自经济发达地区在其经济发展过程中所排放的二氧化碳的历史积累。通过分析南极 Law Dome 冰芯资料发现,1750年工业化以来,大气中温室气体明显增加。2009年底在哥本哈根气候大会上,中国成为世界碳排放量最大的国家。世界银行首席经济学家尼古拉斯·斯特恩得出的结论是:全球国家现在采取低碳发展路径,以每年1%的GDP用于发展低碳经济,即可避免将来每年5%~20%的GDP损失,全球气候的急剧变化冲击着当前的经济发展模式。传统的经济增长方式已经受到全球变暖所带来的严重威胁。为减缓全球变暖,使人类社会的经济增长得以可持续发展,就要改变传统高耗能、高污染、高排放的高碳经济增长方式,使其转变为以低能耗、低污染、低排放为基础的低碳经济增长模式。

近年来，山西省各地围绕产业转型、生态修复、城乡统筹、民生改善等综改试验区四大任务开动脑筋、大胆探索。长治市创新土地管理机制，制定了地质灾害治理造地、水利造地、矿山造地等12项造地法；实行土地保护专家顾问制度、跨县市区占补平衡市场化机制、造地奖励机制等6项用地机制。灵石县利用担保公司等金融工具，探索煤矿企业的现代投融资模式；按照"以资源换项目"模式，探索资源与转型项目的"捆绑"。与此同时，山西省加快发展服务业和培育发展战略性新兴产业，先后出台了投资、价格、金融、土地、技术创新等9条政策措施支持服务业快速发展，并围绕鼓励服务业实施"1511"项目计划；围绕新能源、节能环保、生物、高端装备制造、新材料、新一代信息技术、现代煤化工等重点领域，实施战略性新兴产业"512"工程。通过这些措施，推进新兴产业规模化，推进经济结构战略性调整。

2. 研究的意义

我国经济高速增长带来了能源消费总量的不断攀升。2006年能源消费总量达到了24.6亿吨，比2005年增长9.6%；2007年能源消费26.5亿吨，比2006年增长7.8%。因此，"十一五"头两年的能源消费增幅明显高于年均4%的增长目标。随着环境恶化以及高能耗所带来的种种问题的凸显，我国近年来逐步重视节能减排工作，目前积极地倡导低碳发展模式。由于石油、煤炭在内的资源的稀缺性以及不可持续性，进入21世纪后包括美国、英国、法国以及德国在内的西方发达国家都在积极寻求新的石油替代品，无论是生物能源的研发还是对于太阳能、风能、核能等可再生能源的使用与研究都在积极的开展，由此也预示着未来的能源发展的重大趋势以及方向。

综上而言，发展低碳经济是大势所趋，是山西省开展国际合作、参与国际"游戏规则"制定的途径。由于山西省是我国的煤炭大省，因此省内长期以来以煤炭出口及使用作为主要的经济来源和能源来源，但是随着我国近年来大力倡导经济的可持续发展以及全球新能源和工业发展方式的转变，要求山西省必须要摒弃现有的发展模式，主动求变，优化产业结构，调整三产比例，并积极参与到新能源的开发与利用中，主动与发达国家共同开发相关技术，从而真正保证山西省整体经济发展的可持续性。

发展低碳经济，就是发展以低能耗、低污染为基础的绿色经济，其实质是能源高效利用、清洁利用和低碳或无碳能源开发。发展低碳经济是山西省现在和未来发展的必然选择。本章正是基于这样的目的，通过结合低碳经济的相关概念与原理对煤炭的低碳化利用及可持续发展进行研究分析，通过对统计数据的处理与模型分析，以定量与定性结合的方式研究适合山西省煤炭的低碳化利用及可持续发展道路。实现二氧化碳减排、推动低碳经济发展，重视和依靠转变传统的经济发展模式、改变现阶段不合理的经济结构和能源消费结构。

（二）国内外研究现状

1. 国外研究现状

低碳经济自 2003 年由英国提出以后得到了大多数国家的认同，一些地区和国家也开始展开低碳经济建设的行动，如欧盟国家、日本等。有经济实力、有科技支持，也有利益驱动的欧美国家，正在掀起一场"低碳经济"的革命。在技术上，电力、交通、建筑、冶金、化工、石化等部门，积极发展与探索可再生能源的使用，在政策上，纷纷采取鼓励低碳能源开发和使用的政策。

2003 年 2 月 24 日英国首相布莱尔在发表的题为《英国政府未来的能源——创建一个低碳经济体》白皮书里，首次提出了低碳经济的概念，根据报告英国未来积极转变国家整体产业结构，转变发展思路，逐步降低传统工业在国家经济中的地位，大力发展服务业、旅游业等第三产业，并积极研究与探索新能源在整个国家发展中的应用，从根本上把英国变成一个低碳经济的国家。

德国规划到 2020 年国内低碳产业要超过其汽车产业，一些欧洲国家对燃烧产生的二氧化碳的化石燃料，如汽油、化工产品，也要开征能源税和碳税。一个以高效、洁净、低碳排放为标志的"低碳经济"，正悄然向我们走来。

作为目前全球经济发展较稳定的发达国家，早在 20 世纪 70 年代丹麦政府就已经积极采取相应的低碳发展策略与措施，在 1974 年开始率先实施开发和节约并重的能源方针，大力开发北海石油和天然气资源，积极开发本土的风能和生物质能，大力提倡节能和提高能源效率。受益于丹麦政府低碳经济发展策略，在 30 多年的发展过程中，丹麦经济总体发展趋势良好，其能源结构也不断的优化。如表 4-1 所示，丹麦的能源消费从 1980 年主要以石油和煤炭为主，逐步向可再生能源以及天然气等对大气与环境污染较小的能源发展，同时能源自给率也从 1980 年的 5% 提升到了 2005 年的 156%，丹麦 2005 年的 GDP 比 1980 年翻了 4 翻，但是其整体的二氧化碳排放量却下降了 370 万吨，由此可以看到丹麦在低碳经济发展中所取得的成效。与此同时，除了环境的优化之外，低碳经济发展策略也给丹麦出口带来了新的增长点，包括能源技术产品和服务（主要是可再生能源和提高能效的技术、产品、服务等）出口占到了丹麦现有出口总量的 3% ~ 5%。

在低碳经济理论方面：日本著名学者，曾担任日本环境部副部长的石坂匡身（Masami Hizaka，2000）认为通过开展科技创新和完善社会基础设施来改变人们的生活方式，以此应对气候问题。同时还必须要建立一套良好的管理方式与问责体制，如采取各种各样的预防，谁污染谁付钱，还有公众的参与，信息的透明度

表 4-1 丹麦能源消费构成

		1980 年	1990 年	2005 年
消费构成	石油（PJ）	546	335	350
	煤炭（PJ）	241	328	165
	天然气（PJ）	0	82	192
	可再生能源（PJ）	24	50	130
能源自给率（%）		5	52	156
二氧化碳排放（万吨）		5310	5270	4940

等低碳经济发展与管理方法；Johnston 等（2005）学者通过对英国碳排放的研究分析，认为到 2050 年英国碳排放量在 1990 年基础上减少 80% 是能够实现的，但是前提是英国继续实行现有的低碳经济政策，不断加大对于可再生能源的研究与发展投入。Treffers 等（2005）学者认为通过相关政策措施的支持，德国在 2050 年实现 1990 年基础上减少碳排放 80% 是可能的。在对全球现有温室气体排放量的不断增长中得出影响全球气候变暖以及温室效应加剧的主要因素来源于两方面：一是人口的不断增长，人口数量的增加意味着对社会资源需求的增加，而资源的增加则会带动能源的消耗，包括汽车尾气、垃圾焚烧、煤炭的消耗等都会增加全球的碳排放量；二是植物的大面积砍伐则会导致全球空气净化能力的下降。

2. 国内研究现状

"低碳经济"是中国的机遇，是中国企业和投资者的机遇。随着我国人口的进一步增加以及城市化进程的加速，未来的能源消耗必然会进一步提高，从我国现有的整体环境而言，北方的沙尘暴、南方的旱涝灾害、全国的雾霾都已经充分说明了全球环境的变化给我国整体经济发展以及城市环境所带来的危害，并且中国目前正在积极构建碳排放机制以及碳排放交易，希望自上到下，利用市场机制全面发展低碳经济。早在"十一五"规划中我国政府就要求单位 GDP 能耗 5 年内降低 20%，2010 年实现减少温室气体排放 10 亿吨的目标，同时，我国为了能够保证相关节能减排指标的完成还纷纷鼓励人们绿色出行，推动新型电动能源车的发展以及出台优惠措施，鼓励高新技术企业积极发展新能源技术的开发与利用，对相关能源环保企业采取政府补贴以及税收优惠等措施鼓励和推动整个环保行业的发展。

国内学者主要是通过对低碳经济概念、特征的分析提出与我国环境相符的低碳经济概念。如庄贵阳（2007）通过对国外发达国家特别是英国在低碳经济中所取得的成果，以及英国气候变化政策中的经济工具，积极探索适合我国国情的低碳经济发展机制与轨道，寻求后京都时代的中国低碳之路的发展方向，作者认为我国现有的低碳经济发展之所以缓慢，主要原因在于我国现有的激励机制的缺失，因此未来中国应该进一步通过激励机制促进低碳发展，包括节能减排的补贴、税收优惠等措施提升企业积极性以及可再生能源的应用范围。付允等（2010）运用系统科学的理论，界定了循环经济标准化模式的内涵，总结了循环经济标准化模式的特征。认为低碳经济的特征是"三低三高"，即低能耗、低污染、低排放；高效能、高效率、高效益，作者通过低碳经济的发展模式以及我国国情的分析，认为未来我国低碳经济的发展主体包括企业、政府、高校及科研机构、行业协会、咨询服务机构、公众六类。只有上述机构之间紧密合作，才能真正保证我国低碳经济的发展平稳与良好。

徐国泉等（2006）采用指数分解法对碳排放等式分解，建立了中国人均碳排放的因素分解模型，研究表明能源效率和能源结构的抑制作用难以抵消由经济发展拉动的中国碳排放量增长，由此说明现有的经济发展格局若继续维持下去，未来我国的碳排放量还会进一步增加，因此为了能够降低我国现有的碳排放量，作者提出了相应的改善建议与措施：①增加石油、天然气、水电、核电所占比重，改善能源生产和消费结构；②提高能源效率、节约能源；③加强碳减排等能源技术领域的研发力度与国际合作。学者宋涛等（2007）通过研究发现人均二氧化碳排放量与人均GDP之间存在长期协整关系，呈现倒U形的环境库兹涅茨曲线关系，同时碳排放量的增加与我国经济整体发展以及GDP的增速呈比例关系，由此说明我国现有的经济发展依然主要是资源带动经济的发展模式，而在未来为了保证经济的可持续发展必须要积极调整和优化产业结构从制度与技术上提升GDP的科技含量，发挥绿色GDP的作用。朱永彬等（2010）通过能源消耗导致碳排量的研究得出，我国目前大部分的省份其能源消耗依然主要是以煤炭为主，而我国现有的二氧化碳排放量的主要来源之一就是煤炭消耗所带来的。

二、低碳经济理论基础

（一）人地关系理论

早在18世纪之前人类已经对人地关系有了大量的讨论，但正式提出"人地关系"概念则是在资本主义上升时期，即在地理大发现和产业革命以后逐渐形成和确立起来的。在此之后，越来越多的学者逐步开始关注人与自然之间的关系，从目前而言主要有以下两种理论观点。

1. 决定论

（1）地理环境决定论。这是人地关系理论中最早形成的一种观点。1748年，法国著名思想家孟德斯鸠在他的著作《论法的精神》中论述了自然条件同政治法律的关系，认为自然地理环境对社会政治法律制度具有重大的制约性。此后，这一理论思想被后人不断的发展、延伸，其中德国地理学家弗里德里希·拉采尔则是将这一思想系统化，深入讨论了地理环境是如何决定人类的生存环境、政治制度、生活方式，从而最终影响到人的整体的思想以及社会值的建设。

（2）唯意志论。这是一种过分强调人的主观能动性的一种理论观点。这一理论的产生背景是基于英国的第一次工业革命，社会的生产力由于科技的进步而大幅度地提升，解放了大量的剩余劳动力，社会的财富大幅度地积累，人们的工作效率得到了前所未有的提高，人类对自然影响的强度加大、范围增广超过了过去任何一个世纪，因此，萌生了唯意志论。但是，从现代社会的发展以及人们对于自然界的认识而言，人类的力量在自然面前依然显得弱不禁风且极为渺小。而唯意志论则过分夸大了人类的力量，认为人类只要认识和掌握自然规律，就可以任意地改造和支配自然，过分强调了人类主观能动性的强大而忽略了外部因素对于人类活动的制约。

（3）生产关系决定论。这是与地理环境决定论相对应的另一种极端思想理论。其对生产关系的决定因素的理解和规定有片面性，未能正确认识和掌握生产力对于生产关系的决定机制。它强调生产关系在人地关系中的决定作用，忽略地理环境在人类社会生活中的影响，甚至忽视了生产力的作用，认为生产关系决定生产力，有了先进的生产关系就必然会创造出先进的生产力，从而对地理环境的作用持虚无主义态度。

2. 非决定论

（1）或然论。也称可能论或人地相关论，是20世纪法国地理学家维达尔·白兰士所提出的用于阐述自然条件与人文条件在空间上的相互关系的理论。这一理论对地理环境决定论进行了反驳，认为自然环境为人类提供了多种利用的可能性，而究竟如何利用，取决于人类按欲望（心理因素）、社会传统等所做出的选择、调整和适应，特别取决于该地区人们的文化。

（2）协调论。这是对工业化的不良后果有了清楚的认识之后所提出的一种理论。强调的是人与自然之间的和谐共存，主要是人类的生活必须要与自然发展的规律相一致，要充分尊重自然、尊重自然法则，人类的生存发展应该更多地去学会如何记住自然的力量而非不断思考如何去改造。这一理论充分认识到了人类与自然地理环境的对立统一关系，是马克思主义唯物史观的具体应用和发展。

（二）区域可持续发展理论

可持续发展思想的形成有其深刻的历史背景和迫切的现实需要。叶文虎、栾胜基（1996）则结合国内外学者对可持续发展的研究，将其定义为：不断提高人群生活质量和环境承载能力的、满足一个地区或一个国家的人群的需要又不损害别的地区或别的国家的人群满足其需求能力的发展。

可持续发展理论思想深刻、体系复杂，是一个开放的发展的理论。从人地关系的角度讲，可概括为三个方面的内容，即自然观、经济观和伦理观。可持续发展的自然观要求人类现代的社会活动以及发展必须建立在与自然界和平共处基础上，尊重自然发展规律，承认人类是整个自然生物循环中的一部分而非主宰者，明确人类在自然中的从属地位。可持续发展的经济观，就是要正确处理经济增长与生态环境、社会发展的关系，经济的发展并不应该以自然的破坏为代价，人类的发展也不是无节制地无限制地对于自然索取的过程，我们应该进一步协调三者之间的关系，真正做到平衡发展，在保证人类社会发展进步的同时，也要维护好自然环境资源。可持续发展的伦理观是发展中的伦理问题，即任何一个国家的发展都不应该牺牲其他国家的利益，城市间的发展也不是以牺牲一部分利益为代价的，彼此之间、地区之间应该互相配合，形成良性的互动与循环，而非互相的抵触与排斥。

（三）产业发展理论

产业发展理论就是研究产业发展过程中的发展规律、发展周期、影响因素、产业转移、资源配置、发展政策等问题。产业发展过程是一个受多种因素影响的复杂过程。产业发展的影响因素涉及如下一些机制问题：

1. 产业发展的供求机制

市场需求是产业发展的前提条件。随着生产的发展、国民收入总量的增加，人们的收入总量和需求总量也会随之增长。居民收入水平的不断提高，导致恩格尔系数逐渐下降，市场对农产品的需求将相对减少。

2. 产业发展的内在机制

任何产业都有其自身的技术经济特点，它是产业内在本质的规定性，包括规模起点、资本数量、技术条件、生产要素、生产组织与方式、市场容量等。一般来说，技术进步快、科技创新活跃的产业，形成与发展也比较快。区域的要素禀赋状况对要素密集型产业的发展具有决定性影响，劳动力丰度是劳动密集型产业成长的条件，资本供给丰度对资本密集型产业的成长极为关键，自然资源的密集程度对资源密集型产业的形成与成长具有决定性影响，市场需求量的大小决定着产业发展空间的大小。

3. 产业发展的外在机制

外部环境对产业发展具有巨大的约束力和间接推动力。人口是产业的外生变量，其数量与素质对产业的发展具有举足轻重的作用，人口增长能够提高社会总需求量、产生更大的需求压力、扩大市场规模，同时能够为产业发展提供更多的劳动力资源，以促进产业的形成与发展。对外贸易是产业发展重要的外部推动力，通过对外贸易促进产业充分利用国内外两种资源、开拓和服务国内外两个市场，从而有力地推动产业的发展。

4. 产业发展的决策机制

政府决策对产业发展具有非常重要的作用，政府的社会经济发展战略、产业政策、产业结构调整等直接影响着产业兴衰。政府可在均衡发展战略与非均衡发展战略、开放战略与非开放战略之间进行选择，其决策结果对产业发展必然会带来不同的形成与发展条件。政府可以通过其拥有的、独特的强制力在全社会范围内调剂经济资源，超常地形成和发展某个产业，包括支持优势产业、发展基础产业和高新技术产业，进而决定产业发展。

5. 产业发展的创新机制

产业主体的创新活动是推动产业发展的重要机制。创新使劳动生产率得到提高、产品成本得以下降、市场得到扩大；创新使资源消耗强度下降，可替代资源增加，从而改变生产需求结构；创新使消费品升级换代，改变了消费需求结构。

（四）环境经济学相关理论

1. 经济外部性理论

国家经济的发展除了受到人的主观能动性的驱使之外，外部环境的影响至关重要，无论是资源要素、土地要素等都制约与推动着一国经济的发展，最典型的例子就是中东地区的经济发展，由于发现了大量的石油资源因此经济发展获得了飞速的提升，但是如何最有效地去分配潜在的外部资源从而更好地为经济发展做出贡献呢？经济外部性理论便揭示了经济活动中一些低效率资源配置问题的根源，其最初是20世纪初由著名经济学家马歇尔提出的，后人则丰富和发展了外部不经济性理论。

高鸿业（2000）在他的著作《西方经济学》中指出，外部性是指一个经济主体的活动对其他经济主体的外部影响，这种影响并不在有关各方以价格为基础的交换中发生，因此其影响是外在的。从理论上讲，一般认为外部性的存在是市场机制配置资源的缺陷之一，即市场失灵。根据凯恩斯的政府干预理论，当市场失灵无法真正满足人们对于资源的需求以及分配有效性时，政府就必须要进行市场干预，对资源进行二次分配，从而对市场进行适度的纠正，必要时要对市场制度进行重建，同时建立起完善的外部监督机制，从而保证市场本身作用的最大化。而从现实讲，外部性特别是外部不经济仍是一个较严重的社会经济问题，如环境污染或环境破坏，因此对于市场发展的适当干预在某种意义上是必须的，要在外部性场合通过政府行为使外部成本内部化，使生产稳定在社会最优水平上。

2. 环境库兹涅茨曲线

随着人均收入的增长，经济规模变得越来越大。对于一个发展中的经济，需要更多的资源投入。而产出的提高意味着废弃物的增加和经济活动副产品——废气排放量的增长，从而使环境的质量水平下降。这就是所谓的规模效应。不难发现，规模效应是收入的单调递增函数。同时，经济的发展也使其经济结构产生了变化。当一国经济从以农耕为主向以工业为主转变时，环境污染的程度将加深，因为，伴随着工业化的加快，越来越多的资源被开发利用，资源消耗速率开始超过资源的再生速率，废弃物数量大幅增加，从而使环境的质量水平下降；而当经济发展到更高的水平，产业结构进一步升级，从能源密集型为主的重工业向服务业和技术密集型产业转移时，环境污染减少，这就是结构变化对环境所产生的效应。实际上，结构效应暗含着技术效应。产业结构的升级需要有技术的支持，而技术进步使得原先那些污染严重的技术为较清洁技术所替代，从而改善了环境的质量。正是因为规模效应与技术效应二者之间的权衡，才使得在第一产业结构升级时，环境污染加深，而在第二次产业结构升级时，环境污染减轻，从而使环境与经济发展的关系呈倒"U"形曲线（见图4-1）。

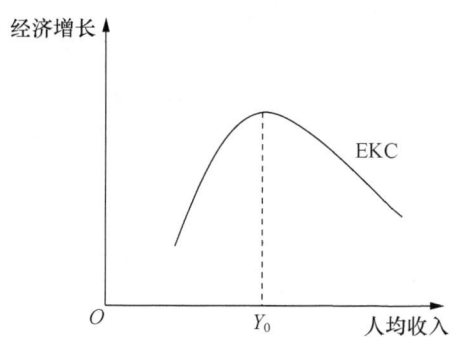

图4-1 经济增长与人均收入的关系

当一个国家经济发展水平较低的时候，环境污染的程度较轻，但是随着人均收入的增加，环境污染由低趋高，环境恶化程度随着经济的增长而加剧；当经济发展达到一定水平后，也就是说，到达某个临界点或"拐点"以后，随着人均收入的进一步增加，环境污染又由高趋低，污染程度逐渐减缓，环境质量逐渐得到改善，这种现象称为环境库兹涅茨曲线。

随着研究的深入，学术界从多角度形成了对EKC的不同看法并展开了激烈的争论，许多学者用实证分析法证实了环境库兹涅茨曲线的存在，但也有一些研究成果不支持环境库兹涅茨曲线的假说。

三、山西省发展低碳经济现状分析

（一）山西省发展低碳经济状况

山西省是中国能源和电力生产的大省。煤炭、电力、冶金和焦炭四大产业一直以来是山西省的主导产业，占全省工业产值的80%以上。山西省的经济主要依靠重工业、能源等工业，煤炭一次能源的消耗占全省能源消耗总量的近95%，形成山西省经济能耗强度高、碳排放高、污染严重和抗风险能力低的现状。2008年发生的世界金融危机给山西省经济带来了严重的影响，同时也给实施省委、省政府经济转型发展的思想提供了机会。面对多方面的挑战，山西省实现了人均GDP过2万元的佳绩。

近年来，为改善山西省的环境状况，优化经济结构，为山西省经济的持续发展奠定更坚实可靠的根基，山西省政府提出了山西省"蓝天碧水"工程的规划并制订了多个重点行业的发展振兴计划，从能源需求和污染的根源着手，明确了山西省缓解排放、保护环境的基本方向：①明确绿化目标，提高环境绿化率，维护自然的碳汇能力；②加强对机动车尾气排放的监管，限制尾气排放超标机动车辆的运行，缓解交通废气排放对气候环境的影响；③充分利用天然气、煤层气、沼气等低碳优质能源资源，加速对原煤和其他高碳燃料的替代转换，减少民用、交通和工业燃气污染排放；④改善电力能源供应结构，发展低碳和可再生能源电力供应能力，减少污染根源；⑤通过管理水平的提高和技术改造节能减排；⑥提高新建项目的技术要求，提升新增产能的能源效率和减排效果；⑦淘汰关键行业及领域的高能耗落后产能，降低能源消耗；⑧积极发展第三产业，改善整体经济的能源消耗和碳排强度，降低对能源，尤其是煤炭一次能源的依赖；⑨阶段发展目标调整经济结构。

山西省政府还根据不同产业的现状和特征，实现目标：快速发展不锈钢和食品加工产业集群；基本形成汽车和IT产品组配件"超级"产业集群；其他产业在调整优化的同时实现增长或维持收入水平。并且提高无碳和可再生能源的供应量，增加新型能源在电力生产中的供应比重。2015年新型能源发电量的比重提升至总量的10%。力求在不影响经济增长的前提下，控制能源消费的增长速度，降低经济的能耗强度。2015年下降至2吨标准煤/万元GDP，力争能耗降幅高于全国平均水平。加速民用和工业燃料能源的替代转换，以低碳高效能源替换原煤、焦炉气等高污染燃料。民用燃气替换比例2015年达到50%。2015年实现全省工业园区、集群地的天然气（煤层气）使用率超过80%的目标。同时，利用山西省低碳能源的资源优势，加速车用燃料的替代转换。重卡和城市公共交通系统新增车辆中使用天然气、煤层气、混合燃料的车辆在2015年达到总数的10%。

（二）制约山西省发展低碳经济的影响因素

1. 产业结构

山西省产业结构调整取得新进展。农业连续8年增产，粮食总产量达到4335.7万吨。制造业强省建设成效显著，规模以上工业完成增加值2万亿元以上。服务业规模和质量逐步提升，增加值达到14429亿元。产业结构从20世纪80年代的19.0∶58.4∶22.6调整为2010年的3.0∶50.3∶46.7（见表4-2）。

表4-2 山西省产业结构变化

单位：%

年份	第一产业	第二产业	第三产业
1980	19.0	58.4	22.6
1990	18.8	48.9	32.3
2000	9.7	46.5	43.8
2005	6.3	56.3	37.4
2010	3.0	50.3	46.7

随着国民经济的发展，社会资源不断从低收益部门向高收益部门转移，社会产出结构也不断由农业转向非农产业，进而由物质生产部门转向非物质生产部门，这是世界各国产业演进的共同规律。随着改革开放以来山西经济的高速增长，山西省产业结构转移的步伐明显加快。1981年山西省第一产业占GDP的比重为25.6%，1995年下降为15.7%，期间平均每年下降0.66个百分点；1996~2005年又进一步由15.3%下降为6.3%，平均每年下降0.9个百分点，每年的相对下降速度比1981~1995年快了0.24个百分点。山西省第一产业占GDP比重的加速下降，充分反映了改革开放以来山西省工业化进程明显加快的事实。

山西省产业结构的升级不仅表现在三次产业结构的变动上，而且反映在各产业内部结构的变化趋势上，如第二产业中能源工业内部的变化。依托山西资源优势，长期以来能源工业在山西省工业中的位置显赫，其内部各产业增长速率的差异客观上反映了能源产业结构升级的状况。1980～2005年，山西省原煤产量年均增长率为6.3%，焦炭和电力的年均增长速度为13.7%和10.0%，分别高于煤炭增速7.4个和3.7个百分点，焦、电工业以更高的速度增长客观上反映了山西省能源工业内部升级状况。此外，产业结构的升级还反映在同一产业内部生产结构的变化中，如山西省炼焦工业集约化程度提高，大机焦比例呈明显上升趋势，2000年在山西省焦炭工业中大机焦所占份额不到一半，2005年上升到90%以上，焦炭工业内部结构的升级反映了山西省在能源工业大发展的前提下，在节约资源、减少污染、提高可持续发展水平方面取得了明显进步。

与此同时，山西省在过去几年中全面推进三次产业结构调整，制定实施十大产业调整振兴规划，加快推进非煤矿山、焦化、冶金、电力等行业整合重组和技术改造，探索构建和谐煤电关系，推动煤焦、煤化工、煤机一体化发展，产业集中度和竞争力明显提升。大力推进太重动车轮、富士康苹果手机和机器人、吉利新能源汽车、三一重工装备制造、潞安煤基多联产、太钢冷轧硅钢、杏花村汾酒工业园等项目建设，带动相关产业快速发展，特别是先进装备制造业销售收入由2007年的557亿元增加到2012年的1418亿元。大力实施服务业"1+10"工程，中国（太原）煤炭交易中心投入运营，组建省属六大文化产业集团，文化产业增加值达到420亿元；积极开展"晋善晋美"等旅游促销活动，全省旅游总收入达到1800多亿元。加快推进国家循环经济和生态试点省建设，深入实施蓝天碧水、绿色生态、造林绿化和"2+10"生态环境治理修复工程，5年淘汰小火电430万千瓦、小钢铁4050万吨、小焦化3620万吨、小水泥5430万吨；万元地区生产总值综合能耗累计下降23.44%，主要污染物减排全部完成国家下达任务，太原环境质量改善初见成效；年均营造林480万亩，森林覆盖率年均提高近1个百分点；完成水土流失治理2000万亩，全省地下水位平均回升1.13米，生态环境持续改善。

由上述可见，整体产业结构的调整使山西省逐步摆脱了过去由工业发展拉动经济发展的模式，而由第二产业向第三产业的转变不仅能够帮助山西省逐步摆脱现有的高能耗、高资源消耗的经济现状，同时也可以进一步优化山西省现有的经济状况，逐步向低碳经济的发展转型。

2. 能源结构

由于山西省独特的能源消费结构，能源消费总量的增加势必引起碳排放量的增长，使山西面临越来越大的环境压力，经济发展与环境容量的矛盾在未来时期将显得更加突出。有关资料表明，2008年全省废气排放量达23180亿标立方米，二氧化硫排放量106万吨，烟尘排放量54万吨，粉尘排放量45万吨，由于山西省是煤炭大省也是能源消耗大省，从上述数据可以看出虽然近年来山西省在积极实施节能减排工作，大力开展产业结构的调整以及优化，但是由于产业调整需要时间、能源结构的优化也需要一定的科技支持以及政府积极地投入与发展，因此未来山西省政府的节能减排工作依然任重而道远。

由此，山西省为了促进省内能源结构的调整，遵循可持续发展的策略。2011年，耕地总量实现动态平衡，保有量超过1亿亩，有效灌溉面积达到7464万亩，工业用水重复利用率达到75%，万元生产总值能耗、二氧化硫和化学需氧量排放累计分别下降22.1%、20%和18%，完成国家下达的"十一五"节能减排任务，以能源资源过度消耗、环境污染为代价的增长方式得到有效遏制。并且山西省为了改善省内能源结构，努力发展循环经济和清洁生产，加快建设节约型社会。大力发展低碳新能源，降低能源结构中的煤炭比例。控制煤炭过快增长，转化高煤炭的利用率，使煤炭清洁高效地利用。发展先进的燃煤发电技术，降低电力生产对原煤消费的需求。发展低碳新能源和可再生能源。加大对新能源技术的开发和投资。增加天然气的供应，扩大山西省天然气的开发利用，增加天然气替代煤炭和石油。推进煤层气、天然气、焦炉气、煤制气的"四气"一体化。推进经济发展从资源依赖型向创新型转变。加大利用煤层气、大力普及天然气、高效利用焦炉气、利用山西省所有的廉价氢气开创低碳能源基地。

3. 发展低碳经济政策条件

2009年，山西省召开十一届政协分析会，会上有代表提出了推进"低碳山西"的提案。该提案具体提出了山西省走低碳经济的路径和措施，并且编制并实施建设了资源节约型社会行动纲要和考核评价办法，通过法规政策和价格杠杆引导、约束全社会节能、节水、节材、节地，实现资源综合利用，尤其是重点抓好高能耗和物耗的行业和企业的节能降耗。鼓励支持发展节能型交通运输工具和商业民用节能技术。建立节水型农业、工业和城乡生活体系，提高废水、中水、矿井水利用率，从实际效果而言，全省目前平均水利用率达到50%以上。在产业发展和城市建设中坚持节约和集约用地，积极盘活存量建设用地，采取挖山填沟造地等多种方式缓解建设用地紧缺的矛盾。

山西省经济工作会议部署2010年工作时曾经明确提出，要积极利用现有的国家政策以及产业发展和科学技术的支持，从根本上改善山西省能源消费结构，降低能耗水平，减少环境污染和生态破坏，增强经济社会的可持续发展能力，推动山西省由资源开采、初步加工向资源深度开发、深度加工方向转变，由单一煤电"基地"向立体能源"中心"转变，必须大力发展风能、太阳能、生物质能等可再生能源以及煤层气、煤炭高效清洁利用、智能电网、分布式能源等能源新技术，使新能源产业成为山西省转型发展的支柱产业。计划将着重支持以下方面技术攻关及产业化：

（1）洁净煤技术：煤利用前的预处理技术（选煤、型煤和水煤浆等）；煤利用的环境控制技术（脱硫、脱氮、除尘等）；先进的煤炭发电技术（IGCC、PFBC等）；提高煤利用效率技术（先进燃烧方式、能源新材料等）；煤炭转化技术（先进的热解和气化技术、直接和间接液化技术、煤制甲烷、燃料电池等）。

（2）太阳能发电产品及关键配套技术：重点开发多晶硅材料及微晶硅薄膜材料新型加工工艺，太阳能电池关键配套材料制备技术，大型光伏并网系统设计集成技术研究示范及装备研制，大型多能互补光伏并网系统技术研究，太阳能并网发电控制系统等关键配套技术，推进成本低、成品率高、光电转化效率高的多晶硅电池及薄膜硅电池的研发及产业化。

（3）风能发电产品及关键配套技术：风能发电设备及应用系统；重点开发大功率风电机组、复合材料叶片、增速齿轮箱、连接件和控制系统关键技术，以及关键件检测技术和风/光互补技术。

（4）智能电网技术：重点研究开发电网接纳大规模间歇式电源技术、大电网智能调度与控制技术、微网技术、智能输变电、配电与用电技术。

（5）其他新能源技术：氢能及燃料电池技术；煤炭清洁开发及利用关键技术；可再生能源、生物质能等其他能源关键技术等。

从上述政策实施与开展计划看，面对可持续发展、提高人民生活水平和有效应对气候变化的要求，山西省近年来也逐步积极加大了保护环境和资源，调整、优化现有经济和能源结构的工作，积极寻求可持续发展模式和低碳、无碳发展途径。就上述政策条件而言，无论是国家的政策支持还是山西省政府的重视程度都显示了国家以及山西省对于低碳经济模式发展的决心与信心，由此也给山西省低碳经济的发展奠定了良好的政策条件与优势。

（三）山西省发展低碳经济必要性

1. 发展低碳经济是世界经济发展的趋势

随着世界经济增长速度的不断加快，以及全球人口规模的不断扩大，人类社会对于能源及其他资源的需求亦逐年增加。一方面，能源的大量开发和使用带来了严重的环境问题，包括烟雾、光化学烟雾和酸雨危害，以及大气中二氧化碳浓度升高带来的全球气候变暖，对人类的生存和发展条件提出了严峻挑战；另一方面，传统的粗放型能源消费方式造成了巨大的资源浪费。在此背景下，以节能、环保为宗旨的绿色低碳消费模式应运而生，发展低碳经济、推崇低碳消费在全球掀起了一场"低碳潮流"。

20世纪50年代以来，由于全球人口规模的急速增长，各种能源被过度开采使用，以高消耗低产出为主要特征的经济增长模式导致世界资源环境问题日益严重，全球变暖、温室效应已成为国际社会面临的严峻挑战。尤其是2008年金融危机后，低碳经济被认为是带动世界经济实现新一轮增长的主要力量。

2009年美国出台了《美国复苏与再投资法案》，将发展新能源作为重要内容。其中包括2015年前将新能源汽车的使用量提高到100万辆，今后10年内，美国每年投资150亿美元去创造500万个新能源、节能和清洁生产就业岗位，利用传统的制造中心改装为绿色技术发展和应用中心等。同年6月，美国又通过了《美国清洁能源与安全法案》，提出建立美国温室气体排放权限额——交易体系的基本设计，法案中包括对高碳经济征收6000亿美元的排放税以补贴新能源，每年出资数百亿美元帮助发展中国家获得清洁能源等重要内容。因此，金融危机让世界重归理性，发展低碳经济已经成为美国应对危机、促进就业、推动经济复苏的重要途径。

2006年在日本出台的《国家能源新战略》中提出从发展节能技术、降低石油依存度、实施能源消费多样化等多个方面推行新能源战略的建议。2009年4月，日本出台新的经济刺激计划，首次将发展太阳能列入日本经济刺激计划中，并力争在今后3～5年的时间里加速建造节能型建筑，争取到2019年有50%的房屋达到节能要求。这一低碳社会战略的实施会摆脱对外国石油的依赖，削减温室气体排放，增加日本的相关就业岗位，最终成为促进日本经济发展的新增长点。

近年来，欧盟采取了一系列有力的措施推进低碳能源和低碳技术的发展，力图在全球应对气候变化行动中发挥主导者的角色。欧盟委员会也表示将在未来很长的一段时间内加大投资支持建设欧盟地区的低碳经济，促进就业，保持经济增长。

2. 发展低碳经济是应对气候变化的现实选择

在国际社会继续应对国际金融危机、积极应对全球气候变化的背景下，世界各地在应对政策上都更加突出"绿色"的理念和内涵，实施"绿色新政"，并以此来谋划未来发展蓝图。各方普遍认识到，发展绿色经济不仅可以节能减排，而且能够更加有效地利用资源、扩大市场需求、提供新的就业，是保护环境与发展经济的重要结合点。

美国斯坦福大学气候政策中心执行主任托马斯·海勒教授认为针对全球气候变化问题，国际社会关注的焦点正从发现问题向解决问题转移，低碳发展已成为当今世界减缓和应对气候变化的战略选择。

从全球碳排放情况看,根据荷兰环境评估局2009年6月17日发布的研究报告,2007年美国排放量约占全球的21%,欧盟占12%。从全球经济领域看,低碳经济与技术是未来20年国际竞争的制高点,无论是发达国家还是发展中国家,由于全球气候变暖以及能源价格的日益上升,发展新的可再生的替代性能源已经成为迫在眉睫的事,包括《京都议定书》的生效以及哥本哈根气候会议的开展都预示着新能源的出现及发展是未来的大势所趋。

欧盟作为提倡低碳经济发展的重要经济组织,其在应对气候变化和低碳发展方面起步较早。目前欧盟的低碳发展政策主要有三大支柱。一是欧盟排放交易体系。这一体系由欧盟和成员国政府设置并分配排放配额,目前覆盖了该地区30%~50%的工业和能源行业。二是2008年通过《气候行动计划:变化世界中的能源》,明确了未来低碳发展的目标。三是可再生能源方面的法规。

3. 发展低碳经济是山西省可持续发展的战略选择

发展低碳经济是山西省可持续发展的战略选择。首先要统一思想,坚定信心,要以科学发展观为指导,准确把握时代发展的趋势,勇于迎接挑战,善于抓住机遇,立足国情,循序渐进,要以减缓气候变化,从山西省实际产业发展与城市环境建设为基点,不断加强新型环保能源的培育以及发展,健全国家监察、地方监管、单位负责的环境监管体制,落实环境保护目标责任制。

其次要坚持统筹兼顾,加强政策引导,统筹经济发展和应对气候变化,坚持政府引导,明确企业主体责任,加强部门协调配合。加强环境信息公开和舆论监督,动员全社会参与环境保护。探索以市场化手段推进环境保护。借助山西省政府的力量对现有的产业格局以及能源分配进行重新的配置,力求更好地提升资源的利用效率,真正保证能源的最大化应用。

继续深入开展节能减排工作,优化产业结构,降低高耗能产业的比重,对现有高能耗产业进行集中治理,包括技术改造以及设备更新,同时对于产能过剩的行业进行集中性的合并、重组以及优化,减少与降低不必要的能源与资源的消耗。继续加大重点行业和耗能大户的节能技术改造,加强节能管理。加快发展可再生能源以及环保产业,大力推行包括风能、电能、太阳能在内的可再生能源的研发、应用,积极推广市场化的运作方式,降低煤炭、石油在现有山西省的整体能源消费构成中的比例,因地制宜地开发利用生物质能,提高非化石能源在一次能源消费中的比重,根据山西省2012年产业规划,2010年其非化石能源在整个能源消费的比重仅为9%,规划到2020年要达到15%左右,并在此基础上大力发展高新技术产业和现代服务业,推动低碳技术产业化,增强经济的竞争力。

4. 发展低碳经济是山西省经济发展的重要动力

低碳经济是以减少温室气体排放为前提来谋求最大产出的经济发展理念或发展形式。低碳经济与传统经济发展最大的区别以及差异性在于能源的消耗以及使用，低碳经济更加注重的是在发展过程中对于环境整体的影响程度，注重的是环保理念的经济发展的可持续性。随着全球性的气候变暖问题的日益加剧，能源以及自然资源的可承载力也在逼近临界值，而在此前提下经济的快速发展以及增长若仍以传统粗放式的高能耗为前提，必然会在未来无法形成良好的可持续性的发展。因此，"低碳"可以被视为经济发展在环境保护、节能降耗等方面新的约束条件。不单单是约束人们的经济发展的平衡性，同时也在积极促使人们不断去开发新的可替代性的环保清洁型能源，通过以其他能源的替代来促进经济的二次发展与增长，实现经济的进一步腾飞以及可持续性，同时对于环境的破坏也可以得到缓解。因此，在未来经济发展的过程中，低碳经济必然会成为各国、各地区的发展重点。当前，全球不少企业已经尝到了低碳经济带来的甜头。以日本为例，日本的光伏发电技术世界领先，是全球最大的光伏设备出口国，仅夏普公司的光伏发电设备就占世界的1/30，可以预见，随着全球光伏产业的发展以及对于新能源需求的不断增加，未来日本光伏产业的出口必然会进一步的增长，而目前德国风能发电设备2009年的出口收入已达80亿欧元，占全球风力发电设备交易额的一半左右。由此可见，发展低碳经济，是山西省经济发展的重要动力。

5. 发展低碳经济是山西省可持续发展的内在要求

发展低碳经济，是山西省优化能源结构的可行措施。煤多油少气不足的资源条件决定了山西省在未来相当长一段时间内，煤炭仍将是主要一次能源。煤炭属于"高碳"能源，山西省也没有廉价利用国内油气等"低碳"能源的条件。发展低碳经济，提高可再生能源比重，可以有效地降低一次能源消费的碳排放。发展低碳经济，是山西省实现跨越式发展的可能路径。在发展创新型经济方面，江苏省已经走在了山西省和广东省的前面，山西省经济发展主要靠重化工行业，主要靠资源，是个高碳大省。而且技术水平参差不齐，研发和创新能力有限，因此，山西省是低碳经济发展最困难的省份之一。这是我们不得不面对的现实，也是山西省由"高碳"经济向"低碳"转型的最大挑战。但是，山西省也是在发展低碳经济方面有最大后发优势的省份，黄河三角洲和蓝色半岛经济区将是山西省发展低碳经济的重要区域。应树立将山西省打造成中国乃至东亚低碳经济发展强势省份的理念。此外，发展低碳经济要建立完善的制度架构，为低碳经济发展提供政策支持、科技支持和人才支持。近年来，山西省可再生能源开发利用产业呈快速增加之势，但是显然如今的产业机构调整依然不够彻底，如果要想真正实现产业的更新换代以及快速升级，则必须从能源结构上进行新的调整，政府必须进一步提升对于相关行业的扶持力度，积极促进新能源在山西省的整体使用，从而真正达到新型环保行业的质的突破。

此外，发展低碳经济，是山西省开展国际合作、参与国际"游戏规则"制定的途径。发展低碳经济，不仅可以与发达国家共同开发相关技术，还可以直接参与新的国际游戏规则的讨论和制定，以利于山西省的中长期发展和长治久安。低碳经济，就是以低能耗、低污染为基础的绿色经济，其实质是能源高效利用、清洁利用和低碳或无碳能源开发。发展低碳经济是山西省现在和未来发展的必然选择。

四、山西省低碳经济发展实证分析

（一）理论假设

1. 二氧化碳排放量与经济发展状况关系假设

根据苏利平和娄宇红的研究发现，经济增长与二氧化碳排放量之间呈显著的正相关关系，同时全国政协委员牛文元的研究报告《加快发展方式转变全面推进低碳发展》指出，目前我国地级以上287座城市中排放出的二氧化碳约占全国排放总量的72%。全国经济100强城市排放出的二氧化碳约占全国排放总量的51%。在全国百万以上人口的城市中，由于交通拥堵每年多排放二氧化碳2800万吨。随着中国推进城镇化建设和全面建成小康社会的目标实现，能源资源的消耗强度还会增加，不可避免地会增加二氧化碳排放量。因此提出：

假设Ⅰ：二氧化碳排放量与经济发展状况呈正向关系。

2. 二氧化碳排放量与人口情况关系假设

根据2012年欧盟发布的《2011年全球二氧化碳排放报告》显示，中国二氧化碳排放量增加8亿吨或9%，至97亿吨。美国二氧化碳排放量减少1.1亿吨或2%，至54.2亿吨。而在2009年，中国刚超越美国成为全球最大的二氧化碳排放国，而现在的总碳排却已快达美国两倍。目前占全球碳排放量的29%，而美国占16%。如果我们对二氧化碳排放量如同GDP一样也考虑人均数据，那么以中国4倍于美国的人口来计算，中国的人均碳排放还不到美国的一半。因此提出：

假设Ⅱ：二氧化碳排放量与人口情况关系不显著。

3. 二氧化碳排放量与人均 GDP 关系假设

1995 年，美国经济学家 Crossman 和 Krueger 受到库兹涅茨曲线的影响，根据经验数据提出了经济增长与环境质量之间的倒 U 形关系，提出了环境库兹涅茨曲线（EKC）的概念。他们认为一个国家初期的经济发展由于整体技术以及生产资料的不完备，经济的发展必然是资源驱动型，就如现在许多的发展中国家以及早期发达国家那样，是以粗放式的发展模式以高能源、高消耗的形式带动经济的整体发展，因此若缺乏一定的外部监管则会对整个环境产生巨大的破坏。而随着经济发展到一定的程度，即中等发达国家水平（人均 GDP＞8000 美元），国家的经济逐步由资源拉动型转变为技术与服务拉动型，此时对于能源的消耗逐渐放缓，环境质量的恶化或污染水平的加剧速度开始保持平稳；之后，随着国家经济的进一步发展，对于能源以及资源的依赖性逐步减弱，人们对于财富的增长需求也逐步降低，转而追求更高层次的生活品质，特别是对于环境的要求逐渐提高，正如现在许多发达国家那样，国家开始加大对于环境的投入，环境也在双重条件下逐步得到改善与恢复。由此可见，环境污染变动趋势与经济发展变动趋势间呈现倒 U 形关系。从我国目前的国家整体经济发展情况而言，虽然东部沿海地区近年来的产业结构调整取得了良好的效果，但是全国大部分地区包括山西省在内的经济发展依然主要是依赖资源拉动型，企业在发展过程中对于环境的破坏依然较大，同时政府对于环境的治理能力较弱，我国二氧化碳排放水平与经济发展水平高度正相关，人均二氧化碳排放量随着人均 GDP 的提高而增加，目前还处在环境库兹涅茨曲线（倒 U 形）的上升阶段，拐点还没有出现。因此提出：

假设Ⅲ：二氧化碳排放量与人均 GDP 状况呈正向关系。

4. 二氧化碳排放量与能源消费量关系假设

过去 10 年，中国经济总量由世界第六跃升至第二，而我国的能源消费量也增加了 120%。而二氧化碳排放量在全球的比重也从过去的 9.1% 上升到了将近 30%。因此提出：

假设Ⅳ：二氧化碳排放量与能源消费量呈正向关系。

（二）山西省低碳经济发展评价体系

本章拟采用 LMDI 分解法，即对数指标分解法，来对山西省低碳经济发展评价体系进行分析论证。LMDI 方法是由 Aug（2004）等人提出的，采用一个对数平均公式对所有因素进行无残差分解，这一方法的优点是可不产生余值，且允许数据中包含零。该方法具有以下优势：①进行因素分解所得到的结果较合理，该结果中不含有不能解释的残差项，从而使模型结果具有更强的说服力；②其中的加法分解和乘法分解存在一个简单的关系：对于所有的 k，有 $\Delta V_{tot}/In(D_{tot}) = \Delta V_{xk}/In(D_{xk})$，这样运用加法分解或者是乘法分解得到的结果能够相互转化，所以人们在研究时可以任意选择其中的一种方法。

根据 LMDI 分解公式，将山西省碳排放影响因素分解为：

$$C_i = \sum_i C_i = \sum \frac{C_i}{E_i} \times \frac{E_i}{E} \times \frac{E}{Y} \times \frac{Y}{G} \times G \qquad (4-1)$$

式中：C 为碳总排放量；i 表示能源的种类；C_i 表示第 i 种能源的碳排放量；E 为一次性能源的总消耗量；E_i 为第 i 种能源的消耗量；Y 为国内生产总值（GDP）；G 为人口数。

由此可以定义：能源结构 $S_i = \frac{E_i}{E}$，表示第 i 种能源在总能源消耗中所占的比重；能源排放强度 $F_i = \frac{C_i}{E_i}$ 表示低碳技术发展状况；能源效率 $I = \frac{E}{Y}$，表示单位 GDP 碳消耗量；经济发展状况 $R = \frac{Y}{G}$，表示人均 GDP。由此人均碳排放量为 ΔM_s 表示人均碳排放量的变化来自于 E_i、S_i、F、I 以及 R 的变化。若假设基年的人均碳排放量为 W_0，第 t 年的人均碳排放量为 W_t，则第 t 年相对于基年的人均碳排放量则为

$$\Delta N = \frac{W_t}{W_o} = N_s \cdot N_F \cdot N_I \cdot N_R$$

式中：ΔM_s，N_s 表示能源结构因素；ΔM_F，N_F 表示能源排放强度；ΔM_I，N_I 表示能源效率因素；ΔM_R，N_R 表示经济发展因素。

基于以上 LMDI 因素分解模型，通过计算分析得到因素分解的基本数据如表 4-3 和图 4-2 所示。

表 4-3 2000～2009 年山西省人均碳排量影响因素分解结果

年份	能源结构		经济发展		能源效率		人均排放
	ΔM_s	N_s	ΔM_F	N_F	ΔM_I	N_I	ΔM
2001	0.0285	1.0315	0.0803	1.0911	0.0027	1.0029	0.0620
2002	0.0326	1.0323	0.2209	1.2406	0.0868	1.0884	0.2821
2003	0.0331	1.0304	0.4510	1.5127	0.0027	1.0024	0.4273
2004	0.0223	1.0205	0.6955	1.8797	-0.2249	0.8154	0.4552
2005	-0.0019	0.9984	0.9559	2.2112	-0.2702	0.7990	0.6958
2006	-0.0017	0.9987	1.1936	2.5338	-0.3153	0.7822	0.8895

续表

年份	能源结构		经济发展		能源效率		人均排放
	ΔM_s	N_s	ΔM_F	N_F	ΔM_I	N_I	ΔM
2007	-0.0045	0.9967	1.5179	3.1112	-0.5071	0.6844	1.0242
2008	0.0016	1.0012	1.7454	3.7510	-0.7875	0.5507	0.9809
2009	0.0134	1.0103	1.7301	3.7497	-0.8056	0.5404	0.9524

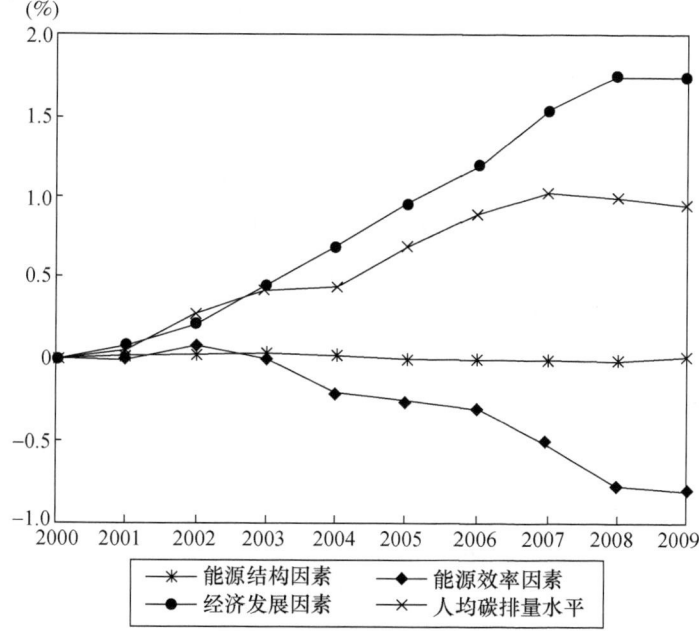

图 4-2 山西省 2000~2009 年人均碳排放因素分解结果

从图 4-2 可以看出人均碳排放量在 2000~2009 年总体呈上升趋势，尤其是 2000~2003 年和 2004~2007 年人均碳排放量出现急剧增加，在 2007 年甚至达到了 10%，但是 2007 年后人均碳排放量出现了下降的趋势，造成这样的结果的主要因素是经济的快速发展导致在节能技术和工艺上的巨大投入，提高了能源的使用效率，从图中可以看出 2000~2008 年经济发展基本呈线性趋势，此外能源效率对降低人均碳排放量的贡献是不断增加的，能源结构对减低人均碳排放量有贡献，但贡献并不大，所以山西省可以通过进一步调整能源结构，使人均碳排放量进一步减低。

由以上分析可知促进人均碳排放量减低的因素主要有能源结构和能源效率，而抑制人均碳排放量减低的因素主要是经济发展状况。

(三) 实证分析

基于调查得来的数据的特殊性，本章选用二元选择模型——Logit 模型（Cumulative Logistic Probability Function）做分析，采用的逻辑概率分布函数具体形式为：

$$P_i = F(Z_i) = F(\alpha + \beta X_i) = \frac{1}{1 + e^{-z_i}} = \frac{1}{1 + e^{-(\alpha + \beta X_i)}} \qquad (4-2)$$

式中：e 代表自然数对数的底。对于给定的 X_i 和 P_i 是个体做出某一特别选择的概率。Logit 模型的一个重要优点是它把在（0，1）上预测概率的问题转化为在实数轴上预测一个事件发生的机会比的问题。

因此，具体实证模型方程为：

$$\ln Y_{it} = \alpha + \beta_1 \ln L_{it} + \beta_2 \ln S_{it} + \beta_3 \ln T_{it} + \beta_4 \ln M_{it} + \theta X_{it} + u_{it} \qquad (4-3)$$

式中：t 为年份；i 为第 i 个省份或直辖市；Y_{it} 为 i 地区第 t 年的碳排放量；Y 代表二氧化碳排放量；L 为经济发展状况（GDP）；S 为人口总量；T 为人均 GDP；M 为能源消费量；X 为其他可能影响二氧化碳排放量的变量；u 为残差项，由此通过回归分析，结果如下：

$$y_t^i = 0.1552 + 0.0845 L_t^i - 0.0244 S_t^i + 0.127 T_t^i + 0.252 M_t^i \qquad (4-4)$$

从结果而言，区域人口总量与二氧化碳排放量之间并不呈正向关系，而其余包括人均 GDP、GDP 以及能源消费量都对二氧化碳排放量的提升有正向作用。

由于人均 GDP 与人均二氧化碳排放量呈单调递增关系，同时山西省现有的经济发展主要是依靠高能耗产业的带动，因此其经济发展中必然会依赖大量的能源消耗以及能源消费量的增加。随着我国工业的发展以及粗放式的经济发展在短时间内无法得到转变，未来我国的经济发展必然会产生更多的二氧化碳，而这无疑对于我国未来的可持续发展提出了新的课题以及挑战。

根据国际政府间气候变化专门委员会（IPCC）研究发现，自工业化时期以来，人类通过燃烧化石燃料向大气中排放的二氧化碳占全球二氧化碳排放总量的 95% 以上，是引起大气增温的主要原因。因此，二氧化碳排放问题本质上是一个能源消耗问题。能源消耗对二氧化碳排放的影响又可分解为三个层面：一是总量层面，能源消耗量越大，二氧化碳排放越多；二是效率层面，能源效率越高，单位产出消耗的能源越少，二氧化碳排放就越少；三是结构层面，同等能源消耗量中清洁能源的比重越高，二氧化碳排放越少。事实上，恰恰是这三个因素同时存在，才导致山西省二氧化碳排放量的不合理增长。此外，由于山西省的能源资源和产量都是以煤炭为主，这也决定了山西省能源消费也是以煤炭为主，由此也进一步加剧了山西省碳排放量的居高不下。鉴于此，必须从根本上改变发展模式，实现由高碳发展向低碳发展模式转型，走出一条经济发展与二氧化碳减排并重的发展之路，是山西省应对全球气候变化以及可持续发展挑战的迫切需要。

五、山西省发展低碳经济对策建议

（一）建立低碳经济发展的长效机制

1. 健全山西省低碳经济政策体系

低碳经济的发展离不开相关政策及环境的支撑，山西省要发展低碳经济，就必须制定和强化落实低碳经济发展的相关政策措施，创建相应的政策体系。具体来说，山西省低碳经济政策体系构建应包括以下几个着重点：①加快产业结构优化与升级；②能源结构多元化发展，构建低碳能源供应体系；③大力发展循环经济；④提升科技创新水平，实现转型跨越发展中的技术领先。

在操作层面上，山西省作为重工业依赖的资源型省份，实现转型跨越发展是一个艰苦创业的过程，也是一个必须要经历的过程。因此，山西省政府必须要利用中央政策，充分把握煤炭工业可持续发展政策措施试点省、循环经济试点省、特别是国家资源型经济转型综合配套改革试验区等难得机遇，优先发展环保型、低污染行业。在宏观层面，以行政手段、命令——控制为主，向以国家规划与指导目录及"绿色"财税政策为主转变，政策重点是调整产业结构，淘汰落后产能；在微观层面，推广两部收费制、标签、认证计划，市场融资等政策工具，重点解决企业资金和市场问题，鼓励企业低碳化的固定资产投资、保障设备运转，鼓励环保产业新能源、新技术的研发。

2. 构建政府、市场与企业"二位一体"的监管体制

政府与企业建立以低碳消费市场为中心的制度监管，需从三方面着手：其一，低碳产品市场监管。完善相应的市场准入制度，减少能源密集型的产品进入市场，创造低碳、合理的产品供应结构；组织开展能源及耗能相关产品专项打假活动，严厉打击制售假冒伪劣能源及耗能相关产品的违法行为；加大对国家强制淘汰不符合要求高耗能设备和产品的行政执法工作力度；建立完善的能源和耗能相关产品质量监管制度，加强对石油等能源产品、建筑节能产品、燃煤燃气产品、绿色照明产品、节水产品、机电产品、可降解产品等耗能相关产品的强制监管抽查力度。

其二，政府节能标准体系建设。山西省要加快对低碳消费过程中能源消耗标

准的制定修订，对省内特色产业以及国家标准所涵盖的特色产品，制订相应的发展目标与政策计划：①重点耗能产品的能耗（或电耗）限额；②建筑节能标准；③新能源与可再生能源标准，包括生物质能源树木的栽培技术、农村生活污水净化沼气池标准、家用生物质气化炉、农村家用太阳能热水器的安装、沼气综合利用规范、家用沼气池配套设施的要求；④能源计量产品标准：煤质分析仪器系列。

其三，企业低碳技术创新。企业必须坚持"3R"原则，即减量化（Reduce），再使用（Reuse）和再循环（Recycle），减少能源消耗和废气废水等废弃物的排放量，通过技术进步提高废弃物的回收利用率以及循环利用，实现经济的"低碳"化、"碳水"化和可循环。企业也是低碳消费品的提供主体，是联系低碳生产性消费和低碳非生产性消费的桥梁。只有企业提供了低碳节能的消费品，使公众在超市或商场购买产品时根据低碳化程度有所选择，才能有更广泛、深入地推行全民低碳消费方式的物质基础。

（二）推进能源高效清洁转化

山西省应该立足资源优势，依靠科技创新，加快推进燃煤发电、炼油化工技术进步和产业升级，探索煤炭分质转化、梯级利用的有效途径，提高能源加工转化效率和清洁化利用水平。

1. 高效清洁发展煤电

稳步推进大型煤电基地建设，统筹水资源和生态环境承载能力，按照集约化开发模式，采用超超临界、循环流化床、高效节水等先进适用技术，优先发展煤矸石、煤泥、洗中煤等低热值煤炭资源综合利用发电。继续推进"上大压小"，加强节能、节水、脱硫、脱硝等技术的推广应用，实施煤电综合改造升级工程。

2. 推进煤炭洗选和深加工升级示范

以提高资源高效清洁利用水平为目标，加大煤炭洗选比重，提高商品煤质量，优化煤炭加工利用方式，逐步建立科学的煤炭分级利用体系，力争到2015年，原煤入选率达到65%以上，煤矸石综合利用率提高到75%。总结现有煤炭深加工示范项目经验，按照能量梯级利用、节水降耗、绿色低碳等要求，完善核心技术和工艺路线，稳步开展升级示范。重点在中西部煤炭净调出省区，选择水资源相对丰富、配套基础条件好的重点开发区，建设煤基燃料、烯烃及多联产升级示范工程，探索符合我国国情的科技含量高、附加值高、产业链长的煤炭深加工产业发展模式，为适应未来能源更替和变革提供战略技术储备。

（三）大力发展分布式能源

统筹传统能源、新能源和可再生能源的综合利用，按照自用为主、富余上网、因地制宜、有序推进的原则，积极发展分布式能源，实现分布式能源与集中供能系统协调发展。

1. 积极发展天然气分布式能源

根据常规天然气、煤层气、页岩气供应条件和用户能量需求，重点在能源负荷中心，加快建设天然气分布式能源系统。对开发规模较小或尚未联通管网的页岩气、煤层气等非常规天然气，优先采用分布式利用方式。统筹天然气和电力调峰需求，合理选择天然气分布式利用方式，实现天然气和电力优化互济利用。加强天然气分布式利用技术研发，提高技术装备自主化水平。

2. 大力发展分布式可再生能源

根据资源特性和用能需求，加快风能、太阳能、小水电、生物质能、海洋能、地热能等可再生能源的分布式开发利用。以城市、工业园区等能源消费中心为重点，完善相关配套设施，大力推进屋顶光伏等分布式可再生能源技术应用，尽快提高分布式供能比重。因地制宜在农村、林区、牧区、海岛积极推进分布式可再生能源建设，解决偏远地区生活用能问题。

3. 营造有利于分布式能源发展的体制政策环境

将分布式能源纳入电力和供热规划范畴，加强配套电网和热力网建设。创新体制机制，研究制定分布式能源标准，完善分布式能源价格机制和产业政策，努力实现分布式发电直供及无歧视、无障碍接入电网。

（四）转变经济发展方式

目前，山西省经济发展是以"高投入、高消耗、高污染"为主要特征的发展模式，带有明显的高碳特征。根据未来山西经济发展的宏观背景、结构特征和调整要求，推动经济结构调整必须要有明确的方向和创新思路。

（1）明确界定结构调整的"主攻方向"和着力点，根据结构调整新的目标，把结构调整的主攻方向定位在产业升级、产业创新和夯实产业基础三个方面。产业升级是对传统产业而言的；产业创新是对高新技术产业来说的；夯实产业基础，指的是产业发展基础设施建设和基础产业发展得到加强、水平得以提升，产业间和产业链条得到衔接，能有效地避免产业脱节和产业空心化问题。

（2）在注重根据既定资源优势和现有产业基础进行低碳产业发展和经济结构调整的同时，应把立足点更多地放在市场需求尤其是国际市场的需求上，更多地关注低碳产业发展的市场空间和市场潜力。

（3）在注重从社会资本增量方面安排低碳产业发展和经济结构调整的同时，应更多地通过社会资本存量和产业的整合考虑低碳产业发展和经济结构调整，即通过兼并、收购和联合等形式，培育一批有规模、有实力、有影响力的大型企业集团或跨国公司，促成企业组织结构的合理化和产业整体格局的变化。

（五）深化能源体制机制改革

坚持社会主义市场经济改革方向，按照远近结合、标本兼治、统筹兼顾、突出重点的原则，抓紧制定和实施深化能源体制改革的指导意见，加快构建现代能源市场体系，着力化解重点领域和关键环节的突出矛盾，争取尽快取得突破。

1. 加快现代能源市场体系建设

科学界定竞争性和非竞争性业务，对可以实现有效竞争的业务引入市场竞争机制，积极培育市场竞争主体；对自然垄断业务，加强监管，保障公平接入和普遍服务。加快国有能源企业改革，完善现代企业制度。完善区域性、全国性能源市场，积极发展现货、长期合约、期货等交易形式。

2. 推进重点领域改革

（1）继续深化电力体制改革。加快建立现代电力市场体系，稳步开展输配分开试点，组建独立电力交易机构，在区域及省级电网范围内建立市场交易平台，分批放开大用户、独立配售电企业与发电企业直接交易。改进发电调度方式，逐步增加经济调度因素，为实行竞价上网改革探索经验。建立理顺煤电关系的长效机制。按照基本公共服务均等化和现代企业制度要求，兼顾电力市场化改革方向，统筹推进农村电力体制改革。

（2）深化煤炭领域改革。完善行业管理体制，加强对煤炭资源勘探开发、生产经营等全过程的监督管理。国家统一管理煤炭一级探矿权市场，规范矿业权二级市场。完善煤炭与煤层气协调开发机制。深化煤炭流通体制改革，实现重点合同煤和市场煤并轨，积极推行中长期合同，推进煤炭铁路运力市场化配置，加快健全区域煤炭市场，逐步培育和建立全国煤炭交易市场，开展煤炭期货交易试点。加快推进煤矿企业兼并重组，推行煤电运等一体化运营。

（3）推进石油天然气领域改革。加强油气矿业权监管，完善准入和退出机制。推进页岩气投资主体多元化，加强对页岩气勘探开发活动的监督管理。完善炼油加工产业市场准入制度，研究推动原油、成品油进口管理改革，形成有效竞争格局。加强油气管网监管，稳步推动天然气管网独立运营和公平开放，保障各种气源无歧视接入和统一输送。明确政府与企业油气储备应急义务和责任。

（4）推进可再生能源和分布式能源体制机制改革。研究建立水能资源开发权公平竞争、有偿取得及利益合理分配机制，创新移民安置和生态补偿机制。完善有利于可再生能源良性发展、分布式能源推广应用的管理体制，促进形成可再生能源和分布式能源无歧视、无障碍并网新机制。探索建立可再生能源电力配额及交易制度和新增水电用电权跨省区交易机制。

(六) 建立山西省特色的低碳经济能源体系

山西省是能源消耗大省,单位 GDP 能耗高、资源利用率低已成为全省经济进一步发展的桎梏。要促进经济发展,改变这种不利的能源结构模式,就必须改变高碳的经济发展方式,提高资源利用效率,走低碳经济的发展道路。山西省以煤为主的能源结构格局,节能减排任务繁重,但同时也为发展低碳经济提供了机遇。优化能源结构,建立有利于低碳经济发展的能源政策体系,应将着力点放在以下几方面。

1. 建立开源式能源结构体系

山西省是一个新能源资源大省,既面临节能减排和环境治理的双重压力,又拥有丰富的新能源和开发利用的巨大潜力。单从短期看,虽然煤炭、油气等化石能源仍然占据主导地位,新能源还只是充当着补充角色,但是,从长远看,新能源应该在经过一段渐进式发展之后,很快地转向加速式发展,最终由能源供应的配角转变成主角。资料显示,全球风力发电、生物质发电、太阳能发电最近 5 年的平均增长率都达到 10% 以上,专家预测,今后 10 年,新能源将以更快的速度渐次替代化石能源,成为全球最重要的能源来源。

(1) 山西省属于太阳能利用条件较好的地区,太阳能资源的理论储量在全国排第 14 位。山西省又属于太阳能开发利用较早的省份,太阳能技术发展比较成熟,一些关键技术处于全国领先水平,太阳能产业发展已经走在全国前列。全省具有一定规模的太阳能开发利用企业有 100 多家,其中年产值过亿元的企业 15 家,太阳能行业总产值达到 102.2 亿元,太阳能热水产量 1120 万台,占全国总产量的 1/6。鉴于上述优势条件,以后的发展中要加快提升太阳能企业的集群式、创新式,进一步提高太阳能的利用率和广拓利用渠道,开发更多的核心技术,缩减太阳能开发利用的高碳环节,进一步扩大我们的优势。

(2) 山西省的生物质能资源量大面广,各种农作物秸秆、畜禽粪便、薪柴、垃圾、林木加工废弃物和工业有机废水等生物质能源总量达 30125 万吨,可折合 22102 万吨标准煤,现阶段已得到比较广泛的开发利用。在生物质发电方面,应该在现有的单县、高唐、垦利三座生物质发电厂的基础上继续投资建设一批覆盖面广、利用率高的生物质发电项目;在生物质气化方面,山西省有关科研部门研发的二步法秸秆气化发电技术,应该加强示范,形成产业规模,得到实际的大面积推广;在生物质燃料方面,山西省一些企业利用甜高粱生产燃料乙醇,利用花生油下脚料生产生物柴油,取得突破性成果,应继续推广发展这些低碳生产技术,扩大其所占生产比例,形成长效利用机制;在生物质木质纤维索炼制方面,大力推广禹城一些企业以玉米秸秆为原料,构成了功能糖—燃料乙醇—热电厂发电—炭灰肥料的循环综合利用模式,禹城已成为生物质综合利用中心区,今后应支持其继续做大做强;生物质沼气开发利用方面,进一步推广山西省农村户用沼气,实施一批上规模上效益的畜禽养殖场大型沼气工程。

2. 完善节流式能源发展体系

建立以电力、钢铁、有色金属、建材、化工等重点行业为基础的"总量分配—绩效考评—排污权交易"相结合的新机制,淘汰落后产能,限制高碳产品生产,细化和完善节约能源经济和社会政策体系。对在新能源开发、节能管理、节能科学技术研究和推广应用中取得显著成绩,以及检举严重浪费能源行为的单位和个人,给予表彰和奖励;鼓励发展节能环保型产业,加快推行清洁生产,对高耗能行业进行调整改造。未完成节能目标或者未完成落后产能淘汰任务的,投资主管部门应当按照项目管理权限实行高耗能行业项目区域限批或者企业限批;用能单位应当建立节能目标责任制,定期开展节能教育和培训,加强能源计量、统计、利用状况分析等基础工作,推行先进的节能技术和信息化管理模式,合理使用能源;电网企业应当加强电网建设、改造和电能保护,加强需求侧管理,优化资源配置,实施有序用电,降低线损和配电损失,减少无功损耗,提高电能利用效率,应当按照节能发电调度管理的有关规定,安排清洁、高效和符合规定的热电联产、利用余热余压发电的机组以及其他符合资源综合利用规定的发电机组与电网并网发电运行。

3. 调整产业结构与能源结构

长期以来,在拉动经济的三驾马车中,投资的作用一直最突出。山西省作为工业化省份,经济发展仍然离不开固定资产投资的推动。从企业的角度看,想要提高自身的竞争力,也需要在自身转型、技术改造或扩大生产规模等方面进行投资。根据前文所述,产业结构中第三产业比重较低,而第三产业相对能耗和污染排放都比较低,所以应加快发展以现代服务业为代表的第三产业,促进由目前不合理的"二、三、一"产业结构向更加优越的"三、二、一"的产业结构转变,在保持产业结构的合理的基础上,加快第三产业投入,提高服务业发展水平。

(七)增强技术研发与创新

长期以来,山西省经济结构单一、基础脆弱,产业结构调整刻不容缓。为此,山西省通过改造提升传统产业、发展壮大新兴产业,全力促进产业结构的华丽转身。以煤炭资源整合为突破口,促进煤炭产业全方位升级。两年多来,省委、省政府狠抓煤矿的兼并重组和煤炭工业的现代化建设,全省煤炭工业进入集约、高效、现代化的大矿时代。目前,已形成4个年生产能力亿吨级和3个5000

万吨级以上的煤炭企业,单井平均生产规模达到 120 万吨以上,资源回收率提高到 80% 以上;全省煤矿百万吨死亡率由 2007 年的 0.726 减少到去年的 0.085,下降 88.29%。煤炭工业安全水平、产业水平和产业集中度大幅提升,煤炭大省正向煤炭强省迈进。

以发展循环经济为抓手,全力促进山西省形成以煤为基、多元发展的新型经济发展模式。晋煤集团的煤—气—化、煤—焦—化、煤—气—电三条循山西省形成环经济产业链生机勃勃,非煤产业收入已占到集团总收入的 74%;焦煤集团循环经济园区古交电厂二期进入商业运行;潞安集团产出了全省第一炉高纯度多晶硅,形成了垂直一体化全产业链条。目前,山西省煤炭工业循环经济体系已经基本实现了煤与非煤产业的相互融合,以煤为基的多条循环产业链初具规模。

六、本章结论

山西省作为我国的煤炭大省,也是能源消耗大省,由于传统山西工业对于能源的巨大利用,而山西省高污染、高能耗产业给环境带来的巨大危害,由于历史、经济结构、发展模式和思想认识等多方面的原因,山西省环境污染程度之重,由污染、生态等问题造成的问题和矛盾相当突出,山西省也因此被冠以全国污染之最的"黑帽"。

本章正是基于这样的目的,通过结合低碳经济的相关概念与原理对煤炭的低碳化利用及可持续发展进行研究分析,发现区域人口总量与二氧化碳排放量之间并不呈正向关系,而其余包括人均 GDP、GDP 以及能源消费量都对二氧化碳排放量的提升有正向作用,并根据研究结果指明并提出了山西省发展低碳经济的方向与措施。

第五章　山西省煤炭资源配置综合评价体系与对策研究

一、绪　论

(一) 研究背景及意义

1. 研究的背景

随着人类对环境认识的不断深入,可持续发展战略已成为世界发展过程中一个广受关注的问题。我国对于可持续发展问题的认识由来已久,早在公元前三世纪的时候,孔子学说就曾经提出过"钓而不纲,弋不射宿"的主张,而广为人知的成语"网开一面"更是这一观念的直接体现。在国际上,对于可持续发展概念的认识同样非常深刻。早在两个多世纪之前,革命导师恩格斯就曾经提出过"我们不要过分陶醉于我们对自然界的胜利,对每一次这样的胜利,自然界都报复了我们"这一著名论断。1972年6月,人类首届环境会议召开,与会的113个国家一致通过了《联合国人类环境宣言》,该宣言的通过,标志着可持续发展思想的初步形成。在1987年的世界环境与发展委员会(WCED)会议上,《我们共同的未来》一文引起广泛的共鸣,对于可持续发展这一概念的内涵,第一次做出了系统的阐述:"既满足当代人的需要,又不对后代人满足其需求的能力构成危害的发展",并指出,满足人类的需要和愿望是发展的主要目标,它包含经济和社会循序渐进的变革。

2. 研究的意义

资源作为人类社会存在和发展的基础,对于人类的进步具有非比寻常的意义。资源不足是可持续发展问题存在的根本原因。可持续发展的内涵在于,提倡人类通过不断增长的需求和物质资源的持续供给。资源的优化配置是人类获得发展过程中所必需的资源支持的重要道路之一，可以说，资源的可持续利用是一种不同于传统资源利用和消耗的新型概念，这也是本章的选题原因和研究的基本方向。煤炭资源对于我国经济社会发展具有不可估量的重要意义，是我国国民经济得以发展的重要物质保障，对煤炭资源的可持续开发研究，对于我国整体的社会主义事业的建设具有非常明显的现实意义。因此，本章的研究内容同我国的相关政策具有一致性。本章的研究对象是煤炭行业的可持续发展，但是对于其他行业中的可持续发展研究同样具有一定的借鉴意义。

煤炭资源的不断开发导致了资源的整体枯竭趋势，尤其是随着社会对煤炭资源需求量的不断增加，更进一步地提升了其稀缺性，这种情况下，本章的研究能够保证我们对资源问题的认识始终处于高屋建瓴的地位，为煤炭资源的可持续开发提供方向上的指导，从而满足我国对资源开发方面的现实需求。

（二）国内外研究现状

1. 可持续发展概念研究综述

随着人类对可持续发展问题认识的不断深入，衍生出70多种具体的可持续发展概念的阐述。不同国家的学者从不同角度对这一问题的内涵、意义等加以阐述。其中较具代表性的有如下四类：一是通过对可持续发展的自然属性加以界定的方式进行论述，对可持续发展的定义进行深层次的表达。如可持续发展作为一种对生态系统存在和发展提供必要的支撑条件的生产方式，是人类能够保证自身愿望实现的必然道路。二是从社会人文角度对其加以阐述：可持续发展的内涵在于对人类生存条件的改善，尤其是对社会中的个人的生活质量的提升，更是可持续发展应有的题中之义。三是从经济属性上对可持续发展做出定义，认为可持续发展的最重要意义在于必须保证自然资源的长时间持续性服务的前提下对环境资源进行开发和利用。四是从伦理上对可持续发展问题进行阐述，认为目前的发展不能以破坏子孙后代的发展为代价，这种观念类似于目前的生态发展、绿色发展理念。

2. 资源优化配置研究综述

资源的优化配置是西方古典经济学的重要组成部分，对于这一问题的研究前提就是资源的稀缺性和短时间内的不可再生性。可以说，资源的替代性假设过程中，对于资源的生产和消费行为并没有看作是一个统一的整体，对于资源的优化配置，可以有如下总结：①市场制度的存在是保证资源的优化配置的最佳手段；②边际效益递减规律是经济可持续发展的主要阻碍；③资源的可持续发展问题的重要性得到了认识，但是实际操作过程中依旧没有体现出来。边际分析技术的应用是新古典经济学的显要成就。

20世纪六七十年代之后，自然资源的优化配置问题得到了更多的关注，随着现代经济的高速发展，环境经济学中首次提出了可持续发展理念的内涵在于通过对传统经济增长模式的扬弃来保证全球范围内资源的优化配置。研究过程中的理论基础主要有如下两个部分：一是意大利学者帕累托从伦理意义上探讨资源配置效率而提出的帕累托最优化理论；二是由马歇尔和庇古等开发的外部性理论。

3. 国内外关于能源可持续发展模型的研究

以能源为核心是国外对可持续发展问题进行研究的一大特点。通过构建复杂的经济发展模型来对可持续发展问题进行建模分析是国外对这一问题进行研究的主要方法。所构建的模型具有非常多的功能，对于各个领域都有所涉及。但必须要注意的是，由于对这一问题的研究还没有公认的成果，所以国际上对能源模型的构建和分析存在大量的不同看法，笔者根据现阶段学术界比较常见的划分方法将能源可持续发展模型大致分为以下四种：

（1）自顶向底模型（Top-bottom Model）。该模型利用传统的经济学模型作为主体部分，通过大量周密的计算来表示能源价格等因素对能源消费产生的影响。可以说，这个模型实际上表示的就是能源生产和能源消费之间的关系。这一模型的应用对于宏观经济上的可持续发展战略的研究具有非常重要的现实意义。其中最典型的是基于一般均衡理念的CGE模型。该模型的诞生是挪威经济学家L. 约翰森的多部门价格生成经验模型的附带产品，主要用于对挪威国家资源的应用情况进行分析。20世纪70年代以后，CGE模型随着经济环境的变化和金融整体理论水平的提升而出现了巨大的改进，目前，较典型的是经济合作与发展组织（OECD）开发的GREEN模型。该模型主要应用于较完善的宏观经济中的资源配置问题的分析。由于我国的社会环境属于计划经济向市场经济的转型时期，市场的自我平衡机制受到种种因素的制约而有待提高，这就要求我们对国家资源进行优化配置分析的时候，为了保证整体结果的可靠性，需要注意其前提条件以及一些相关假设是否对我国适用。

（2）自下向上模型（Down-up Model）作为工程技术模型的重要组成部分，对于能源消费的分析具有非常重要的意义。能源消耗过程中的技术分析和模拟过程都可以通过这种建模方式表示出来。这一模型通过对生产方式等要素的控制来提供相应的模型结构，为分析提供必要的环境支持。从国际整体的研究水平看，以能源需求、消费为焦点，分析评价高效率技术的引进和普及的"终端能源消费、能源技术模型"的项目开发还有很长的一段路要走，在短时间内不太有可能取得预期的成果。

日本对可持续发展问题的认识较早,对这一问题的理论研究同样起步较早。日本国立环境研究所开发的 AM 模型在这一领域有了开拓性的应用,在亚太地区的多个国家进行了实践性实验,该模型通过在能源技术方面得到的数据为主要的数据依据,从我国新技术在未来一段时间内可能出现的情况分析,是对我国能源资源建模分析的重要模块之一。对于模型效果的影响,主要是数据的稳定性和可靠性,尤其是对最后做出的政府工作意见,更是有直接的影响,因此,研究人员应该通过单一方面的详细调研来获得可靠的技术数据作为本模型构建过程中的坚实基础。

(3)混合能源模型(Mixed Energy Model),对于能源系统的整体过程进行了完整的模拟,通过系统的拟真来对资源开发过程中各个部门形成的工作量对其供应管理能力形成一个数据化的统计,获得第一手的宏观经济参数。通过对这些参数的利用来为国家的能源开发政策提供必要的理论支持。模型的研究对象是广泛的,包括资源过程中的转化、需求、环境等模块的综合集成模型。最具代表性的混合能源模型是美国能源部(DOC)开发的 NEMS 模型。该模型对于能源经济和环境之间的关系形成了一个复杂的模拟关系系统。由于该模型涉及的领域非常广泛,所以需要大量的专业人士参与其中。我国能源资源开发进行的理论性研究由于受起步较晚等因素的制约,还没有形成一套系统的理论体系。

(4)国内关于能源可持续发展模型的研究。

1)基于模糊数学理论及层次分析法的综合评价模型。该模型在矿业资源开发过程中的可持续发展评价上应用最广泛。在相关的文献资料中对于这一模型的应用更是随处可见。该模型的建立主要是根据数学上的模糊理论分析评价指标的权重比例对于整体性能的影响,然后按照模糊计算理论进行多层级的模糊指标判定。由于对指标的权重比例的分配往往带有非常强的主观性,所以对这一模型的实际应用前景并不看好,属于较传统的一种模型设计。

2)神经网络综合评价模型。该模型是通过对大量简单的常见单元进行广泛的横向和纵向的连接来构建网络分析系统。对矿业的可行性发展评价则是通过构建一张交错的神经网络结构来进行的,其中较常见的是 BP 网络。该模型的最大优点在于能够对矿业资源的开发过程中产生的人和人之间相互影响相互制约的关系进行有效的反映,但是这里存在神经元之间的权重系数比例的随意性,得出的结果同样具有明显的主观性。同时,该模型的构建需要大量的数据支持,而这些数据在日常生活中并不常见。

3)变权模型、加权平均综合评价模型等。通过变权思想对煤炭行业的资源开发行为进行综合性的评价,形成一个加权权重比例模型,无论中间过程采用何种方法进行，最后都是通过对这些数据和指标进行加权集成处理得到所划分的三层指标的综合衡量参数，通过对四个综合指标的几何加权合并为总的综合指标来对煤炭行业中的资源优化配置行为进行评价。

二、煤炭资源配置研究现状

（一）中国煤炭资源可持续利用情况的研究

1. 中国煤炭资源可持续利用情况的现状

（1）我国煤炭资源总量丰富，浅层储量较少。我国作为世界上煤炭资源储量最丰富的国家，整体储量在世界上都占有非常明显的优势。但是实际上，我国煤炭资源的浅层储量较少，只有7%的部分适合露天开采，而其中七成属于褐煤，广泛分布于我国的云南、内蒙古等地，在我国总体的4.53亿吨煤炭中，仅有不足一半处于可开采状态。

（2）各地区煤炭品种和质量变化较大，分布也不理想。尤其是炼焦煤和种煤的分布差异性更是非常明显，我国四种主要的炼焦煤集中在山西省、华东和东北少量地区。而实际应用过程中，东北炼钢地区在辽宁，而炼焦煤的生产在黑龙江省的偏北地区；西南的钢铁资源集中在四川省，但是炼焦煤的出产地却在贵州省。

（3）人均资源少。我国的整体资源储备情况良好，但是最好的资源储备除以13亿这个庞大的基数就显得尤为薄弱了。我国的人均煤炭拥有量不足世界平均水平的1/2，这也是影响我国煤炭资源可持续发展的主要因素之一，在以后的工作和研究中，有必要从这个实际情况入手，找出有针对性的解决办法。

（4）资源配置效率不高。资源配置效率问题就是地区的经济发展水平和其资源的分布情况之间存在的差异。资源丰富的地区，经济发展水平都相对落后，而经济发展较优越的地区，资源的储备情况则不那么乐观。我国中西部地区的整体矿产资源储备量占我国矿产资源的九成以上，但是其经济总量还不足全国经济水平的四成。可以说，我国三大经济带的分布情况，和其资源保有情况呈负相关。而产业结构的趋同化问题，更是严重影响了资源的优化配置，对煤炭资源的合理利用形成了很大的阻碍。

（5）资源利用效率低，资源浪费严重。资源的利用情况是保证资源可持续利用的重点内容。资源的利用效率低，不能充分发挥资源的潜在价值，而且，对于生态和环境产生的负面影响同样是让人非常头疼的问题。我国目前的煤炭资源综合利用率为38%，而世界先进水平则高达100%，可以说我国的煤炭资源利用水平的提升，是我国实现可持续发展战略的重要突破口。

（6）煤炭生产集中度低。煤炭的集中程度对于煤炭行业的规模具有非常重要的影响，可以说，煤炭行业的集约程度的低下，是阻碍我国煤炭行业获得进一步发展的主要原因之一。根据我国"十一五"规划要求，对于大型矿井的支持力度将会逐年上升，通过建设高产安全矿来实现集约化经营，从而获取相应的规模效应。

（7）资源承载能力。资源的承载能力是资源对社会需求满足能力的一种描述方式。从我国整体的煤炭资源开采情况来说，我国的煤炭资源开发情况还远远不能满足人们日益增长的物质文化需求，不能满足我国社会主义事业的建设需求。从长远来看，资源的不足必将导致我国整体经济发展过程中面临潜在的资源风险，因此，煤炭资源的可持续发展是我国长期发展过程中不可回避的重要问题之一，应该引起社会各界的广泛关注。

（8）环境负荷。资源的可持续利用情况的判断标准就有环境的承载能力一项，环境污染和生态损害达到一定程度的时候，资源的利用情况就将受到严重的制约，不能够通过对环境的牺牲来换取资源效益。根据我国相关部门提供的数据显示，我国每年通过各种方式排放到环境中的矿业废弃物高达6亿吨，直接导致煤炭资源以每年2万平方千米的速率损失。仅2001年一年，我国工业固体废物产生量88840万吨，工业废气排放总量160863亿立方米。这导致我国北方地区将有1/4的城市二氧化碳和漂浮物严重超标，南方酸雨问题不断。

2. 中国煤炭资源可持续利用状况的评价结论

（1）随着我国经济的高速发展，我国人均资源保有量不足问题必将成为制约我国经济进一步发展的重要阻碍之一，资源的需求和供给之间的矛盾对于我国社会的可持续发展将会起到一定的负面影响。

（2）我国资源的利用上，不仅仅是资源存有量的不足，还有严重的浪费问题，对资源的优化配置水平来说，相对于世界其他国家我国还有很大的提升空间。

（3）我国长期的破坏性开采导致了环境承载能力的不断变弱，给我国的整体资源开发问题带来了新的难题，同时，包括我国煤炭资源在内的众多资源开发都是以破坏环境为前提的，这必将降低环境的承载能力，最终还是会对我国国民经济产生负面影响。

（4）我国的总体资源储备不足以保证我国的可持续发展战略要求。

（5）在资源管理储备工作中，必须认识到我国资源管理过程中存在的问题，同时，对于我国构建社会主义和谐社会的可持续发展战略，必须站在一定的高度上认识到其正确性。

(二) 山西省煤炭资源可持续利用情况的研究

山西省煤炭资源丰富。全省土地面积15.7万平方千米，含煤面积5.7万平方千米，占近40%，全省118个县级行政区中94个县地下有煤，91个县有煤矿。1995年全国第三次煤田预测资料显示，全省2000年煤炭资源总量为6400亿吨，占全国的16%，截至2004年末累计探明储量2828.65亿吨，保有储量2660.46亿吨，占全国的26%，境内各类煤矿批准占用储量约1500亿吨。主要分布在大同、宁武、河东、西山、沁水、霍西六大煤田和浑源、繁峙、五台、垣曲、芮城、平陆等地，煤炭资源遍布94个县（市、区）。

我国煤炭资源品种齐全。根据相关部门的调查数据显示，在我国的国家煤炭质量分布标准中，山西省有全部14个种类的煤炭种类，其中动力煤主要分布在大同地区，无烟煤主要分布在阳泉、晋城等地。同时，随着我国改革开放步伐的迈进，这些地区的煤炭资源开发历史悠久，形成了自己独有的技术条件，尤其是市场占有率极高，为其规模化经营提供了必要的支持。山西省的成煤时期为古生代，煤炭埋藏较浅，开采情况良好，一般都是处于300~500米的地层中，由于受到地质条件的影响，煤炭自身具有非常良好的性质，市场需求量极为广阔。

煤炭生产集中度低。2008年山西实际煤炭产量65600万吨，其中山西五大煤炭集团中的山西焦煤集团有限责任公司、山西大同煤矿集团有限责任公司、山西潞安矿业（集团）有限责任公司、山西晋城无烟煤矿业集团有限责任公司（排名前四位的煤炭企业）的煤炭产量为22873万吨，占2008年山西省煤炭总产量的34.87%。从中不难看出，山西省煤炭行业从整体上来说，集中程度远远高于国内平均水平，但是与国际主要产煤国相比还有很大的提升空间。煤炭行业的分散性导致其在国际市场中的竞争能力低下，对于山西省煤炭行业的整体盈利情况产生了一定的负面影响，正如美国经济学家迈克尔·波特曾经指出过的，市场中的前四位行业巨头的市场占有率总和低于四成，那么该行业中出现无序竞争的可能性将会呈比例关系提升。

煤炭开发技术没有随着经济的发展而有所提升，这一问题的存在严重地制约了山西省煤炭行业的进一步发展。山西省过去由于小型矿较多，大量的资金都被投向了其他暴利行业，而随着开采的不断推进，煤层由浅入深，由于没有开采技术上的支持，山西省煤炭行业陷入了尴尬的境地。尤其是技术上的长期不重视，导致短时间内无法提高到开采所需的水平，更使得山西省煤炭行业的进一步发展成为空想。

资源回收率低，浪费现象严重。资源的回收程度是资源的可持续开发的重要内容之一，而我国的资源回收率普遍较低的问题，也是我国煤炭行业在经营过程中普遍存在的问题。特别是随着我国很多煤炭企业入市之后，大量国有煤炭企业为了改变亏损的情况而"吃肥丢瘦"，对于一些开采情况一般的矿没有进行应有的开发，造成了极严重的浪费。

三、山西省煤炭产业现状分析

（一）山西省煤炭资源概况

1. 山西省的整体煤炭储量在我国处于领先地位

作为我国最大的煤炭出口省份，现已探明的煤炭储量就高达5.85万平方千米。全省11个地级市，共有119个县级辖区，其中94个县区地下有煤炭资源，自北向南共有大同、宁武、西山、河东、沁水、霍西六大煤田。已探明及预测的2000米垂深的煤炭总量有6500多亿吨，占全国的15%以上；截至2007年，全省探明煤炭储量2600多亿吨，占到全国总量的23%，产量也占全国的25%以上。

2. 山西省煤炭资源种类全

山西省整体煤炭储量大，煤炭质量高于国内平均水平，是我国国内少有的优质煤炭生产基地。

3. 山西省煤炭资源开采成本相对较低

相对于我国国内绝大多数煤炭产地，山西省煤层埋藏较浅，开发成本相对低廉。部分地区可以实现露天开采，同时山西省整体地质条件单一，地质构造较简单，开采难度较小。

（二）山西省煤炭产业发展历程

山西省的煤炭开采事业经过了长期的演变而逐渐具有自己的特色。早在新中国成立之前，山西省就作为重要的煤炭生产基地存在。当时山西省的煤炭资源掌握在帝国主义和官僚买办阶级手中，他们对山西省的煤炭资源进行了长时间的掠夺式开发，形成了巨大的破坏，无论是对资源本身还是对省生态环境产生的影响都是不可估量的。新中国成立之后国家接手山西省煤炭行业的烂摊子，对煤炭的开采进行了大量的投入，山西省重新作为我国的主要煤炭生产基地走进全国人民的视野。经过30多年的开采,山西省煤炭事业的发展已经取得了辉煌的成就,综观这30多年的开采史,可根据时间段划分为以下几个阶段:

第一阶段:1978~1990年,改革开放之后,尤其是随着我国社会主义事业建设的不断推进,为了缓解煤炭资源的紧缺局面,我国政府投入了大量的人力物力对山西省煤炭行业进行支持,为山西省煤炭行业的高速发展奠定了坚实的基础。这一阶段中,山西省的煤炭产量已经超过全国的1/5。

同时,由于我国社会的快速发展,对于煤炭需求呈现出几何状态的上升趋势,虽然山西省煤炭行业迎来了"春天",煤炭产量逐年提升,但是依旧难以满足社会对煤炭资源的需求,基于上述情况我国政府果断地放开了对煤炭行业的准入标准,通过"晋煤外运"等政策保证东南沿海地区的经济发展不受能源不足的限制。这样,山西省的小型煤矿数量急剧增长,虽然这种增长为我国的能源资源短缺局面提供了必要的支持,但是也带来了诸多问题。

第二阶段:1991~1997年,山西省煤炭行业的发展进入瓶颈阶段,20世纪90年代,我国整体的能源短缺局面得到了大幅度的缓解,煤炭资源的需求量虽然没有下降,但是煤炭的产出量开始高于需求量,这种情况下,煤炭资源的库存压力不断增加,导致煤炭市场进入买方市场。山西省的煤炭行业同样陷入僵局。当地政府从实际情况出发,通过对市场环境的规范,进一步整顿行业,这一时期,中小煤炭企业举步维艰。

第三阶段:1998~2002年,恢复发展阶段。千禧年之后,随着我国政府对东北老工业基地的振兴等政策的提出,全国范围内能源资源行业开始进入一个恢复阶段,山西省煤炭市场又一次迎来了卖方市场。在利益的趋势下,大量的小型煤炭企业走向市场,虽然在一定程度上对市场上的煤炭价格的下降有所裨益,但是实际上的确带来了更多的问题。

第四阶段:2002年至今,通过对山西省煤炭市场的不断规范化处理,对中小型煤炭企业积极兼并重组,提出了"控制总量、优化布局、调整结构、提高效益、扩大出口"的发展战略,对非法采矿给予严厉打击,在全省范围内掀起一股技术改进热潮,极大地提升了山西省煤炭行业的整体产能。对于促进山西省煤炭行业的健康发展起到了巨大的推动作用。

(三) 山西省煤炭产业存在的问题

1. 产业集中度低

山西省矿井数量多,单井产量低,截至目前,全省矿井总数已减至1053座,303吨以下的小煤矿全部被淘汰,平均单井产能不足14万吨。而一些乡镇小煤矿单井产能只有7.48万吨。全省最大的5个煤炭集团产量只占山西省总产量的

40%、全国的10%。世界上其他主要产煤国的产业集中度基本都在50%以上，南非为60%，印度为90%，德国为100%，而我国约为46%，山西约为30%。山西省煤炭产业的低集中度使行业发展无序，企业竞争力弱，规模化生产状况差。

2. 资源浪费严重

山西省的煤炭资源经过了多年的开采，现已进入了深层开采阶段，同时由于过去的煤炭资源开采强度大、开采技术落后，对于资源回收问题没有给予必要的重视等原因，山西省的煤炭开采极为浪费，在行业整合之前，1亿吨原煤的开采，往往需要2亿多吨的总开采量。同时，对于水资源的无节制使用，造成极大的浪费，同时对资源的回收利用同样带来了巨大的难题。

3. 安全生产基础薄弱

随着我国经济发展水平的不断提升，商人的逐利性导致山西省的煤矿数量呈几何级上升趋势，这些小型煤矿的生产条件相对较落后，安全生产基本上没有任何保障，很大一部分还是按照传统的人力采煤方式进行开采。更有利用炸矿的方式进行开采的小型煤矿，通过对矿井中的煤炭进行爆破，然后依靠矿工下到井下将原煤装车，用人力运输的方式进行煤炭生产。这种生产模式中，由于矿下环境的特殊性，条件恶劣，同时也没有资金进行相应的检测措施投入，造成了严重的人员伤亡。同时，很大一部分矿主为了提高经济效益，井下一线矿工都是小学文化水平，自身的安全防范意识就非常薄弱，这也是安全事故在行业整改之前频发的主要原因。相对于世界先进的开矿安全管理水平来说，我国矿业的安全生产任务还任重而道远。

4. 环境问题日趋严重

山西省政府煤炭事业的发展，同样带来了巨大的环境问题。开采过程中，由于破坏了地表和地质结构，造成地下水水位急剧下降，矿区内生活和生产用水日益短缺。同时，受到水面下降等因素的影响，地表沉陷问题同样严重，一旦爆发地质灾害，引发的损失将会是巨大的，地表植被在开采过程中受到破坏，原有的森林植被破坏严重，又由于没有植被对空气中的金属粉尘进行吸附，所以山西地区的整体空气质量非常差。各地洗选煤厂排放的二氧化碳、二氧化硫等气体对大气环境造成了严重污染，不仅对矿区的空气质量产生明显的负面影响，对于周边地区的空气质量同样造成了一定程度的破坏。

5. 政府监管不到位

山西省政府对于境内的中小型煤矿的监管力度不足，是其煤炭行业发展过程中的一大问题。这些小型煤矿的存在，为山西省的经济发展提供了一定的税收支持，但是其分布散乱的特点却导致了山西省整体煤炭行业市场竞争能力的下降。形成这种情况的原因是多方面的,一方面,由于中小型煤矿的分布非常散乱,政府如果想对其进行有针对性的监督管理,是非常困难的。另一方面,煤炭行业的巨大利润导致各个领域都涌入这一行业中,政府的工作能力有限,对于参与矿产承包的矿主无法进行有效的甄别,加上矿产的层层转包,政府监管更是无从下手。同时,由于转包之后的最终承包人的承包成本极度上升,因此对于矿井的安全生产也就不会投入那么多的精力了,矿井的安全生产更是难以保证。

政府监管效果不佳还有一个重要原因是"官煤勾结"。部分矿主为了规避法律带来的风险,和一些官员,通过利益关系相互绑定,为黑煤窑充当地方保护伞,公然置国家法律法规于不顾。

(四) 山西省煤炭资源整合概况

山西省委、省政府为了尽快地改变该省煤炭行业发展现状,尽快地提升煤炭企业的整体竞争力,积极制定了大量的举措,尤其是煤炭资源整合和煤炭行业兼并重组方针的出台,通过对一些技术水平低下的矿井企业的兼并和重组,在很大程度上解决了山西省煤炭行业整体竞争能力不足的问题,同时也为该省煤炭行业的安全生产提供了必要的政策支持,为当地的煤炭资源整合提供了相应的基础和交流的平台。

1. 资源整合历程

2001 年,山西焦煤集团公司成立,整合了原西山、霍州和汾西 3 个矿务局,2004 年又联合其他 7 个煤焦企业,成立了山西焦煤集团公司,这是我国最大的焦煤生产基地。2003 年,晋北地区的地方国有煤炭产销企业,以原同煤集团为核心,组建了新的大同煤矿集团公司,这是我国最大的动力煤生产基地。2000~2005 年,山西省累计关闭矿井 4153 处,淘汰落后产能 9820 万吨/年。2005 年,山西省发布《山西省人民政府关于推进煤炭企业资源整合和有偿使用的意见》和《山西省煤炭工业资源整合联合改造实施意见》,率先在全国正式开展资源整合工作。到 2008 年,全省矿井由整合前的 4389 座减少到 2598 座,年产 9 万吨以下的矿井全部被淘汰。

2. 煤企兼并重组情况

自 2005 年,山西省进行煤炭资源整合及煤矿兼并重组,整顿和规范采矿秩序后,全省始终坚持"以煤为基,多元发展"的思路,大力发展煤炭深加工产业和相关联产业,促进煤炭产业结构升级。按照省委、省政府提出的规划,整合后的国有企业、民营企业和混合所有制企业的比例为 2:3:5,利用国有企业为重组的主体,全省重点对中小型煤炭企业进行了兼并。包括山西煤炭运销集团在内的多家大型矿业集团成为山西省经济发展过程中的"擎天柱",为该省的煤炭资源优化配置提供了必要的基础。

整合过程中,除了一些具有强大生产能力的大型煤炭企业之外,对于一些具备一定生产能力的地方性集团也予以一定程度的政策倾斜,鼓励它们在重组过程中占据一定的市场份额。除此之外,还有很多原有的矿主通过资金入股兼并后的集团企业的方式成为企业的股东,在获取收益的同时,也解决了小型矿业企业生产和销售中的种种问题。通过多种方式对山西省矿业企业进行改革,有力地促进了该省煤炭企业的进一步发展和煤炭资源的进一步整合,为以后煤炭工作的健康良好运行打下了坚实的基础。

3. 资源整合目标

山西省委、省政府通过大量的努力,对该省的煤炭资源进行了重组,其推动企业兼并重组的主要目的在于:

(1) 提高产业集中度。通过兼并重组的方式催生本省的大型煤炭生产集团,已经组建了三个省内年产量超过亿吨的超大型煤炭集团,通过重组和兼并,基本上实现了省内煤炭3/4都是由大型煤炭集团供应的目标。

(2) 提高资源回收率。目前,山西省煤炭回收率高达60%以上,主矿区达到75%以上,虽然和国际主要煤炭出口国的80%回收利用有所差异,但是相对历史同期数据,还是可喜的。

(3) 降低煤炭生产死亡率。到2010年,山西省每百万吨煤炭生产死亡率控制在8‰以下,在保证生产的同时,更加重视安全的作用,通过对重大事故的从严、从重处理来保障矿工的人身安全。

(4) 对矿区内生态环境进行大力改善,建立健全长效治理机制,保证生态环境的可持续发展。

(五) 煤炭资源优化配置的相关理论分析

1. 煤炭资源优化配置的理论基础

(1) 资源稀缺理论和资源配置效率理论。在20世纪七八十年代全球经济高速发展的大背景下,人们开始重新审视资源的地位。尤其是随着30多年以来由于资源引起的国际形势动荡,更是加剧了资源稀缺性的提升。这种背景下,针对资源的可持续利用问题的研究已然成为各国政府和学者所重点关注的问题之一。仅从煤炭资源的开发情况来说,随着世界人口的不断增加和人类生产规模的扩大,以及生活质量的不断提高,对于煤炭资源的需求将会进入一个史无前例的高速增长阶段。

资源的稀缺性导致了资源配置的必要性。资源的收益情况也是由资源的配置情况所决定的。本章的研究中,主要通过构建 FUZZY 综合评价模型对山西省煤炭资源的整体利用情况进行评价,同时根据评价取得的客观成果对其中存在的问题进行剖析,通过多目标模型获得了煤炭资源优化配置的有效方案。

(2) 生态经济原理。煤炭资源作为一种不可再生资源,对于人类社会的发展起到的作用是不可忽视的。煤炭资源作为环境的重要组成部分,也是社会发展和文明进步的重要载体之一。这种特殊的地位导致煤炭资源的优化配置必须从社会人文和自然环境两个角度加以考虑。可以说煤炭资源自身就是由自然属性、经济属性、社会属性等要素构成的统一生态经济系统,对于煤炭资源的利用,需要从多个角度加以思考,在承载客观的生态压力的同时,还必须在资源配置过程中兼顾社会发展和经济发展的问题。可以说,生态经济学理论在本章中的应用,正是基于上述目的,只有构建生态效益和社会效益和谐统一的资源配置方式,才能够在未来的发展过程中,彻底地实现可持续发展。

在生态经济原理的指导下,本章在评价体系的构建过程中对这一问题进行了深入的研究和引用,通过对社会经济效益和生态效益的有机结合,来实现对该省煤炭资源的优化配置。

(3) 系统性原理。资源优化配置,尤其是针对稀缺资源进行的优化配置,必须从系统的角度对其加以深入剖析,从而对整体的效益水平的提升提供必要的支持。煤炭资源的系统理论就是要把煤炭资源在优化配置过程中所产生的一系列链条作为一个有机的整体看待。如生产过程中,如何通过对整体局势的把握来保证单一地区煤炭资源使用需求的满足,如何通过对全局角度下的地区煤炭资源使用情况进行判定等。可以说,一些地区的局部煤炭使用情况并不好,但是从全局角度来说,这种煤炭的配置方式获取了巨大的成功。尤其是在煤炭这种大型的复杂资源配置过程中,仅仅针对系统中的某一个部分进行分析是不严谨的,应该强调综合作用在实践操作过程中所起到的重要性。煤炭资源作为一个社会效益和生态效益的有机结合体,对其进行优化配置,也必然是一个社会—经济—技术系统。

2. 效率分析理论

效率分析方式是把能源作为主要分析对象,利用研究的方式对其规律进行探索的高效研究方法。

效率分析的过程中,能量变化的基本规律是其应用的基本前提,通过自然科学可以得知,能量变化始终是遵守能量守恒定律的,任何一种物质都是能量的载体,能量平衡是物质处于相对静止状态的必然表现形式。

物质平衡原理得出如下结论:首先,从环境中获取的物质的总量必然等于投入环境中的物质总量。其次,经济活动中对废物的处理过程中,仅仅是改变废物的具体形态，对废物的具体质量并不会产生改变。最后，物质通过生物系统的自我循环能够有效地降低对环境的破坏。因此物质的再循环对于可持续发展来说具有重要的意义。

效率分析方法的应用，对资源的优化配置管理工作提供了一个新的思路，尤其是通过对人类历史上的经济发展和资源环境之间存在的关系和能量守恒定律的适用性的强调，为可持续发展战略的实施提供了必要的理论基础。

3. 煤炭资源优化配置的目标和原则

（1）煤炭资源优化配置的目标。在经济技术条件一定的情况下，对于煤炭资源进行的优化配置通常可以通过两种方式进行描述：一是针对有限的煤炭资源进行配置，从而使得其产出值达到最大，也就是获得最大的效益；二是为了获得既定的效益而减少煤炭资源的使用量。上述的第一种描述存在一定的约束条件，通过对于不同适用类型的有机整合来实现投入和产出比值的最大化，这实际上就是一个求最优解的过程。第二种描述是对既定的经济目标来合理规划煤炭资源的使用情况来获取最大的经济效益，其中的效益值是主要的约束条件。实际上就是一个目标函数求解的过程，因而它对应着一个最小化的最优规划问题。正常情况下，对于煤炭资源的优化配置都是采用第一种描述方法。

经济效益目标。煤炭资源的优化配置过程，就是通过一定的方式方法对煤炭的使用方式进行有机的组合从而使有限的煤炭资源能够提供更多的服务，通过这一过程的实现来提升煤炭的利用经济水平。

社会效益目标。上文中已经说到，由于煤炭资源自身具有的特性，其在满足经济效益的同时，还必须兼顾社会效益。实际上，如果没有社会效益的实现，经济效益同样难以实现。

除此之外，还要考虑社会人文因素、社会稳定因素等，事实上是非常复杂的资源配置过程。

生态效益目标。生态环境的改善对于煤炭资源的优化配置来说同样是必然要求。煤炭资源的优化配置过程中，生态环境的改善同样是其效益最大化的重要内容，应该看到，只有在煤炭资源的优化配置过程中重视对生态环境的改善才能够在真正意义上实现效益的最大化。

煤炭的利用过程中，环境的改变同样是一种一次性投入产出资源，对于煤炭资源的优化配置程度高低的评价，生态环境的改善同样是其中重要的一环。但是就目前的研究看，生态环境的改变，难以通过具体的经济数字来进行统计。因此，在煤炭资源的优化配置过程中，应该建立健全对生态环境改善所带来的增益指标，从而实现对其配置收益水平的精确判定。

综合效益目标。根据煤炭配置目标的不同，综合经济效益主要包括经济效益、社会效益及生态效益等在内的效益。这些效益通过某一具体的配置措施而相互依存，彼此之间存在明显的正相关关系。因此，在针对煤炭资源的具体优化配置过程汇总，应该综合考虑众多的系统因素，全面地权衡利弊之后才能进行配置。尤其是对煤炭资源配置的优化过程中，更是需要重点对这一问题进行分析和研究。只有以综合效益作为配置导向，煤炭资源的优化配置才是有价值的。

基于上述观点，煤炭资源的配置过程中，综合效益最大是其配置的主要原则，配置过程中，并不需要对上述效益进行综合考虑，只需要找出一种主导的效益作为判断依据即可，具体操作过程中，需要根据当地当时的具体情况进行具体的分析和研究。

（2）煤炭资源优化配置的原则。煤炭资源对于社会发展的重要性不言而喻，可以说，煤炭资源的优化配置是实现经济可持续发展的重要前提之一，对于经济发展过程中所必需的能源资源的优化配置，需要按照社会经济发展过程中所形成的具体原则进行。煤炭资源作为稀缺资源的一种，固有的自然资源属性是其应用过程中的重要标志之一。笔者通过大量的文献资料查阅和自身的研究，认为以下几点原则在配置过程中尤为重要，应该给予必要的关注。

1）综合效益最大原则。煤炭资源的优化配置过程中，将会产生众多的效益，那么在某一时间段内，某种效益是经济发展和人民生活水平提升所急需的，但是从城市的长远发展角度来说，综合效益才是保证人民生活水平不断提升的重要依据。

2）使用效率最大原则。已经有了具体的煤炭使用途径的时候，那么就必须根据实际情况对其使用方式方法进行科学的分配，从而保证资源的利用能处于最佳状态。

3）替代性原则。这一原则主要有三方面的内涵：第一，跟踪资源之间存在的替代性问题；第二，同类资源的不同质量之间的替换；第三，国内外资源替换问题。通过市场对资源配置的基础作用的体现，替代性原则在煤炭资源的优化配置过程中占有了越来越重要的地位。

4）持续性原则。可持续发展指导下的煤炭资源的优化配置工作，需要坚持持续性原则，可以说，该原则是煤炭资源配置过程中的首要原则，对煤炭资源进行配置的过程中，必须辩证地看待社会发展需求和未来人类发展过程中产生的需求之间的关系，不可因噎废食，也不可竭泽而渔。

5）动态性原则。对于煤炭资源的特性，上文中曾经有所说明，作为一个经济综合体和自然综合体，自身时时刻刻处于动态的过程中。社会各个因素的变化对于煤炭资源的变化将会起到一定的影响，自然要素的变化同样会带来不同程度的改变。这就要求我们在优化过程中，以动态性原则为指导，用动态的眼光去看问题。

四、山西省煤炭资源配置评价分析

（一）FUZZY 综合评价的范围和思路

资源利用评价指标体系包含了目标层、要素层和指标层三个层次。目标层是山西省煤炭资源利用的综合评价，要素层包括资源需求供给度、后备资源保障度、生态环境承载度、能源储备安全度、社会经济支持度、省外资源可供度，指标层则包括了 23 个指标，它们分别是根据经济效益、社会效益和生态效益而得到的。在指标体系建立后，确定山西省煤炭资源利用评价指标的等级标准值，按照具体情况对其划分为"较差"、"一般"、"较好"、"好"四个等级。同时根据我国相关规定中给出的标准以及国内同类城市标准指标等作为依据，由于各个城市的指标采用的数值不统一，所以先要进行数据的标准化处理，之后，再利用该模型进行综合评价，做出相应的分析。

（二）山西省煤炭资源配置评价指标体系建立的原则

1. 科学性原则

指标的建立需要有相应的科学依据作为支持，按照资源的优化配置相关原理作为其成立的理论基础。同时，需要结合山西省当地当时的具体情况，从而科学地反映其运行模式等内容。

2. 系统性与层次性原则

对于山西省煤炭资源利用情况的评价，是一个具体而细微的复杂过程，这一过程涉及众多的因素。具体来说，我们对其划分为能源储备安全评价、社会经济支持评价、资源需求供给评价、后备资源保障评价、生态环境承载评价、省外资源可供评价六个子系统，同时在各个子系统中通过多个指标的设定进行标度，最后通过数学计算的方式得出结果。

3. 代表性与独立性原则

指标体系的构建过程中，应该重视代表性和独立性原则的应用，选取那些具有非常强的代表性的指标，从而提升系统的实用性。

4. 全面性与可操作性原则

指标体系的建立,需要尽可能完善地对该省的煤炭资源利用情况加以反映,所以需要保证系统指标的全面性。当然,数据的易采集性,对于系统性能的提升同样具有一定的意义。

5. 目的性原则

本章研究的内容是山西省煤炭资源利用评价体系,因此,在构建的过程中,就必须要求选择那些能够反映出该省煤炭资源实际利用情况的指标。通过对这些指标的分析来为山西省以后的煤炭工作的决策提供必要的数据支持。

6. 引导性原则

建立相应的指标体系的同时,必须要考虑山西省煤炭资源利用的实际情况,同时对于以后的发展趋势,也必须能够表现在这套体系之中。

(三)山西省煤炭资源配置评价指标的选取

(1)资源需求供给评价的指标选取生产能力供给度、储量供给度、基础储量供给度以及资源量供给度。

(2)后备资源保障评价选取地勘投入保障度、勘查技术保障度。

(3)生态环境承载评价主要采用的是对生态环境造成的影响情况。

(4)能源储备工作中对安全生产情况的评价。

(5)基础设施建设和新增储量安全评价,对于投入技术的实际支持情况。

(6)省外资源导致的资源供应风险。

基于上述内容,得出如下综合评价指标体系如表5-1所示。

表5-1 综合评价指标体系

目标层	山西省煤炭资源配置评价					
要素层	资源需求供给度	后备资源保障度	生态环境承载度	能源储备安全度	社会经济支持度	省外资源可供度
指标层	生产能力供给度 储量供给度 基础储量供给度 资源量供给度	成矿条件保障度 地勘投入保障度 勘查技术保障度	环境灾害承载度 环境污染承载度 环境治理支持度	生产能力安全度 储量安全度 基础储量安全度 资源量安全度 新增储量安全度	投入资金支持度 投入技术支持度 配套资源支持度 基础设施支持度	资源供应可行度 资源供应能力 资源供应成本 资源供应风险度

(四) FUZZY 综合评价模型的应用

1. FUZZY 综合评价的数学原理

世界知名的查德教授（Zadeh）于 1965 年首次提出的 FUZZY 综合评价方法。这一方法通过模糊理论的实际应用，合理地集合了定量分析和定性分析两种方法。

实际上，经典集合论在现实世界中的应用并不是那么容易实现的，可以说，一个元素的归属，并不能真的如集合论中所描述的，只有属于和不属于两种状态，生活中，有些问题并没有明确的界限。因此，在 FUZZY 系统中应用模糊算法加以描述，成为一种必然选择。具体来说，0 和 1 两个值拓展到可取 [0, 1] 闭区间上任意无穷多个值的连续值逻辑，由此来定量地描述模糊概念。因此，相应的特征函数也作了适当的拓展，值就是隶属函数 $\mu(x)$，也就有：

$$0 \leqslant \mu(x) \leqslant 1 \quad (5-1)$$

假设一个给定的论域（即评价对象的全体范围）U，$\mu_A : x \rightarrow [0, 1]$ 是 U 到 $[0, 1]$ 闭区间上的一个映射，如果对于论域中的任意一元素 $x \in U$，都有唯一的 $\mu_A : x \rightarrow [0, 1]$ 与之相对应，则该映射便给定了 U 上的一个模糊子集 A，或简称模糊集 A，$\mu_A(x)$ 称作 x 对 A 的隶属度，其大小反映了 U 对于模糊集 A 的隶属度。$\mu_A(x)$ 的值越接近 1，表示 x 隶属于 A 的程度越高；$\mu_A(x)$ 的值越接近 0，表示 x 隶属于 A 的程度越低。

2. FUZZY 综合评价的步骤

按照模糊数学基本原理，本章模型具体构建步骤如下：

（1）确定评价因子集合。

山西煤炭资源利用评价因子集合为：

$$U = \{U_1, U_2, U_3, U_4, U_5, U_6\} \quad (5-2)$$

各单要素层子集 U_i（$i = 1, 2, 3$）分别为：

$$U_1 = \{u_1, u_2, u_3, u_4\}$$
$$U_2 = \{u_1, u_2, u_3\}$$
$$U_3 = \{u_1, u_2, u_3\}$$
$$U_4 = \{u_1, u_2, u_3, u_4, u_5\}$$
$$U_5 = \{u_1, u_2, u_3, u_4\}$$
$$U_6 = \{u_1, u_2, u_3, u_4\} \quad (5-3)$$

（2）确定评价等级集合。按照评价过程中产生的实际需求情况，针对不同等级的实际情况进行权重比例的赋值。由于指标自带单位没有达成一致，为计算方便，对各指标的实际数值按照下式进行了标准化处理：

$$w_{ij} = c_{ij} \Big/ \sqrt{\frac{1}{4}\sum_{j=1}^{4}(c_{ij}-\overline{c_{ij}})^2} \quad (i=1,2,\cdots,16; j=1,2,3,4) \quad (5-4)$$

从所划分的四个等级中,可以知道,第一和第四等级中,提供的是准确的数字,而其余的则是一个取值范围。那么同样可以进行如下标准化处理。

$$c_{ij} = (\max c_{ij} + \min c_{ij})/2 \quad (i=1,2,\cdots,16; j=1,2,3,4)$$
$$\overline{c_{ij}} = \frac{1}{4}\sum_{j=1}^{4} C_{ij} \quad (i=1,2,\cdots,16; j=1,2,3,4) \quad (5-5)$$

(3) 建立隶属函数。这里应用的隶属函数主要是通过对山西省煤炭资源的优化配置利用过程中的隶属程度而设立的。根据函数的实际形状和所求值的范围区间:

当 $j=1$ 时,那么第一级可以通过隶属函数表示为:

$$r_{i1} = \begin{cases} 1 & x_i \leq a_{i1} \\ (a_{i2}-x_i)/(a_{i2}-a_{i1}) & a_{i1} \leq x_i \leq a_{i2} \\ 0 & x_i \geq a_{i2} \end{cases} \quad (5-6)$$

当 $j=2$ 时,那么第二级可以通过隶属函数表示为:

$$r_{i2} = \begin{cases} (x_i-a_{i1})/(a_{i2}-a_{i1}) & a_{i1} \leq x_i \leq a_{i2} \\ (a_{i3}-x_i)/(a_{i3}-a_{i2}) & a_{i2} \leq x_i \leq a_{i3} \\ 0 & x_i \leq a_{i1} \text{ 或 } x_i \geq a_{i3} \end{cases} \quad (5-7)$$

当 $j=3$ 时,那么第三级可以通过隶属函数表示为:

$$r_{i3} = \begin{cases} (x_i-a_{i2})/(a_{i3}-a_{i2}) & a_{i2} \leq x_i \leq a_{i3} \\ (a_{i4}-x_i)/(a_{i4}-a_{i3}) & a_{i3} \leq x_i \leq a_{i4} \\ 0 & x_i \leq a_{i2} \text{ 或 } x_i \geq a_{i4} \end{cases} \quad (5-8)$$

当 $j=4$ 时,那么第四级可以通过隶属函数表示为:

$$r_{i4} = \begin{cases} 0 & x_i \leq a_{i3} \\ (x_i-a_{i3})/(a_{i4}-a_{i3}) & a_{i3} \leq x_i \leq a_{i4} \\ 0 & x_i \geq a_{i4} \end{cases} \quad (5-9)$$

式中: x_{ij} 为第 i 种评价因子的实际值; r_{ij} 为第 i 种因子对第 j 级的隶属度; a_{i1}, a_{i2}, a_{i3}, a_{i4} 为第 i 种评价因子四个等级的分值。

(4) 确定判断矩阵。建立每个子集的判断矩阵 $R_i(i=1,2,3)$ 对单要素进行评价:

$$R_1 = (r_{ij})_{4\times 4} = \begin{bmatrix} r_{111} & r_{112} & r_{113} & r_{114} \\ r_{121} & r_{122} & r_{123} & r_{124} \\ r_{131} & r_{132} & r_{133} & r_{134} \\ r_{141} & r_{142} & r_{143} & r_{144} \end{bmatrix}$$

$$R_2 = (r_{ij})_{3\times 4} = \begin{bmatrix} r_{211} & r_{212} & r_{213} & r_{214} \\ r_{221} & r_{222} & r_{223} & r_{224} \\ r_{231} & r_{232} & r_{233} & r_{234} \\ r_{241} & r_{242} & r_{243} & r_{244} \end{bmatrix}$$

$$R_3 = (r_{ij})_{3\times 4} = \begin{bmatrix} r_{311} & r_{312} & r_{313} & r_{314} \\ r_{321} & r_{322} & r_{323} & r_{324} \\ r_{331} & r_{332} & r_{333} & r_{334} \\ r_{341} & r_{342} & r_{343} & r_{344} \end{bmatrix}$$

$$R_4 = (r_{ij})_{5\times 4} = \cdots$$
$$R_5 = (r_{ij})_{4\times 4} = \cdots$$
$$R_6 = (r_{ij})_{4\times 4} = \cdots \tag{5-10}$$

建立模糊矩阵 $R_总$，对综合评价因子集合进行综合评价：

$$R_总 = (r_{总ij})_{6\times 4} = \begin{bmatrix} r_{总11} & r_{总12} & r_{总13} & r_{总14} \\ r_{总21} & r_{总22} & r_{总23} & r_{总24} \\ r_{总31} & r_{总32} & r_{总33} & r_{总34} \\ r_{总41} & r_{总42} & r_{总43} & r_{总44} \\ r_{总51} & r_{总52} & r_{总53} & r_{总54} \\ r_{总61} & r_{总62} & r_{总63} & r_{总64} \end{bmatrix} \tag{5-11}$$

（5）确定权重。针对各个指标赋予的权重比例的问题，用层次分析法（Analytic Hierarchy Process，AHP）对此问题加以确定并进行计算。通过如下五个步骤建立完成：建立层次结构模型；构造判断矩阵；层次单排序及其一致性检验；层次总排序；层次总排序的一致性检验。

从所得出的结果，可以得知完全符合该分析法的要求，所以可以得出目标层的权重数值（见表 5 – 2）。

（6）进行模糊变化。综合评价结果 B，$B = A \times R = (b_1, b_2, b_3)$

式中：A 为权重值集；R 为单要素模糊评价矩阵和综合评价矩阵。

为了使模糊矩阵 B 的信息得到充分利用，把煤炭资源利用等级的参数和矩阵 B 进行结合，从而能更直观地反映综合评价的结果所处的等级。

3. 数据导入

若山西省煤炭资源利用综合评价处于第二等级和第三等级之间（0.25 < 0.30 < 0.35），说明山西省煤炭资源利用处于一般偏差的状态，有很大的改进空间。

表5-2 山西省煤炭资源配置的层次分析

目标层	要素层 B	指标层 C
山西省煤炭资源配置评价	资源需求供给度 B_1	生产能力供给度 C_1 储量供给度 C_2 基础储量供给度 C_3 资源量供给度 C_4
	后备资源保障度 B_2	成矿条件保障度 C_5 地勘投入保障度 C_6 勘查技术保障度 C_7
	生态环境承载度 B_3	环境灾害承载度 C_8 环境污染承载度 C_9 环境治理支持度 C_{10}
	能源储备安全度 B_4	生产能力安全度 C_{11} 储量安全度 C_{12} 基础储量安全度 C_{13} 资源量安全度 C_{14} 新增储量安全度 C_{15}
	社会经济支持度 B_5	投入资金支持度 C_{16} 投入技术支持度 C_{17} 配套资源支持度 C_{18} 基础设施支持度 C_{19}
	省外资源可供度 B_6	资源供应可行度 C_{20} 资源供应能力 C_{21} 资源供应成本 C_{22} 资源供应风险度 C_{23}

五、山西省煤炭资源配置对策建议

(一) 促进煤炭行业发展循环经济的政策保障

煤炭产业受自身发展过程中存在的种种问题的限制，在发展循环经济的过程中，必须要有国家在多方面的扶持，通过对先进技术的引用来实现循环经济的发展，是中国煤炭行业进一步走向市场的必然选择。

1. 产业技术政策保障

在产业技术政策支持方面，实际上就是要帮助煤炭生产企业提高煤炭资源的二次利用效率和环境保护作为其发展过程中接受的政策指导的核心内容，通过建立科学的管理体制和资源储备体系来保证煤炭企业在面临大规模经济效益的时候，选择煤炭资源的整体可开发性。通过政府政策的引导帮助煤炭企业建立这一制度的重要意义是：其一，在于能够通过政府经济手段对社会浪费行为进行有效的控制。其二，对于新建煤炭开采区，政府必须引导矿区的整体规划，学习国际先进经验，积极主动地加以本土化，然后在中国的煤炭行业中进行推广。同时，煤炭产区的规划过程中，必须有副线产业，通过对配套设施的完善来保证煤炭企业的整体规划中能涵盖环境保护一项。其三，要做到降低废物的排放，形成良性的循环经济模式。其四，必须提高煤炭企业对技术的认识程度，通过积极引导煤炭企业开展新的技术革命来提升煤炭企业效益，而不是盲目地开采新矿。

2. 技术政策保障

在技术政策方面，政府首先要做到的就是环保技术和洁净煤技术的有机结合，通过对煤炭洗选，以煤炭高效清洁为主要内容的洁净技术发展。其次是必须为煤炭企业制订严格的绩效产能计划，对于传统生产模式中的大量浪费行为，绝不姑息。最后是强制推广二次回收技术在煤炭行业的应用，尤其是废弃物的二次应用技术的推广，必须严格地按照既定日期表推进，如果煤炭企业有困难，政府相关部门必须及时了解并解决。

3. 投资政策保障

国家在投资政策方面，首先要做到对老矿区污染问题的治理投入。通过地方财政和中央专项财政相结合来对其进行彻底的治理。应该认识到，煤炭行业产生的污染物种类繁多，产生的污染类型也是五花八门，这些污染的治理，如果仅仅依靠煤炭行业自身进行，那么煤炭企业的发展势必受到相当程度的负面影响，因此，政府应该加大治理污染的投入，必要情况下可以设立专项贷款。其次是政府需要对新建煤炭项目的总体污染情况进行严格的要求，从而最大限度地避免新的污染的出现。最后是必须建立环境整治的专项基金，并制定与之适应的政策作为基本支持。

4. 财税政策保障

国家在财税政策方面，一要对煤炭企业在治理环境污染过程中承受的经济损失予以一定比例的弥补，通过财政贴息等方式鼓励煤炭企业大力整治环境。二要对先进的环境保护设备的进口施行减免税收措施，对采用先进环保技术、工艺与设备的煤炭企业减免增值税、所得税和土地使用税，或实行消费型增值税、加速折旧等政策，调动煤炭企业发展循环经济的积极性和可能性。三要改进成本核算体系，增加环境成本，强化煤炭企业的环保意识，促进煤炭企业保护和改善生态环境。

5. 政府采购政策保障

环保产品的推广由于市场对新产品的认可程度普遍不高，或者环保产品的价格比同类产品普遍高出一截，那么政府就可以通过政府采购政策的调整，对这部分生产厂家的产品进行购买，一方面会产生相应的社会舆论导向，另一方面也能够帮助这些企业打开市场，走过最艰难的开始阶段。而中国政府对这些企业的扶持，同样是发展循环经济的必由之路，尤其是中国目前的市场经济体系还不健全，如果仅仅是凭借优惠政策对相关企业加以诱导，效果远不如政府直接通过采购政策的调整，直接购买该类产品产生的社会影响效果好。

（二）建立有利于煤炭行业发展循环经济的有效机制

1. 建立有利于煤炭行业发展循环经济的利益激励机制

"循环经济"作为一种新型的经济模式，和经济利益之间存在着天然的联系。循环经济中，可以从社会角度、企业角度以及受污染个人角度加以理解。其中，社会的利益主要是通过循环经济过程中，社会资源的最大化应用来实现的。通过对环境的保护和资源的优化配置来实现对社会经济发展的基础性贡献。而企业的利益的体现较直接，即通过对废弃物接受之后作为生产要素而产生的利益。其中也包括通过对资源节约而形成的间接收益。受污染者的利益主要表现在如果企业不采用循环方案将废弃物直接排放，受污染者的人身权益和财产权益等将受到损害。那么从这一角度来说，受污染者享受的利益可以说是一个负值，作为弱势群体的一方，受污染者应该受到应有的保护。发展循环经济，必须建立相应的利益分配机制作为辅助手段，同时对循环经济所涉及的各方面利益加以权衡与调和。只有循环经济能够产生相应利益的时候，上述的参与者才会有参与的热情。使污染者承担治理成本，使受害者得到补偿。这样，循环经济才会真正成为一种自觉的经济形态，而不是单纯的、被动的。如果忽略了推动循环经济发展的各主体的利益要求，循环经济很难真正"循环"起来。

近年，中国政府大力推进煤炭企业的循环经济发展事业，并通过政策对其进行积极的导向。首先，将环境保护费用纳入企业的经营成本中，随着中国经济的高速发展，政府对于环境保护问题的重视程度与日俱增，对于环境污染问题的重视，政府相继出台多项政策鼓励企业自主治污，其中最典型的就是政府将企业的环境资金纳入税收制度之中。其次，是对资源产业开发的严格要求，资源无偿使用已经不再被许可。尤其是最近国土资源部连续下发了几个加强资源开发监管方面的政策规定,中国各部门对于环境问题的重视程度是前所未有的,这也表明中国政府对于治理环境问题所下的决心。最后,资源的综合利用率和矿区生态环境治理成为企业发展过程中被硬性规定的考核指标,成为企业发展过程中,评价企业的重要指标之一。同时,中国政府通过建立矿区生态环境恢复补偿机制对煤炭企业的环境维护工作提供了巨大的帮助。不得不说,这些新规则的出台,标志着煤炭行业的发展将进入一个新的阶段,在对煤炭企业形成约束的同时,也为煤炭企业的进一步发展提供了新的平台。

必须要说的是,随着中国整体经济的发展,煤炭企业的发展在面临挑战的同时也面临着大量的机遇,正是这些新政策的出台,为中国煤炭企业的发展提供了新的减税、政策鼓励机会,如果煤炭企业能够积极主动地把握住机会,那么对于煤炭行业的整体发展都将会是一个极好的机遇。

与此同时,"煤电一体化"、"煤炭气化"、"煤制油"等,对于煤炭企业的效益水平的提升都有一定的效果。通过循环经济的发展,煤炭企业能够形成多元化的产业格局,形成规模效应以应对越来越激烈的市场竞争和挑战。可以看到,随着中国发展循环经济战略的实施,更多的优惠政策和税收减免政策必将出台,煤炭企业在获得政府支持的同时,积极主动地把握好这次机遇,将获得更为广阔的发展空间。

2. 建立有利于煤炭行业发展循环经济的技术创新机制

技术的发展是循环经济体系得以建立的基础。在循环经济中,每一个步骤的发展都离不开大量的技术支持。可以说,通过先进技术发展的经济,才能够在做到循环的同时,保证经济的发展。必须建立健全一套行之有效的煤炭行业发展循环经济的技术创新机制。煤炭企业作为市场经济条件下的重要主体,创新是煤炭企业发展过程中必须要面对的问题。

煤炭企业要树立面向循环经济生态化的技术创新观。通过技术创新的观念取代传统的经济利益最大化发展方式,更多地重视社会效益,在发展过程中,重点体现循环经济的实质性内容,实现资源的减量化、产品的重复使用和再循环利用的生态化技术创新观。要在煤炭企业建立一套物质奖励与精神奖励相结合的、短期利益与长期利益相统筹的、满足专业技术人员不同需要的激励机制。

建立一套能够和激励机制相适应的奖惩制度。可以选择和绩效水平以及创新成果相挂钩的收入制度,也可以选择技术入股的方式吸收和招揽人才。必须要注意的是,煤炭企业发展循环经济的过程中,对于吸纳掌握高级技术人才这项工作一定不能放松,以专业技术人才为基础骨干,自主培养人才和积极引进人才相结合的人才吸收模式,不断充实人才队伍。建立以能力、业绩为核心的科技人才评价标准,充分调动科技人员的研发积极性。依托重点龙头企业,吸收国内外煤炭研究院所,加强煤炭产品开发和应用技术研究,并向煤化工基地延伸,开展煤液化、煤化工等。

(三) 山西省煤炭资源可持续利用的政策建议

1. 规范煤炭资源管理体制

作为稀缺资源,煤炭升值空间较大,在管理的各方面容易受到利益的驱使,从而滋生腐败现象,因此规范煤炭资源管理势在必行。合理的管理体制首先必须要有健全的法律政策作为保障。在中国,有关煤炭资源领域的法律政策也出台过,但是许多条款中将权、责描述不清,导致在实际操作中被钻空子,或者有些条款与当地实际情况不符,使得管理无法正常进行。如山西省煤炭管理条例在关于省内煤炭管理制度上只规定了县级以上人民政府,在相关行业的主管部门负责本区域内煤炭建设、生产和经营全过程的监督管理。但是省内大中型煤矿所占比例不足50%,更多的是中小型煤矿,这些煤矿在成本因素影响下,选址多为县级及县级以下地区,由此占煤矿多数的中小型企业缺乏完整的标准来进行管理工作,为日后的安全生产埋下了隐患。因此应当适时调整现存法律政策措施,明晰责任制度,保证管理的顺利实施。针对这样的产煤大省,山西省应建立自上而下一体的建模管理部门,根据区域的不同设立相应独立的管理体系,并增加管理职能,纳入当地政府组成部门工作人员具有正式编制。煤炭行业发展主要依靠市场进行调节,受供求关系影响较大。因此需要规范煤炭管理体制,建立宏观和微观预测,从生产各个环节进行调控,保证该行业健康发展。其次煤炭资源管理应该实现科学化,不仅仅是针对大型煤炭企业,更多的是应该在中小企业中推广煤炭资源管理系统。运用先进的手段实现煤炭资源勘探与开发,建立大型信息化煤炭基地来带动有条件的企业,形成一个完整、独立又相互关联的信息管理体系,改善煤炭行业的生产能力,对煤炭资源可持续利用起到积极推动作用。

2. 强化煤炭资源利用的法律政策

严格执行煤炭行业准入制度,减少煤炭资源的浪费,需要从源头来进行控制。提高煤炭行业准入的门槛,是减少资源浪费行之有效的措施。《山西省煤炭条例》修订案中明确规定办煤矿应具备的条件:符合山西省煤炭产业政策及煤炭开发规划;新建煤矿符合公司法规定的设立条件;有煤矿建设项目可行性研究报告成果或开采方案;有计划开采的矿区范围和资源综合利用方案;符合安全生产和环境保护要求;有煤炭行业主管部门批准的能够满足开采需要的矿井地质报告。因此各地应该按照以上规定严格执行,规范煤炭生产许可证的发放,禁止不符合条件的组织和个人进行煤炭资源开发利用。

资源可持续利用应贯彻"污染防治和环境保护并重"。预防为主与防治结合的指导方针。事前预防是有效减少环境污染的有效措施,可采用的政策措施有对煤矿开采的企业进行环境损坏评估,按照评估的结果决定其是否可进入该行业;对于已经进入行业的企业,如果评估结果未达标,可根据相关的法律对其进行处罚。中国现行有关矿产资源环境保护的法律有《矿产资源法》、《煤炭法》、《大气污染防治法》等,处罚标准可依据这些法律进行。另外可设置环境恢复保证金。这一保证金在企业允许进入后收取,保证金中一部分投资于环保设施,另一部分用于恢复煤炭开采时所造成的地表植被破坏、土地塌陷、地表水污染所带来的影响。

3. 巩固煤炭基金利用政策

完善煤炭开采补偿机制对于已经投产的各类煤炭企业需要制订矿山生态环境保护与污染综合治理方案,对矿井废水、煤矸石、矿区地面沉陷和水土流失加快治理。煤炭企业应该依据销售收入的一定比例,并依据各类煤矿按消耗资源储量,区分不同煤种征收税金,组成煤炭可持续发展基金。这一基金用于煤炭企业无法解决的区域生态环境治理,以及因采煤所引起的其他社会性问题。基金的审批管理由财政部负责,征求国家发改委意见,报批国务院。有关基金的安排使用,也由国家发改委及环保总局审批。

提高煤炭安全生产技术水平,煤矿井下人员必须经有资质的安全培训机构培训后并且考试合格,做到持证上岗。从事特殊工种的人员,必须经过国家的规定取得相关职业资格证书,实行就业准入。从事煤矿生产和建设的施工单位需要具备安全资质,主要负责人须取得相应规定的资格证书。这些培训费用可以从各地所设立的煤炭基金中支出,同时各地可以与国家重点煤矿科技资源项目进行合作,建立针对中小型煤矿的区域性安全生产技术服务中心,鼓励煤矿企业内部开展安全质量标准化活动,对达到安全质量标准的煤矿,可以开出减免其安全风险抵押金等优惠政策。

4. 大力扶持煤炭行业绿色发展

加大煤炭清洁技术投入,支持科技创新实现煤炭资源的可持续利用,重点在于煤产品的生产过程及废弃物的再利用。中国已经成为世界上煤炭消费最多的国家,山西省又面临着煤炭利用转型的关键时期,因此煤炭资源的高效利用显得尤为重要。要实现资源的高效利用,应该从两方面入手:一方面是煤炭加工技术的提升。煤炭加工技术主要包括洗选煤、型煤和水煤浆技术。到现在为止中国自行研制的洗选煤设备能够满足煤矿的需要,并且其中很多设备已经接近或者达到国际水平。型煤技术的提高对于减少煤炭燃烧所排放的烟尘有重要作用,但是中国在这一技术的发展领域起步比较晚,直到20世纪70年代才开始型煤研究,因此这一技术还有很大的提升空间。水煤浆是一种新兴的替代燃料，它还可以合成煤气。近年来这一技术发展迅速，特别是中国研发的水煤浆燃烧技术在国际中处于前列。另一方面是煤炭燃烧技术的改进，主要是煤炭清洁燃烧。中国在"九五"时期才开始研究清洁燃烧技术，虽然起步较晚，但是在许多关键技术开发上已经取得一些成果，也为之后的研发奠定了良好的基础。除了要提高煤炭生产过程中的技术水平，面对日渐减少的资源现状，更应该重视煤产品转化及其延续利用。现阶段煤产品转化主要是煤炭气化和液化。中国对煤炭气化研究较早取得了不少丰硕的科技成果，如多喷嘴水煤浆气化炉的问世。在煤炭液化方面，由山西煤炭化学研究所研发的清洁柴油，意味着中国具有了开发成套产业化自主技术的能力。虽然在煤炭资源利用中取得了不少科技成果，但是如何将这些成果利用到煤炭行业中，就需要投入更多的资金引进技术设备，同时还应该鼓励煤炭行业在资源开发过程中，结合煤炭企业进行更多的技术创新，这样才能真正实现煤炭资源开发利用的可持续发展。

5. 加大煤炭行业转型转产力度

打破单一产业，继续发展多种经营，要摆脱粗放型经营方式，实行集约型经营。充分发挥人力、物力、设备，以及煤矿共伴共生矿物和土地等方面的优势，实行综合开发，从而进一步加大煤炭就地转化的力度，以及深加工和综合利用的力度。要采取一系列措施来加快煤炭企业的转型，如发展煤化工产业，充分开发和利用煤矸石、瓦斯，大力发展坑口电站等，使煤矿的产业链得以延伸，同时也提高了产品附加价值。要把资金投入与盘活存量资产相结合，集中使用好资金。山西国有煤矿应当依照国家的区域经济发展战略、产业发展政策、矿区自身优势以及市场需求状况，向市场前景广阔，并具备一定的技术含量，同时国有煤矿也有足够的资金和技术兴建一些"以煤为基、多元发展"的高科技产业，如电子产品、新型建材、生态农业、生物工程、新能源等，逐步发展形成产业结构稳定、具有自身特色、合理的煤矿产业群。除此之外，还要突出煤炭企业兼并重组，加大淘汰落后产能的力度。要以煤炭资源为基础，以煤炭资产为纽带，鼓励电力、焦化、冶金、化工等行业的企业与煤炭行业相关联的大型企业以入股的方式参与煤矿企业联合重组。要集中力量推进钢铁、焦化等行业的重组步伐，特别是焦化行业，未来的发展形势十分严峻，如果不走重组联合之路，生存发展将面临极其困难的局面。下一步要明确兼并重组的主体，制定针对性的政策措施，加快整合步伐，有效增强煤炭企业应对市场风险的能力。要充分利用市场倒逼机制，进一步加大落后产能的关停淘汰力度，严格防止高耗能高污染项目回潮。积极引导、支持和帮助拟淘汰企业转产或新上符合相关产业政策、符合省市发展规划和环保要求、技术起点较高的技改项目，引导落后企业主动淘汰、提前淘汰，为新上优势转产项目腾出充分的市场空间和环境空间。

6. 综合开发利用煤炭资源

山西省煤炭地层中含有丰富的硅藻土、耐火黏土、石墨、高岭岩等储量大的非金属矿产。除此之外，勘探时还发现有丰富的硫铁矿、滑石、珍珠石、石膏、大理石等矿产资源。长期以来，煤系伴生矿物资源价值没有得到足够的重视，反而被当作填充材料，事实上，煤系伴生矿物质的价值远远高于煤炭本身。因此，山西国有煤矿应当增强资源保护意识，提高资源利用效率，以市场为导向，加快技术创新，开发产品附加值高、科技含量高的深加工和精加工产品，使其应用领域不断扩大，变资源优势为经济优势。煤层气资源是一种煤炭伴生矿产，这种资源在山西省储量很大，但是由于不够重视对其的开采利用以及技术落后等方面的原因，导致大量的洁净新能源被浪费。煤层气是一种高效的清洁能源，如果能大规模地开发利用必将会取得一举多得的功效。如果把煤层气利用起来，可广泛用于生产合成氨、甲醛、甲醇、炭黑等方面，还可液化成汽车燃料，制作成工业燃料、发电燃料和居民生活燃料，成为一种热值高的洁净能源和重要原料，开发利用的市场前景十分广阔。山西国有煤矿要有步骤、有计划地学习并引进国外先进技术与设备，加大对开采煤层气的研究力度，增加对开采煤层气的资金与技术投入，尽量降低煤层气的浪费，使煤层气成为煤炭的重要副产品，以此提高煤炭工业的经济效益。

第六章 中部地区可持续发展与对策研究

一、绪论

(一) 研究背景及意义

1. 研究的背景

一直以来,人类为追求片面的经济增长,牺牲了大量的资源,并对环境造成了严重的破坏。直到20世纪六七十年代,随着能源危机的出现,人们开始关注环境问题。联合国于1983年11月成立了世界环境与发展委员会(WECD)。以挪威前首相布伦特兰夫人为首的WECD的成员们受联合国委托,把经过4年研究和充分论证的报告——《我们共同的未来》(Our Common Future)提交联合国大会,正式提出了"可持续发展"(Sustainable Development)的概念和模式。该报告提出了经典的可持续发展定义,即可持续发展是指满足当代人需求,又不危及后代人满足其需求的能力的发展。

就我国而言,经济高速增长给自然环境带来了沉重的压力,环境问题也日益凸显,生态环境问题已成为制约我国经济发展、影响社会安定和国际形象的一个重要因素。据统计,2010年全国工业废水排放总量达到了237亿吨,大量工业废水被直接排入江河中;二氧化硫的排放总量居世界首位,大大超出了环境能够负担的容量。同时我国的地理地质环境复杂多样,不适合人类居住的国土比重偏高,自然生态条件相对恶劣。占52%的国土面积是干旱、半干旱地区,90%的可利用天然草原存在不同程度的退化,沙化、盐碱化等中度以上明显退化的草原面积约占半数。极度脆弱的自然环境给中国生态环境建设与保护带来巨大的挑战。

第六章 中部地区可持续发展与对策研究

与此同时，我国是世界上自然灾害最严重的国家之一，灾害种类多、分布地域广、发生频率高，对人民生命财产安全和经济社会发展构成了重大威胁。我国的人均淡水、耕地、森林资源占有量分别为世界平均水平的28%、40%和25%，石油、铁矿石、铜等重要矿产资源的人均可采储量，分别为世界人均水平的7.7%、17%、17%。而且，大部分自然资源、能源主要分布在地理、生态环境恶劣的西部地区，开采、利用与保护的成本高。中国经济依然处于重化工业比重偏高的发展阶段，经济发展短期内难以摆脱对资源环境的依赖。经济发展与社会进步持续面临节约资源、保护环境、节能减排、技术进步以及管理创新等严格要求的巨大挑战。为了减轻经济发展对资源和环境的压力，我国必须选择可持续发展作为经济发展的道路。2012年11月8日，中共十八大报告指出，科学发展观同马克思列宁主义、毛泽东思想、邓小平理论、"三个代表"重要思想一道，是党必须长期坚持的指导思想。全面协调可持续发展是科学发展观的基本要求，将可持续发展全面落实在经济建设、政治建设、文化建设、社会建设和生态建设中，对于贯彻落实科学发展观起到了关键作用。其中，经济建设是根本，政治建设是保障，文化建设是灵魂，社会建设是条件，生态文明建设是基础。

1986年，由全国人大六届四次会议通过的"七五"计划正式公布，将我国划分为东部、中部和西部。东部地区包括北京、天津、河北、辽宁、上海、江苏、浙江、福建、山东、广东和海南11个省（市）；中部地区包括山西、内蒙古、吉林、黑龙江、安徽、江西、河南、湖北、湖南、广西10个省（区）；西部地区包括四川、贵州、云南、西藏、陕西、甘肃、青海、宁夏、新疆9个省（区）。

1997年全国人大八届五次会议决定设立重庆市为直辖市，并划入西部地区后，西部地区所包括的省级行政区就由9个增加为10个省（市、区）。由于内蒙古和广西两个自治区人均国内生产总值的水平正好相当于上述西部10个省（市、区）的平均状况，2000年国家制定的在西部大开发中享受优惠政策的范围又增加了内蒙古和广西。由此西部地区包括的省级行政区共12个，分别是四川、重庆、贵州、云南、西藏、陕西、甘肃、青海、宁夏、新疆、广西、内蒙古；中部地区有8个省级行政区，分别是山西、吉林、黑龙江、安徽、江西、河南、湖北、湖南；东部地区包括的11个省级行政区没变。

根据国家统计局2011年6月13日的划分办法，为科学反映我国不同区域的社会经济发展状况，为党中央 国务院制定区域发展政策提供依据，根据《中共中央 国务院关于促进中部地区崛起的若干意见》、《国务院发布关于西部大开发若干政策措施的实施意见》以及中共十六大报告的精神，将我国的经济区域划分为东部、中部、西部和东北四大地区。中部地区包括山西、安徽、江西、河南、湖北和湖南。

中部地区是拥有3.6亿人口的巨大市场，而且中部地区地处中国内陆腹地，起着承东启西、接南进北、吸引四面、辐射八方的作用。从中国整体发展的角度考虑，中部就是中国的"腰"，只有"腰板"直了，中国这个巨人才能走得正、走得稳，中国经济才能协调、健康发展。

2. 研究的意义

中部地区由于受自身发展和国内外资源、环境、经济、社会等诸多方面的影响，在可持续发展中困难重重。中部地区各省在可持续发展中遇到的困难不仅影响到自身的可持续发展，而且还将影响区域的协调发展和国家的可持续发展。因此，把中部地区的可持续发展作为研究对象，不仅具有理论意义、政策意义，还具有一定的历史意义。

（1）可持续发展问题是一个带有普遍意义的课题，它牵扯管理学、社会学、经济学和生态学等诸多领域，是一个涉及面广、具有交叉性和复杂性的问题。在这个问题上，中国起步晚，理论研究滞后。借鉴国内外的先进经验，根据中部地区的实际情况，提出相关的问题并对中部地区的数据进行分析，从而找到中部地区可持续发展的适当的解决办法。

（2）中部依靠10.7%的土地养育了26.8%的人口，创造了19.7%的GDP，并且地处内陆腹地，起着承东启西、接南进北的作用，在中国区域分工中起着重要作用。但是中部地区一直是政策支持的盲区，未享受到三大国策的照顾，直到2004年3月温家宝总理在政府工作报告中，首次明确提出促进中部地区发展。2006年4月，党中央、国务院下发了《关于促进中部地区崛起的若干意见》，中部崛起战略正式启动。2010年8月，国家发改委通过《促进中部地区崛起规划实施意见的通知》和《关于促进中部地区城市群发展的指导意见的通知》。这一系列的政策和措施，都表明了中央促进中部崛起的决心。本章将通过加强中部地区的可持续发展研究，针对中部地区提出一些有针对性并且可行的政策建议，直接为中部地区可持续发展提供政策建议。

（3）本章以中部地区可持续发展为研究对象，在科学发展观的指导下，努力探索，积极实践，走出一条适合中部地区的可持续发展之路，明确中部地区可持续发展的方向，不仅对于中部地区未来的发展具有直接的指导意义，而且对于全国来说意义也特别重大。

（二）国内外研究现状

1. 国外研究现状

1962年，美国女生物学家Rachel Carson发表了一部引起很大轰动的环境科普著作《寂静的春天》，书中描述了杀虫剂对鸟类和生态环境毁灭性的危害，惊呼人们将会失去"春光明媚的春天"。尽管这本书的问世使作者一度备受攻击、诋毁，但书中提出的有关生态的观点最终还是被人们所接受。环境问题从此由一个边缘问题逐渐走向全球化经济议程的中心。

随着能源问题和公害问题的加剧，人们逐渐认识到为了发展，把经济、社会和环境分开是不合理的，这样只会给地球和人类带来灾难。源于这种危机感，可持续发展的思想在20世纪80年代逐步形成。1980年，国际自然保护同盟制订的《世界自然保护大纲》中提到"可持续发展"一词，这是"可持续发展"在国际文件中第一出现，可持续发展最初源于生态学，是一种资源的管理战略，后发展为一个涉及经济、社会和自然环境等综合的动态概念。

特别要指出的是，Barbier（1987）认为由于物质增长指标与经济、社会和生态等指标是相互作用的，因此在分析可持续发展能力时，需要把经济、社会、生态等因子结合起来，它们是不可分割的。可持续发展的模型和管理规划工具是由Clark（1989）提出来的。随后，Dovers（1990）在对澳大利亚的可持续发展实践中，提出了社会目标（第一层）、政策目标（第二层）、政策（第三层）、行动（第四层）的可持续发展的四层次的政策框架。对于如何实现全球的可持续发展，Goodland等（1992）提出应该在合理使用经济、区分发展与增长的基础上，使用环境评价作为一种手段来实现可持续发展；并为此给出了原则、指标、制度三方面指南。

进入20世纪90年代，很多发达国家都制定了相应的可持续发展战略。在可持续发展思想成长的历程中，最具有意义的是1992年6月在巴西里约热内卢举行的联合国环境与发展大会，来自178个国家和地区的领导人在这次会议中通过了《21世纪议程》、《气候变化框架公约》等文件，并提出了一个全球性计划，这项计划要求所有国家都参与其中，根据国家的发展水平，分担各自的责任，使可持续发展不再停留在理论阶段。

2. 国内研究现状

1992年李鹏总理代表中国政府在参加巴西里约热内卢召开的联合国环境与发展大会上做出了履行《21世纪议程》等文件的承诺，中国根据《21世纪议程》制定了《中国21世纪议程》，该议程又称《中国21世纪人口、环境与发展白皮书》，以此作为中国可持续发展的总体战略、计划和对策方案，这是中国政府制定国民经济和社会发展中长期计划的指导性文件。1992年7月由国务院环委会组织编制，于1994年3月25日在国务院第十六次常务会议上讨论通过。2012年6月1日，发布了由中国国家发展和改革委员会牵头40个部门制定完成的《2012中国可持续发展国家报告》。这是中国发布的首个可持续发展国家报告。

随着把可持续发展战略作为中国的发展战略之后，这方面的研究成果便陆续涌现了出来。比较有代表的成果包括，陆大道的《中国沿海地区21世纪持续发展》

(1997)、王中伟的《中国可持续发展态势分析》(1999) 以及《中国可持续发展战略报告》(中国科学院可持续发展战略研究组，2008，2009，2010，2011，2012)。

同时，一些学者从不同的角度对可持续发展做出了研究。黄秉维院士 (1995) 从陆地系统科学角度对可持续发展进行了研究，他讨论了地球表层学、地理科学与地球系统科学、可持续发展战略之间的内在关系问题，并详细论述了"以研究中国区域可持续发展战略为任务带动陆地系统科学的发展"的观点，指出了现阶段存在的问题和今后的研究方向及其所需的工作条件。叶文虎等 (1996) 从人与环境的辩证关系的角度，研究了人与环境组成的世界系统，在基本层次上可以概括为三种生产（物质生产、人的生产和环境生产）的联系。这三种生产的关系呈环状结构，任何一种生产不畅都会危害世界系统的持续与发展，反过来说，人与环境这个系统的畅通程度取决于这三种生产之间的和谐程度。赵国浩等 (1998) 从系统工程学的角度，将可持续发展这个社会经济大系统划分成经济子系统、人口子系统、资源子系统和生态环境子系统。并指出社会持续进步、经济稳定发展，需要经济、人口、资源和生态环境四大子系统协调稳定发展，从而做到可持续发展。申玉铭、毛汉英 (1999) 从人地关系角度，指出可持续发展是一项涉及自然、经济、社会三个子系统组成的动态、开放复杂系统，其研究内容涉及地理学、资源管理、生态学、环境科学、人口学、系统工程、经济学、社会学等许多相关领域。以人地关系地域系统理论为基础，从区域与区域之间不同时空尺度的 PRED 相互联系、相互影响的制约关系出发，分析了人地系统的特点、结构和功能，并探讨了人地关系优化的核心、区域可持续发展的理论模式以及可持续发展的系统调控等问题。廖红 (2002) 从环境管理的角度，借鉴发达国家的经验，提出了有中国特色的"循环经济与资源回收利用法"，逐步步入循环型社会的理念。

中部地区不仅是南水北调的水源地，同时也是我国西电东送、西气东输的必经之地。此外，中部地区是我国重要的能源基地，不仅拥有晋煤这样的煤都，中国电力核心工程——三峡水电站也坐落于此。此外，中部地区淡水湖泊、河流、水库密集，且耕地多、产量高，是我国粮食、水果、蔬菜、肉类、药材和水产品的主要产区。作为我国经济发展的重要组成部分，国内外学者开始关注中部地区在经济发展过程中是否做到与社会、环境协调发展。国内学者对于中部地区的可持续发展做了大量的研究。

魏晓 (2005) 指出中部地区是中国可持续发展的主要能源基地、主要食品供给基地、主要的水源地，同时中部地区还是区域协调发展的中枢地带，正因为中部 6 省对于我国可持续发展中的独特作用，所以必须提高中部地区在我国可持续发展中的战略高度。张根明等 (2006) 运用人工神经网络的方法和理论，结合中部地区的可持续发展指标体系，对中部地区可持续发展水平进行评价，发现中部地区各省份之间的可持续发展水平差异较大，其中可持续发展水平最高的湖北省的可持续发展水平也仅仅处在中等向较高转变的阶段。张桂宾、王安周（2007）对中部地区 2004 年的能源和资源的消费状况采用生态足迹法进行实证分析，分析出的结果表明：长期对资源的无节制的使用，已经超出中部地区生态系统的承受能力，导致中部地区处于不可持续发展状态。黄细兵等（2007）采用生态足迹法对 2005 年中部地区的资源和生态进行测算，得到中部地区的生态承载力，研究表明，中部地区经济发展是以消耗大量能源和资源作为代价的，造成生态足迹严重超出中部地区生态承载力，从而导致发展的不可持续性；针对这一问题，作者从资源和能源方面分析出原因，并提出相应对策。在中部崛起的大背景下，唐振东（2005）根据中部地区的实际情况，分析出影响中部地区可持续发展的因素，并从人力、资源、经济与环境和政府调节角度对中部地区可持续发展提出建议。许根林（2006）从资源、自然环境和人口方面存在的问题对中部地区可持续发展进行分析，并从可持续发展意识和制度建设、改革方面对中部地区可持续发展提出政策建议。

叶厚元、冯静（2006）选取水资源可持续发展的相应指标，根据水资源与发展指标协调度对中部地区和东部、西部地区的水资源状况进行比较分析，研究表明中部地区大部分省份水资源现状与经济发展水平较匹配，山西省和河南省在水资源可持续发展中存在一定问题，针对研究结果，对中部地区水资源可持续发展提出了相应的建议。陈明星等（2006）根据安徽省的实际情况，从经济发展、社会和人口发展、生态和资源发展建立指标，采用 AHP 法和综合模糊法对安徽省可持续发展进行分析，研究的结果表明安徽省总体可持续发展水平不强，各市生态资源方面差距较大。贺琼（2006）从教育、经济、资源、社会和人口五个方面对河南省可持续发展进行分析，并从中部地区的角度，把河南省与中部其他五省进行比较分析，得出河南省在可持续发展中存在的优势和问题。莫守忠（2008）认为在中部崛起的大背景下，实现知识产权战略对中部地区可持续发展有重要作用，主要体现在中部地区落后省份科技创新和中部地区与其他地区进行跨地区合作方面，并为此提出相关政策建议。

二、可持续发展理论基础

（一）可持续发展的概念

在可持续发展理论不断研究的过程中，由于研究的方向和侧重点不同，形成

了不同的流派,这些流派对于可持续发展概念也有着自己不同的见解,从国内外看,比较有影响力的可持续发展概念有如下几类:

1. 从自然角度对可持续发展进行定义

持续性的概念最早是由生态学家提出,是为了说明开发利用与自然资源之间的平衡关系,即生态的持续性。国际生物科学联合会和国际生态协会在1991年11月联合举行的可持续发展专题研讨会上,对可持续发展概念的自然属性进行了发展和深化,并定义可持续发展为:对环境系统的更新、生产的保护和加强的能力。生物学是自然属性的一种代表,从生物学的角度来定义可持续发展,即可持续发展是为了使人类的生存环境得到持续,从而寻求一种能够实现人类愿望和生态完整性的最佳生态系统。

2. 从经济角度对可持续发展进行定义

有很多种从经济的角度对可持续发展进行的定义,但是无论哪一种定义,都把经济发展放在可持续发展的核心地位。Edward Barbier（2005）在《自然资源和经济发展》中把"在保证经济发展的利益最大化的同时,保持自然资源的质量和其所提供的服务"作为可持续发展的定义。还有一些学者提出,可持续发展应该是在不减少未来的实际收入的前提下使用当今的资源。从众多以经济角度对可持续发展进行定义的学者看,当今的可持续发展已经以"在不破坏自然资源和保证环境质量为基础的经济"代替了以往的以牺牲环境和资源为代价的经济发展。

3. 从社会角度对可持续发展进行定义

1991年由国际自然与自然资源保护同盟（IUCN）、联合国环境规划署（UNEP）和世界野生动物保基金会（WWF）共同编写、发行的《保护地球——可持续生存战略》（Caring For the Earth：A Strategy For Sustainable Living）中定义可持续发展为:"在不超过生态系统所能承载的情况下,尽可能提高人类的生活水平",并且在此基础上提出了可持续发展的基本原则,在这些基本原则中强调在发展过程中生活和生产方式要与地球环境相适应,要保证生态系统的完整性和生命的延续性。《保护地球——可持续生存战略》指出可持续发展要以提高生活质量、改善生活环境作为最终落脚点。各国在制定本国发展目标时,不仅要考虑本国国情,同时还要尽可能使国民生活的各方面得到改善,因为只有在保持自由、平等的状况下,改善人们的生活质量、保证人们的健康生存和获得必要的物资,才算真正的发展。

4. 从科技发展的角度对可持续发展进行定义

可持续发展没有科学技术的支持,便无从谈起。所以可持续发展在实施的过程中,除了需要国家的政策支持以外,科技进步对可持续发展也起到重要作用。

从科技发展角度进行研究的学者认为，污染是效率低、技术落后的表现，工业生产中的污染并不是没办法避免的。因此，有些学者把可持续发展定义为"通过更先进有效的技术，使用尽可能接近零排放的工艺，使能源和其他自然资源的消耗减少到最少"。还有一些学者提出，"可持续发展就是通过建立的先进工艺和技术，使生产中极少产生废料和污染物"。

5. 国际社会普遍接受的可持续发展定义

现在普遍被人们所接受的可持续发展定义，是世界环境与发展委员会在1987年布伦特兰报告书中所提出的，即可持续发展是指既满足当代人的需要，又不损害后代人满足需要的能力的发展。可持续发展的核心还是发展，但是要在资源永续利用、提高人口素质、控制人口数量和保护环境的前提下进行社会和经济的发展。

（二）可持续发展的内涵

从国际社会普遍接受的可持续发展概念中，可以发现可持续发展中的丰富内涵。

1. 共同发展

可持续发展追求的是全面协调发展，即共同发展。地球上的每一个国家或地区都是地球这个系统的不可分割的子系统，整体性是一个系统最根本的特征，每个子系统对于系统整体都是十分重要的，因为每个子系统和其他子系统都存在着一定的联系，子系统之间也会发生作用。一个子系统只要出现问题，就会间接或直接影响到其他子系统，甚至导致整个系统的紊乱，这一点在地球生态系统中表现最突出。

2. 协调发展

可持续发展需要做到协调发展。从系统动力学角度看，协调发展需要做到经济、社会和环境三大系统之间的整体协调。从全球的角度看，协调发展需要做到世界、国家和地区三个层面的协调。从一个国家或地区看，协调发展需要做到经济、社会、环境和资源与该国家或地区的协调。

3. 公平发展

在世界经济发展过程中，由于发展水平的差异，各个国家表现出一定的发展水平层次性。但是如果因为不平等或者不公平导致发展水平差异性的发生或加剧，就会因为地区的不可持续发展，影响全球整体的可持续发展。可持续发展的公平发展体现在两个维度：一是空间维度的公平，即全球各个国家应该享受公平的发展机会，不能以损害其他国家或地区的发展机会来促进本国家或地区的发展；二是时间维度的公平，即后代人与本代人应该拥有公平的发展机会，本代人的发展不能影响后代人的发展。

4. 高效发展

可持续发展需要做到公平和效率两个方面。可持续发展的效率不是传统意义上的效率，它既包括经济层面上的效率，也包括环境和自然资源方面的损益。所以，可持续发展的高效发展是指在保持环境和自然资源永续利用的情况下，促使社会、经济、人口、环境资源等协调高效率发展。

5. 多维发展

在经济社会发展日益全球化的今天，不同国家和地区仍保持着自身的体制、文化、地理环境等独特的发展背景。因此，在进行综合性、全球性的可持续发展的同时，也需要考虑不同国家和地区的特殊性。可持续发展包含着多模式和多样性的多维度的内涵。因此，国家或地区在实施可持续发展战略时，要在全球性可持续发展目标的指导和约束下，根据自身情况，制定适应本国或本地区的可持续发展路线。

（三）可持续发展基本原则

可持续发展是人类更有效的生存方式，这种生存方式不仅体现在对资源的使用和对环境的保护上，更体现在人们日常的经济和社会生活当中。实现可持续发展必须遵循一些基本原则：

1. 公平性原则

可持续发展必须遵循公平性原则，公平性主要体现在两方面：一是当代人之间的公平。可持续发展是要使人类生存环境得到改善、生活质量得到提高，并且满足人类对物质和精神上的需求。这里的人类指的是生活在地球上的所有居民，并不是指发达国家的居民，在当代，要做到可持续发展就要求做到减少贫富差距、消除两极分化，各国需要拥有公平的发展权，而不是以牺牲发展中国家的利益来促进发达国家的利益。二是代与代人之间的公平。自然资源是有限的，当代人不能因为自身的发展，而影响后代的发展，要做到代与代人发展的公平性，必须要做到自然资源利用的公平性。

2. 持续性原则

持续性原则是可持续发展的核心思想，是指在社会和经济发展过程中要做到与当前的生态和资源环境相匹配，不能超出它们的承载能力。人类的发展需要环境和资源作为依托，所以在可持续发展过程中需要做到人与自然和谐相处，自然为人类所用的同时人类也爱护自然。生态环境与自然资源是人类发展的物质基础，本身存在一定的承载能力，发展一旦超出生态环境与自然资源的承载能力，发展的本身也会受到影响。所以人类在发展的同时，要根据持续性原则调整生产和生活方式。

3. 共同性原则

可持续发展是全球性问题,虽然世界各国存在文化和发展水平的差异,但是为了全人类的未来,世界各国需要根据本国国情选择合理的政策、目标和策略,在实现全球可持续发展的总目标指引下相互合作、共同发展,保证地球的完整性和相互依赖性。每一个人都能够按照共同性原则办事,同时做到人类与人类之间和人类与自然之间的和谐发展,那么人与人之间、人与自然之间就做到了互惠共生,也就实现了可持续发展。

(四)循环经济的概念与内涵

循环经济就是按照清洁生产的方式,在可持续发展的思想指导下,对能源和废弃物进行综合利用的生产活动过程。它要求运用生态学规律,按照"资源—产品—再生资源"的反馈式流程指导人类社会的经济生活。本质上是一种生态经济,特征是低开采、高利用和低排放。

传统经济通过加大物质能源的开发换取经济的增长,在生产、加工和消费过程中向环境排放了大量的污染物,按照"资源—产品—污染排放"的流程进行经济活动,对环境造成了灾难性的污染。与传统经济不同,循环经济倡导物质的循环利用,按照自然生态系统的模式,使经济活动形成一个"资源—产品—再生资源"的物质反复循环流动的过程,实现了资源的低投入、高利用,并降低了废弃物的排放,从根本上解决了环境与发展之间的矛盾。

三、可持续发展指标体系的建立

(一)可持续发展指标体系的构建原则

1. 科学性

可持续发展指标的选取必须具有一定科学依据,要在可持续发展理论、生态学等科学依据的前提下,客观、准确、公平地反映出可持续发展水平。

2. 特色性

每个国家、每个地区都有自己的特点,要根据研究地区的实际状况选取能够反映该地区特征和特色的指标。

3. 系统性

可持续发展涉及多个学科,是一个由经济、人口、社会、生态环境等系统构成的复合生态经济系统,并且系统之间还存在相互作用、相互限制,因此在评价可持续发展水平时,就必须进行系统的综合评价。

4. 可获得性

由于中国地大物博,在进行统计工作的时候,不能确保在每个方面都进行了详细的统计,因此存在一些指标数据的空白,在指标选取时,就应避免此类指标。

(二) 可持续发展指标体系的构建方法

目前,指标体系的构架主要有以下三种方法,即范围法、目标法和复合法。

范围法,按可持续发展的主要方面,如社会、经济、环境等进行相应分类,然后指定相应的系统层,分层指定目标。这是迄今为止在可持续发展指标体系框架研究中,国内外学者使用最多的一种研究方法。

目标法,在指定可持续发展的基础目标之前,首先确定可持续发展的目标,然后以自上而下的方式依次指定一个或数个目标。

复合法,即范围法与目标法的交叉使用。

(三) 国内外可持续发展指标体系研究现状

1. 国外可持续发展指标体系研究现状

外国可持续发展研究比较早,产生了较多的可持续发展指标体系。比较具有代表性的包括经济合作与发展组织(1989)提出的可持续发展指标体系PSR、联合国开发计划署(1992)的人文发展指数、联合国可持续发展委员会(1995)的可持续发展指标体系、世界银行(1995)的可持续发展指标体系、世界自然保护同盟(1995)"可持续性晴雨表"指标体系。

(1) 经济合作与发展组织的可持续发展指标体系PSR。经济合作与发展组织(Organization for Economic Co - operation and Development),简称经合组织(OECD)。是由30多个市场经济国家组成的政府间国际经济组织,旨在共同应对全球化带来的经济、社会和政府治理等方面的挑战,并把握全球化带来的机遇。OECD环境指标工作计划从1989年开展,它总共包括了OECD核心环境指标体系、OECD部门指标体系及环境类核算模型。其中,OECD核心环境指标体系是以"压力(P)—状态(S)—响应(R)"(以下简称PSR)模型为框架,以OECD涵盖国的主要环境问题为构建基础,设置了约50个指标。为便于社会大众的广泛参与和公众交流,OECD在环境核心指标构建的基础上又筛选出了"关键环境指标"用于提高公众环境保护意识和聚焦环境问题。

（2）联合国开发计划署的人文发展指数。联合国开发计划署在1992年建立了人文发展指数（Human Development Index，HDI），总指标数为3个，分别是出生时的人均寿命、教育水平和人均GDP，其中，教育水平包括成人识字率与综合入学率。综合指数的计算则由三项指数的加权而得到。

（3）联合国可持续发展委员会的可持续发展指标体系。联合国可持续发展委员会（Commissionon Sustainable Development，CSD）在1995年批准1995～2000年实施可持续发展指标工作计划，在2001年发布其成果——《可持续发展指标：指导原则和方法》。1996年由CSD、联合国政策协调与可持续发展部牵头，联合国统计局、联合国开发联合国儿童基金会和亚太经社理事会等机构和组织参与和共同提出的可持续发展指标体系DSR（Drive, State, Response）模型。

该体系以"驱动力—状态—响应"模型作为蓝本构建指标，将指标体系分为四类，即经济、社会、环境、制度。最终确定了4个维度、15个主题、38个子主题的指标体系框架，确定了58个具体指标。这套指标体系建立在受到广泛认可的DSR指标体系的基础上，因具有指标间的内在逻辑性强、环境受到的胁迫与环境退化和破坏之间的因果关系突出等优势而被普遍接受。但同样具有指标间权重确定困难、指标归属的模糊性大等缺陷。

（4）世界银行的可持续发展指标体系。世界银行在1995年提出了以"国家财富"和"真实储蓄率"为基础计算各国可持续发展情况，因其建立于伦敦大学经济学家D.W.皮尔斯工作的基础上，故被称为新国家财富指标。该指标体系首次将无形资产纳入其中，为后续的可持续发展理论研究指明了新的方向，极大程度地丰富了传统认为的财富指标。它的主要内容是通过自然资本、人造资本、人力资本和社会资本等指标的具体数据来计算国家财富，进而用其度量随着时间的推移可持续发展力的动态变化。

（5）世界自然保护同盟"可持续性晴雨表"指标体系。世界自然保护同盟（International Union for Conservation of Nature and Natural Resources，IUCN）"可持续性晴雨表"指标体系的评估指标及方法是用于评估人类与环境状况及向可持续发展迈进的进程。该体系主要提供了一套测量和反映可持续发展进程的结构分析化程序，它包括了人类福利子系统、生态系统福利系统，共包括10个要素方面的87个基础指数。该方法提供了可持续发展状况测算与评价的综合方法，可以在各个国家、地区使用，但它的权重取舍却局限于研究人员的认识与主观考虑，而且计算过程复杂。

2. 国内可持续发展指标体系研究现状

可持续发展指标体系在中国研究较活跃，具较大影响力的也较多。张志强（1995）提出PRED（人口、资源、环境和发展）指标体系结构，按照人口发展状况、资源数量与利用状况、生态与环境状况、经济发展状况分类,共包含55项指标,从人口、资源、环境、发展4个角度来评价我国的可持续发展状况。张泉林(1997)提出"社会发展综合试验区可持续发展指标体系",这套体系要求评估前要先用"经济发展条件"和"社会稳定条件"来判别选定区域是否具备评价的基本条件,并将可持续发展指标分为可持续发展水平指标、可持续发展能力指标、可持续发展协调度指标三大类。廖福霖(2003)也在自己的著作中提出了一套生态城市的综合评价指标。这套指标的评价从三个角度展开,分别是结构、功能和协调度。共包含结构方面4个部分12项指标,功能方面3个部分9项指标,协调度方面3个部分9项指标。这套指标体系虽然与目前一些研究相比显得过于简单,但从结构、功能和协调度三个角度去着手构建可持续发展指标体系在当时确实是一个新的研究方向。随着可持续发展理论的研究进展在我国持续的深入,各大科研机构及相关领域的研究学者对于可持续发展理论体系构建的探索也不断涌现出新的成果。

(1)国家科技部组织的中国可持续发展指标体系。国家科技部组织中国21世纪议程管理中心联合中国科学院地理研究所与国家统计局统计科学研究所组成课题组,对中国可持续发展指标体系进行了初步研究,根据《中国21世纪议程》中各个方案领域的行动依据、目标、行动等要求,结合我国《"九五"计划和2010年远景目标纲要》,并借鉴国外经验与研究成果,提出了中国可持续发展指标体系的初步设想。该指标体系建立于国家统计资料信息库的基础上,指标体系共分为目标层、基准层1、基准层2和指标层4个层面,在指标层中设置指标,其中描述性指标196个,评价性指标100个。这套指标体系有意凸显了指标间相互影响关系和可持续发展整体化的发展思路,指标涉及范围相当广泛。通过系统分析与专家打分的方式进行综合评价。但由于指标数目过于庞大,处理过程过于复杂,难以对不同地区用同样的指标统一评价,而且结论获取方面主观影响过大。

(2)中国科学院可持续发展组制定的可持续发展指标体系。中国科学院可持续发展研究组结合中国国情与可持续发展战略要求及国际化发展的客观需求,从理论内源内涵、结构层次内涵与统计数据内涵3个方面出发,建立了总体层、系统层、状态层、变量层和要素层5个层次的可持续发展模型框架。总体层代表可持续发展的总体能力,也是参与最终可持续发展综合评价的核心层。系统层由生产支持系统、发展支持系统、环境支持系统、社会支持系统、智力支持系统五大系统组成,这也是现在国内研究可持续发展指标体系最常采用的五大体系模块。状态层表示各个系统的运行状态,可以是静态指标也可以是动态指标。变量层采取48个指数表示,具体反映状态层的具体情况或内在因果联系。要素层采用可获得的208个基础数值，对变量层的48项指数进行可获取、直观、快速的量化表达。该指标体系拥有内部逻辑脉络明了、指标因果关系联系紧密及指标涵盖内容全面等优点而被我国广大的可持续发展研究相关机构及学者采用或在其基础上进行改进使用。与国外相关学者及机构提出的指标体系相比，该体系具有明显的中国本土化特色，如指标选择、模型数量构成及指标数量遴选等。虽然它同样存在指标数量庞大、指标量化困难、小范围使用数据难以获取、权重确定主观参与过多等问题，但已是国内研究机构和学者评价可持续发展综合情况中选用频率最高的一种指标体系框架。

（四）中部地区可持续发展指标体系的建立

1. 中部地区可持续发展代表性指标体系

从国内外学者、机构对于可持续发展指标体系的研究成果看，可持续发展指标体系一般会带有相关的国情以及地域特点，所以本章参考中部六省相关学者的研究，从而确定中部地区可持续发展指标体系。以下选取了中部六省具有代表性的指标体系。

（1）安徽省可持续发展代表性指标体系。邱俊娟、梅琳（2007）针对安徽省的具体情况，借鉴陈明星等在《安徽省可持续发展能力分析》中的综合评价指标体系，设计出了安徽省可持续发展指标体系框架，包括经济发展水平、社会人口发展水平、生态资源发展水平3个层次25个指标。其中经济发展水平包括经济效益、经济规模、基础设施建设3个方面的8个指标；社会人口发展水平包括人口结构、人口规模、物质生活、教育发展、医疗卫生保健5个方面的11个指标；生态资源发展水平包括生态建设、环境污染、资源状况3个方面的6个指标。具体如表6-1所示。

表6-1 安徽省可持续发展代表性指标体系

系统层	指标层
经济子系统	经济总量
	人均GDP
	人均工业产值
	人均第三产业产值
	外贸出口额
	公路密度
	人均邮政业务量
	人均电信业务量

续表

系统层	指标层
社会人口子系统	人口自然增长率
	15~59岁人口占总人口比重
	人口抚养比
	人口寿命
	文盲半文盲占总人口比重
	大专以上文化程度占总人口比重
	人均粮食产量
	城镇化水平
	城镇居民人均收入
	农村居民人均收入
	每万人拥有医院床位数
生态环境子系统	人均水资源拥有量
	人均耕地面积
	人均林地面积
	工业废气排放量
	工业污水排放量
	保护区面积

(2) 山西省可持续发展代表性指标。郝永红等 (2004) 根据可持续发展的内涵，按照科学性、系统性、层次性、可比性、可操作性的建设可持续发展指标体系的原则，在对文献综合分析和征询有关专家意见的基础上，建立了适合山西省的可持续发展指标体系。该指标体系包括经济子系统、社会子系统、环境与资源子系统、发展能力子系统 4 个子系统，共 40 个指标（见表 6-2）。

表 6-2 山西省可持续发展代表性指标体系

系统层	指标层
经济子系统	人均 GDP
	GDP 增长指数
	GDP
	第一产业占 GDP 比例
	第二产业占 GDP 比例
	第三产业占 GDP 比例
	资金利税率
	财政收入占 GDP 比例
	非农比重

续表

系统层	指标层
社会子系统	人口出生率
	人口自然增长率
	人口死亡率
	平均预期寿命
	恩格尔系数
	社会保障覆盖率
	卫生经费占 GDP 比例
	城镇家庭人均可支配收入
	农村居民家庭人均纯收入
	职工就业率
	第三产业从业人员占总从业人员比重
	城市人均居住面积
环境与资源子系统	人均耕地面积
	人均水资源量
	人均公共绿地面积
	森林覆盖率
	水土流失率
	土地资源利用率
	工业废水排放总量
	工业废气排放总量
	工业固体废弃物排放总量
发展能力子系统	企业技术人均创新能力指数
	科技成果转化指数
	教育经费占 GDP 比重
	科研经费占 GDP 比重
	更新改造占 GDP 比重
	外资占本地 GDP 比重
	每万人在校大学生数
	文盲半文盲占 15 岁及以上比例
	万人拥有电话数
	人均国际旅游外汇收入

（3）江西省可持续发展代表性指标。邓群钊等（2003）在江西省委、省政府的重视和关心下，为了能起到动态分析、动态监测、动态督促、动态检查、启发引导的作用，根据准确把握可持续发展内涵和实际评价可操作性的原则，对江西省实际情况制定了可持续发展指标体系。该指标体系包括经济子系统、环境子系统、人口子系统、科技教育子系统、社会子系统和资源子系统在内的 6 个子系统，共 36 个指标（见表 6 – 3）。

表6-3　江西省可持续发展代表性指标

系统层	指标层
经济子系统	人均GDP
	财政收入占GDP比重
	第三产业占GDP比重
	全员劳动生产率
	工业经济效益综合指数
	人均出口额
	人均旅游外汇收入
	人均固定资产投资
	基础产业投资占固定资产投资比重
	农业基础建设投资占固定资产投资比重
	公路密度
环境子系统	亿元GDP工业废水未处理量
	亿元GDP工业废气未处理量
	人均固体废物历年累计储存量
	城市人均绿化面积
	森林覆盖率
人口子系统	人口自然增长率
	人口密度
	非农业人口占总人口比重
	大专以上学历占总人口比重
科技教育子系统	在校学生数占总人口比重
	人均教育事业费
	更新改造投资比占固定资产投资比重
社会子系统	城镇居民人均可支配收入
	农村人均纯收入
	城镇居民与农村居民人均收入比重
	城市人均居住面积
	恩格尔系数
	每千人拥有医生数
	社会保障补助支出占财政收入比重
环境子系统	人均水资源
	人均耕地面积
	森林覆盖率
	亿元GDP耗水量
	工业废水处理回收率
	固体废物综合利用率

(4) 湖北省可持续发展代表性指标。赵愚和罗荣桂（1999）认为可持续发展指标体系应该能够表现和描述出某一时期发展的现状、能够描述和反映出某一时期各方面发展的变化趋势、能够全面体现各个方面发展的协调程度。根据以上可持续发展指标体系的特征，结合湖北省的实际情况，遵循发展与可持续相结合原则、层次性原则、关联性原则、简明性原则4个可持续发展指标体系选择原则，制定出了适合湖北省的可持续发展指标体系。该可持续发展指标体系包括人口子系统、资源子系统、环境子系统、经济子系统、社会子系统在内的5个子系统，共23项指标（见表6-4）。

表6-4 湖北省可持续发展代表性指标

系统层	指标层
人口子系统	人口密度
	自然增长率
	大学文化程度占人口比重
资源子系统	耕地人均指数
	水资源人均指数
	能源人均指数
	矿产资源人均指数
	森林资源人均指数
环境子系统	空气污染状况
	水资源污染状况
	噪声环境状况
	人均绿地面积
	污染治理水平
经济子系统	国内生产总值
	人均国内生产总值
	经济结构
	居民消费水平
	经济对外开放水平
社会子系统	城市化程度
	失业率
	贫富收入差距
	科教水平
	居住水平

(5) 湖南省可持续发展代表性指标。朱玉林、李莎、陈洪（2010）认为以往的湖南省可持续发展研究存在着定性研究较多、定量研究太少和单一要素研究较多、缺乏系统综合评价研究的缺点，考虑到以上的缺点，为了客观、科学、全

面评价湖南省可持续发展能力现状,依据系统性、可比性、科学性、易操作性原则,制定了适合湖南省的由 3 个子系统(经济子系统、社会子系统、生态子系统)、32 个指标构成的可持续发展指标体系(见表 6-5)。

表 6-5 湖南省可持续发展代表性指标

系统层	指标层
经济子系统	人均 GDP
	人均固定资产完成额
	人均耕地面积
	第三产业比重
	进出口比
	新技术产品比重
	粮食单位产量
	生产总值比上年
社会子系统	城镇居民人均可支配收入
	农村人均纯收入
	电视人口综合覆盖率
	每万人拥有公共交通数量
	每万人拥有医院床位数
	每万人拥有医生数
	每百人公共图书馆藏书
	人均拥有道路面积
	人口自然增长率
	人口密度
	城市化水平
	教育支出比重
	城镇农村从业人员比
	城镇失业系数
	城镇农村居民收入比
	恩格尔系数
生态子系统	人均公园绿地面积
	建成区绿地率
	建成区绿化覆盖率
	污水处理率
	人均日生活用水量
	单位 GDP 能耗
	单位 GDP 电耗
	单位规模工业增加值能耗

(6) 河南省可持续发展代表性指标。覃成林、刘迎霞（2005）从系统科学的角度，将可持续发展视为一个巨型的复合系统，该理论来源于"人地关系地域系统"研究。文章针对河南省具体情况，按照"人"、"地"两方面将可持续发展划分为5个子系统，并设计出可持续发展指标体系框架。这5个子系统分别为人口子系统、经济子系统、社会子系统、资源子系统、环境子系统，共18个指标（见表6-6）。

表6-6 河南省可持续发展代表性指标

系统层	指标层
人口子系统	人口密度
	非农业人口占总人口比重
	每万人大专人口数
经济子系统	国内生产总值
	人均国内生产总值
	第二产业占国内生产总值比重
	第三产业占国内生产总值比重
社会子系统	居民消费水平
	城镇居民人均可支配收入
	农村居民人均纯收入
	人均教育经费
	每千人医生数
	每万人专业技术人员数
资源子系统	人均耕地面积
	城市用水普及率
环境子系统	人均公共绿地面积
	城市绿化覆盖率
	生活垃圾处理率

2. 中部地区可持续发展指标体系的确立

本章在遵循指标设计原则的同时，从中部六省每个省的角度，分别对以上的可持续发展的指标体系进行了比较分析，结合中部地区的实际情况，确定了中部地区可持续发展指标体系。本章的可持续发展指标体系划分为3个子系统（经济子系统、社会人口子系统、环境资源子系统），共选取了23个指标，其中18个正相关指标，5个负相关指标（见表6-7）。

表6-7 中部地区可持续发展指标体系

系统层	指标层
经济子系统	GDP
	人均GDP
	GDP发展速度
	第三产业产值占GDP比重
	年出口额
	农村家庭居民恩格尔系数
社会人口子系统	人口自然增长率
	城镇居民人均可支配收入
	农村居民人均纯收入
	每万人拥有公共交通数量
	每千人拥有医院床位数
	每千人拥有医生数
	文盲占15岁及以上人口比重
	预算内教育经费
	大专及以上学历占总人口比重
	预算内教育经费占财政支出比重
	每万人在校大学生数
环境资源子系统	人均水资源
	人均公园绿地面积
	工业废气排放量
	工业废水排放达标率
	固体废物综合利用率
	单位GDP能源消耗

（1）经济子系统。由经济实体、经济组织、经济体制等因素构成的，主要的功能是通过对物质产品的生产来满足人们对于物质和精神生活的需求。经济的可持续发展是可持续发展战略的基础，是其他子系统可持续发展的保障。经济发展分为经济的数量增长和质量的提高，经济的数量增长是有限度的，同时也是经济发展中追求的最低层面，而经济发展质量的提高则是通过科技进步、产业结构调整达到社会、经济、环境整体进步的更高层面的追求。经济子系统所包含的指标是中部地区可持续发展过程中所涉及的经济发展程度的相关指标，因此本章特别设立了GDP、人均GDP、GDP发展速度、第三产业产值占GDP比重、年出口

额、农村家庭居民恩格尔系数6个指标。

1）GDP，即国内生产总值，是用来描述在一定时期内中部地区所生产出来的全部最终产品和劳动的价值。GDP对于可持续发展是正效应，即GDP越高，发展越具有可持续性。因为GDP直接反映经济的发展状况，而经济是发展的基础，所以对于可持续发展有促进作用。

2）人均GDP，用来描述中部地区一定时期内平均每个人所创造的生产总值，即每个人对于经济发展做出的贡献。人均GDP对于可持续发展是正效应，即人均GDP越高，发展可持续性能力越强。因为每个人对于经济发展做出的贡献越大，经济发展就越好，对于可持续发展就越有利。相对于GDP，人均GDP在考虑GDP的影响外还考虑了人口因素，属于更加细化的指标。

3）GDP发展速度，是指本年GDP相对于前一年GDP的增长速度。GDP发展速度是一个省份经济增长能力的直接体现，对未来的经济发展也有一定的影响，GDP发展速度越快，说明经济增长能力越强。所以GDP发展速度对于可持续发展是正效应，即GDP发展速度越快，可持续发展能力就越强。

4）第三产业产值占GDP比重，第三产业是指不生产物质产品的行业，主要包括流通部门、生产和生活服务的部门、提高科学文化水平和居民素质服务的部门、国家机关和政党机关部门，也就是说第三产业是一种服务性产业，第三产业产值占GDP比重是用来表现服务性行业所带来的产值占GDP的比重。第三产业产值占GDP比重相对于可持续发展是正效应，即第三产业产值占GDP比重越高，可持续发展能力就越强。因为第三产业的快速发展有利于建立和完善社会主义市场经济体制、有利于提高国民经济素质和综合国力、有利于扩大就业缓解就业压力，从而提高人民生活水平。

5）年出口额，即中部地区每年出口到国外的产品的金额。年出口额相对于可持续发展是正效应，年出口额越高，可持续发展能力就越强。因为出口到国外的是一些在国际上有优势的产品，体现了在经济发展过程中的国际竞争力，所以年出口额越高，在国际中的竞争力就越强，发展就越有可持续性。

6）农村家庭居民恩格尔系数，指农村家庭居民食品支出总额占个人消费支出的总额。农村家庭居民恩格尔系数相对于可持续发展是负效应，即农村家庭居民恩格尔系数越大，可持续发展性就越弱。因为一个地区越穷，每个家庭购买食物的支出占平均收入的比例就越大，随着地区的富裕，这个比例呈下降趋势。

（2）社会人口子系统。包括人口状况、居民生活状况、公共事业建设和教育四个方面，和谐稳定是社会更好更快发展的前提，社会可持续发展是可持续发展战略的目标，所以社会人口子系统是可持续发展的指标体系的重要组成部分。人不仅是生产者，同时也是消费者，适度的人口可以为社会提供充足的劳动力，还能够不断地创造出新的技术，使人类借助新的技术全面走进现代化社会。过多的人口尤其是低素质的人口严重影响可持续发展，所以需要中部地区提高人口素质、改善人口结构。居民的生活状况直接影响社会和谐稳定程度，只有人民安居乐业、生活幸福美满，才能进一步促进可持续发展。而公共事业的建设涉及人民生活的点点滴滴，不论是人们最关心的医疗还是每天都离不开的出行，公共事业的建设是社会可持续发展中的重要环节。针对以上四个方面，本章选取了人口自然增长率、城镇居民人均可支配收入、农村居民人均纯收入、每万人拥有公共交通数量、每千人拥有医院床位数、每千人拥有医生数、文盲占15岁及以上人口比重、预算内教育经费、大专及以上学历占总人口比重、预算内教育经费占财政支出比重和每万人在校大学生数来全面反映社会人口子系统。

1）人口自然增长率，指中部地区当年的人口增长率减去人口死亡率得到的净增长率。人口自然增长率相对于可持续发展是负效应，即人口自然增长率越高，可持续发展能力就越弱。因为人口自然增长率越高，人口的增长的速度就越快，中部地区的人口基数较大，较快的人口增长速度势必会加重社会的负担，从而影响可持续发展。

2）城镇居民人均可支配收入，即城镇居民家庭全部现金收入能用于安排家庭日常生活的那部分收入。城镇居民人均可支配收入相对于可持续发展是正效应，即城镇居民人均可支配收入越高，可持续发展能力就越强。因为城镇居民人均可支配收入越高，生活水平就越高，城镇居民的生活状况也就越好，更有利于发展的可持续性。

3）农村居民人均纯收入，指农村居民当年从各个来源渠道得到的总收入，相应地扣除获得收入所发生的费用后的收入总和。由于农村居民人均纯收入越高，说明中部地区的农村居民可以用来消费的钱就越多，居民的幸福感就越强，对于可持续发展是有利的。所以农村居民人均纯收入相对于可持续发展是正效应，即农村居民人均纯收入越高，可持续发展能力就越强。

4）每万人拥有公共交通数量，指中部地区中的公共交通车辆数平均到每万人所拥有的数量。每万人拥有公共交通数量相对于可持续发展是正效应，即每万人拥有的公共交通数量越多，可持续发展能力就越强。因为公共交通车辆是人们日常出行的必需品，公共交通的数量直接影响着交通的顺畅程度，充足的公共交通车辆会方便人们日常出行，如果公共交通车辆不能满足人们的需要的时候就会造成交通的拥堵和混乱。

5）每千人拥有医院床位数，指中部地区医疗机构所拥有的病床床位数平均到每千人所拥有的数量。每千人拥有医院床位数相对于可持续发展是正效应，即每千人拥有的床位数越多，可持续发展能力就越强。因为床位数反映了医疗机构设置和医疗资源配套设施的状况，直接影响人们在进行医疗救助过程中可以享受到的硬件服务。

6）每千人拥有医生数，指中部地区医疗机构所拥有的医生的数量平均到每千人所拥有的数量。由于医生数反映了中部地区医疗救治资源状况，属于人们在进行医疗救助过程中享受到的软件服务，医生数的多少直接影响到人们能否被及时救助。所以每千人拥有医生数相对于可持续发展来说是正效应，即每千人拥有医生数越多，可持续发展能力就越强

7）文盲占15岁及以上人口比重，即15岁及以上人口文化程度不高，在现代信息传播高度发达的社会生活存在相当大的困难的人占总人口的比重。因为这一类人属于低素质人口，对社会的贡献度较低，较多的低素质人口会影响社会的进步，而影响这一指标主要是中部地区的基础教育，基础教育越好，低素质人口也就越少。所以文盲占15岁及以上人口比重相对于可持续发展是负效应，即文盲占15岁及以上人口比重越大，可持续发展能力就越弱。

8）预算内教育经费，指财政预算中实际用于教育的费用。教育经费是以货币的形式支付的教育费用，是办学必不可少的财力条件。预算内教育经费相对于可持续发展是正效应，即预算内教育经费越多，可持续发展能力就越强。因为预算内教育经费这一指标是反映中部地区在人力资源的培养、提升方面的投入程度和投入水平，教育经费越多，人力资源的培养、提升方面的投入程度就越大、投入水平就越高，对于可持续发展就越有利。

9）大专及以上学历占总人口比重，指中部地区中拥有大专及以上学历的人口占全部总人口的比重。大专及以上学历占总人口比重相对于可持续发展是正效应，即大专及以上学历占总人口比重越高，可持续发展能力就越强。因为大专及以上学历占总人口比重反映了中部地区高素质人才占总人口的比重，高素质人才越多对于社会、经济等方面的促进就越大，对于可持续发展也就越有利。

10）预算内教育经费占财政支出比重，即中部地区的财政支出中用于教育的费用所占的比重。预算内教育经费占财政支出比重反映了中部地区政府对教育的重视和投入程度，政府对于教育的重视和投入程度越高，教育水平的提高就越快，对于人口素质的提升就越有利。所以预算内教育经费占财政支出比重相对于可持续发展是正效应，即预算内教育经费占财政支出比重越高，可持续发展能力就越强。

11）每万人在校大学生数，指中部地区中在校大学生总数平均到每万人的数量。每万人在校大学生数相对于可持续发展是正效应，即每万人在校大学生数越多，可持续发展能力就越强。每万人在校大学生数体现了中部地区在高素质人才储备方面的状况，高素质人才的储备量越大，对于未来的社会、经济发展就越有利。

（3）环境资源子系统。社会经济的可持续发展是以良好的生态环境系统为前提的，生态环境是人类生存和社会可持续发展的物质基础，而资源的永续利用是可持续发展战略的物质基础。资源是以环境作为载体的，维护生态平衡就为可持续发展提供资源的永续利用的可能。可持续发展必须努力保持自然生态环境的平衡状态，做到自然资源永续可循环利用、维持生态系统的支持能力和所有生物的生存能力。本章特选取人均水资源、人均公园绿地面积、工业废气排放量、工业废水排放达标率、固体废物综合利用率和单位 GDP 能源消耗 6 个指标来全面反映中部地区环境资源状况。

1）人均水资源，即一定区域内人均所占有的水资源数量，本章是指中部地区人均所占有的水资源数量。人均水资源相对于可持续发展是正效应，即人均水资源越多，可持续发展能力越强。人均水资源反映了水资源的禀赋状况，水资源是人们日常生活和生产中的最重要的能源之一，同时也是生态环境平衡的基础，所以水资源的拥有量对于可持续发展的影响很大。

2）人均公园绿地面积，指城镇公园绿地面积的人均占有量，等于公园绿地面积/城市人口数量。人均公园绿地面积相对于可持续发展是正效应，即人均公园绿地面积越大，可持续发展能力就越强。因为人均公园绿地面积反映了中部地区在经济发展和社会发展过程中对自然环境的保护现状和维护程度，人均公园绿地面积越大，说明自然环境的保护和维护状况就越好，对于可持续发展也就越有利。

3）工业废气排放量，指中部地区企业厂区内燃料燃烧和生产工艺过程中产生的各种排入空气的含有污染物的气体总量。工业废气排放量相对于可持续发展是负效应，即工业废气排放量越大，可持续发展能力就越弱。因为工业废气排放量反映了中部地区在经济发展和社会发展过程中空气污染的轻重状况及治理程度，工业废气排放量越少，说明空气污染的状况就越轻、治理程度就越好，对于可持续发展也就越有利。

4）工业废水排放达标率，指工业废水排放达标量占工业废水排放量的百分率，等于工业废水排放达标量/工业废水排放量。工业废水排放达标率相对于可持续发展是正效应，即工业废水排放达标率越高，可持续发展能力越强。因为工业废水排放达标率反映了中部地区对水资源污染的治理状况和治理水平，工业废水排放达标率越高，说明水资源污染的治理状况就越好、治理水平就越高，对于可持续发展也就越有利。

5）固体废物综合利用率，指往年工业固体废弃物储存量和当年产生量的总和中被综合利用的固体废物的比例。固体废物综合利用率相对于可持续发展是正效应，即固体废物综合利用率越高，可持续发展水平就越高。因为固体废物综合利用率反映了在经济发展和社会发展过程中的固体废物污染的治理程度和治理水平，固体废物综合利用率越高，说明固体废物污染的治理程度越好、治理水平越高，对于可持续发展也就越有利。

6) 单位 GDP 能源消耗，指反映能源消费水平和节能降耗状况的主要指标，一次能源供应总量与国内生产总值（GDP）的比率，是一个能源利用效率指标。单位 GDP 能源消耗相对于可持续发展是负效应，即单位 GDP 能源消耗越低，可持续发展能力越强。因为单位 GDP 能源消耗反映了中部地区经济活动中对能源的利用程度、经济结构和能源利用效率的变化，单位 GDP 能源消耗越低，说明中部地区在经济活动中对能源的利用程度越高、经济结构更优，同时能源利用效率也越高，对可持续发展也就越有利。

四、中部地区可持续发展实证分析

（一）中部地区发展存在的问题

从中部地区与东部、西部和东北地区发展的态势比较看，现阶段的中部经济发展具有以下特点。

1. 中部地区经济规模较小

从经济总量看，2008 年，中部 6 省生产总值达到 63188.0 亿元，占全国经济比重的 19.3%；然而生产总值只相当于东部地区的 35.6%。2009 年东部、中部、西部和东北地区 GDP 分别达到 19.7 万亿元、7.1 万亿元、6.7 万亿元和 3.1 万亿元；东部、中部、西部和东北地区 4 个地区生产总值占全国的比重从 2005 年的 55.6∶18.8∶16.9∶8.7，变为 2010 年的 53.1∶19.7∶18.6∶8.6，东部的比重下降最多，西部上升最多，中部略有上升。

从人均 GDP 看，2010 年中部地区人均生产总值为 24242 元，比东部地区少 22122 元。2009 年东部、中部、西部和东北地区人均生产总值分别达到 40800 元、19862 元、18286 元和 28566 元，比 2005 年增长了 71.66%、87.24%、95.82% 和 78.84%。2005 年四大地区间人均生产总值最高的东部是最低的西部的 2.54 倍，是中部的 2.24 倍，是东北地区的 1.49 倍；2009 年东部是中部的 2.05 倍，是西部的 2.23 倍，是东北地区的 1.43 倍。中部地区人均生产总值增速较快，但仍低于全国平均水平。东部、中部、西部和东北地区三次产业结构由 2005 年的 8∶52∶40、16∶47∶37、18∶43∶39 和 12∶50∶38，改变为 2010 年的 6∶50∶44、13∶52∶35、13∶50∶37 和 10∶53∶37，四大地区第一产业比重都有所下降，第三产业除东部地区上升以外都有所下降，中部和西部第三产业下降幅度最大。

2. 进出口总额在全国的比重略有下降

从进出口总额看，2007年中部地区进出口总额为438.5亿美元，占全国进出口总额的3.6%，2009年中部地区进出口总额为419.1亿美元，占全国进出口总额的3.5%，整体上略有下降。当前，我国大部分地区依靠出口拉动经济发展，中部地区处于不利于外向型发展的区位，这导致中部地区在出口拉动经济方面处于劣势地位。

3. 工业结构不合理

2010年，第三产业比重山西为37.1%，安徽为33.9%，江西为33%，湖北为37.9%，湖南为39.7%，河南为28.6%，皆低于全国平均水平43.1%。2010年，中部地区的三次产业结构的比例为13:52.4:34.6，与全国平均水平10:47:43相比，第一产业高3个百分点，第三产业低8.6个百分点。

中部地区拥有丰富的资源，但经济发展水平基础较低，基于这些原因，中部地区形成了以重工业为主的工业结构和以资源开发型为主的产业结构，这也导致了中部地区轻工业发展相对滞后，新兴工业发展缓慢。中部地区多数省的主导行业分布在燃料动力工业、原料业等领域，工业结构不合理。

4. 人口增长速度较快

2009年，中部地区总人口35603.5万人，比2008年净增加137.9万人，增长3.88‰，增加人口占全国人口总增加量的20.5%，增长速度略低于全国5.03‰的水平。但是，山西、江西、河南、湖南等省的人口增长却超过或者接近全国的平均水平，增长速度远远高于东部地区。而且，由于中部地区人口基数大，每年以3.5‰~4.5‰的水平增长，成了全国人口增长的主要区域。根据预计，未来15年，我国中部地区每年平均增长人口仍将维持在200万人左右，这无疑给国家带来了巨大的人口压力。由于教育的投入无法满足快速增长的人口，尤其是农村教育问题，造成了人口、资源与环境关系的高度紧张，人口素质总体较低对中部地区的崛起和可持续发展形成了严峻的挑战。

（二）可持续发展模型和评价方法

可持续发展的模型与评价方法是可持续发展研究的重要内容，它可以为可持续发展的决策提供重要的理论支持、科学依据，并可以提供可持续发展的有效信息，从而确定应该优先考虑的问题。本章采用熵权法来确定可持续发展指标权重，再借鉴可持续发展性与发展协调性来确定可持续发展状态。由于熵权法的特性，对于近5年的数据采取加权平均的方法得到综合得分。

1. 熵权法原理

首先选取1年，设有m个样本，n个评价指标，构成了原始数据$X =$

$(x_{ij})_{m \times n}$，其中 x_{ij} 表示第 i 个样本的第 j 个指标的数值。由于指标存在正向指标和负向指标，这些指标对于结果存在不同影响，需要对原始指标进行标准化：

（1）数据标准化（$i = 1, 2, \cdots, m; j = 1, 2, \cdots, n$）。假定 x_j^* 是评价指标 j 的理想值，理想值的选取与该指标的性质有关。对于正向指标，理想值应该越大越好，此时 x_j^* 记作 $x_{j\max}^*$；对于负向指标，理想值应该越小越好，此时 x_j^* 记作 $x_{j\min}^*$。在具体问题中，可以根据指标的性质在数据矩阵中找出相应的理想值。定义 x'_{ij} 为 x_{ij} 与 x_j^* 的接近程度。

对于正向指标，$x'_{ij} = \dfrac{x_{ij}}{x_{j\max}^*}$ （6-1）

对于负向指标，$x'_{ij} = \dfrac{x_{j\min}^*}{x_{ij}}$ （6-2）

定义标准化值：$y_{ij} = \dfrac{x'_{ij}}{\sum\limits_{i=1}^{m} x'_{ij}}$，得到标准化数据矩阵 $Y = (y_{ij})_{m \times n}$

（2）计算信息熵与信息效用值。第 j 项评价指标的信息熵为：

$$e_j = -K \sum_{i=1}^{m} y_{ij} \ln y_{ij} \qquad (6-3)$$

式中：常数 K 与系统中的样本数 m 有关，$K = \dfrac{1}{\ln m}$。

评价指标的信息效用值与该指标的信息熵有关，取决于信息熵与 1 的差值：

$$d_j = 1 - e_j \qquad (6-4)$$

（3）计算评价指标权重。评价指标的权重，本质是与该评价指标的信息效用值有关，信息效用值越大，对评价的重要性就越大。最后可以得到 j 项评价指标的权重是：

$$w_j = \dfrac{d_j}{\sum\limits_{j=1}^{n} d_j} \qquad (6-5)$$

（4）计算综合评价值。第 i 个样本的综合评价值是：

$$f_i = \sum_{j=1}^{n} w_j x'_{ij} \qquad (6-6)$$

2. 可持续发展评价方法

可持续发展是一个追求各方面和谐发展的过程，只有在发展速度、发展水平与发展协调性都达到最优状态才算达到可持续发展。假设一个样本中含有 t 个子系统，可持续发展系统就可以分成 t 个子系统的可持续发展。为描述子系统的发展状况，对于样本 i 有：

$$F_{ki} = \sum_{j=1}^{h} w'_j x'_{ij} \qquad (6-7)$$

式中：F_{ki} 为样本 i 的第 k 个子系统的相应指数；w'_j 为第 j 个指标在该系统中的权重；h 为第 k 个系统中所包含的指标个数。

（1）发展可持续系数。用来衡量可持续发展功能和系统结构的综合指标。该综合指标是用来描述发展速度与可持续发展状况，能够全面反映可持续发展的能力和总体水平。通过发展可持续系数，可以反映该地区的发展状况，发现可持续发展总体上的趋势和方向。

通过前面的熵权法的结果，利用综合加权的方法便可以计算出发展可持续系数。第 i 个样本的发展可持续系数为：

$$S_i = \sum_{k=1}^{t} W_k F_{ki} \qquad (6-8)$$

式中：$W_k = D_k/D$，$D_k = \sum_{j=1}^{h} d_j$，$D = \sum_{k=1}^{t} D_k$。

发展可持续系数在 0 到 1 之间变化，样本的指标值越接近目标值，则该指标对样本的发展可持续贡献越大。当样本中所有指标的指标值都接近该指标的目标值时，样本的可持续发展水平就高，反之则相反。按照发展可持续系数 S 的大小，可以把可持续状态分为三种：当 $0 \leq S \leq 0.5$ 时，为弱可持续状态；当 $0.5 \leq S \leq 0.8$ 时，为基本可持续状态；当 $0.8 \leq S \leq 1$ 时，为强可持续状态。

（2）发展协调系数。各子系统之间相辅相成、协调发展，在进行评价时表现为各子系统相应指数均衡。子系统之间发展越协调，子系统对应的系数就越接近；子系统之间越不协调，子系统对应的系数就越偏离。利用发展协调系数来评价子系统之间的发展关系，样本 i 的发展协调系数为：

$$C_i = 1 - \frac{S_i}{F_i} \qquad (6-9)$$

式中：S_i 为样本 i 的子系统系数的标准差；F_i 为样本 i 的子系统系数的平均值。

发展协调系数在 0 到 1 之间变化，子系统之间越协调，发展协调系数就越接近 1，反之则相反。按照可持续协调系数 C 数值的大小可以把发展协调状态分为三种：当 $0 \leq C \leq 0.5$ 时，为不协调发展状态；当 $0.5 \leq C \leq 0.8$ 时，为基本协调发展状态；当 $0.8 \leq C \leq 1$ 时，为协调发展状态。

（三）动态分析

1. 经济子系统动态分析

近 5 年来，河南省总体呈现出先降后升的过程，2008 年略有下降，2009 年呈现较大的跌幅，在经历了这次较大跌幅之后，于 2010 年、2011 年稳步回升。

近5年河南省GDP一直保持在一个较高的水平上,造成2009年较大跌幅的原因可以归结为GDP发展速度与年出口额的回落,在随后的时间里,随着这两个指标的好转,河南省的经济也呈现出稳步上升的趋势。其他各省,在近5年中呈现出了不同的态势。湖北省在2007~2009年是一个上升的趋势,但在2010年、2011年略微下降。安徽省、湖南省与湖北省的趋势很相似,但波动性更大一些。江西省表现出的是稳步上升的状态,说明江西在经济方面近5年各方面发展都很平均,在平稳中发展。山西省在2007年、2008年总体上在上升,但2009年有了很大的下降(见表6-8和图6-1)。

表6-8 经济子系统评价结果

	2007年	2008年	2009年	2010年	2011年	综合得分	排名
安徽	0.6489	0.6388	0.8653	0.7254	0.7238	0.7204	3
山西	0.5695	0.6241	0.2372	0.4577	0.4203	0.4618	6
江西	0.4991	0.5598	0.6583	0.6988	0.7945	0.6421	5
湖北	0.7372	0.7549	0.9258	0.8640	0.8429	0.8250	2
湖南	0.6977	0.7270	0.7897	0.6665	0.5971	0.6956	4
河南	0.9603	0.9314	0.7156	0.8544	0.9012	0.8726	1

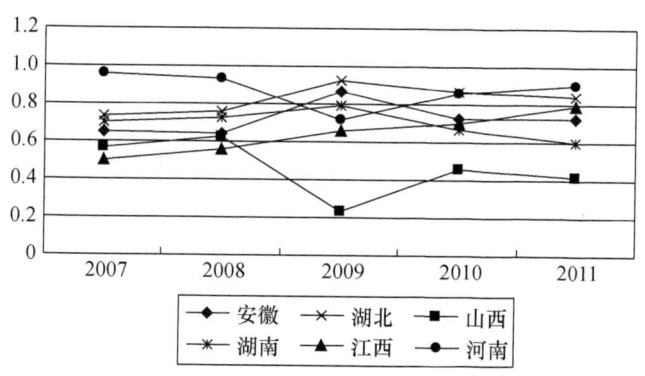

图6-1 经济子系统综合评价结果

2. 社会人口子系统动态分析

山西省近5年在社会人口系统中呈现出S形的状态,2008年相比2007年有了一定程度的下降,2009年处于上升过程,但在2010年和2011年出现了持续下滑的状态。湖北省近5年则是一个波浪形的过程,在2007年的基础上,2008年有所上升，在随后的3年里有升有降，呈现出一个波浪的状况。而其他4个省，都表现出了稳中有升的良好态势。这说明中部六省在社会人口子系统相关方面都能比较清楚地认识到自身的不足，从而采取相应的措施，使本省在社会人口方面做得更好（见表6-9和图6-2）。

表6-9 社会人口子系统评价结果

	2007年	2008年	2009年	2010年	2011年	综合得分	排名
安徽	0.4791	0.4870	0.5155	0.5935	0.6302	0.5410	6
山西	0.7976	0.7582	0.8454	0.8354	0.8138	0.8101	1
江西	0.6021	0.5733	0.6655	0.6840	0.7211	0.6492	5
湖北	0.7719	0.8105	0.7446	0.7820	0.7457	0.7709	2
湖南	0.7251	0.6774	0.7266	0.7637	0.7798	0.7345	3
河南	0.6345	0.6393	0.7108	0.7920	0.8088	0.7171	4

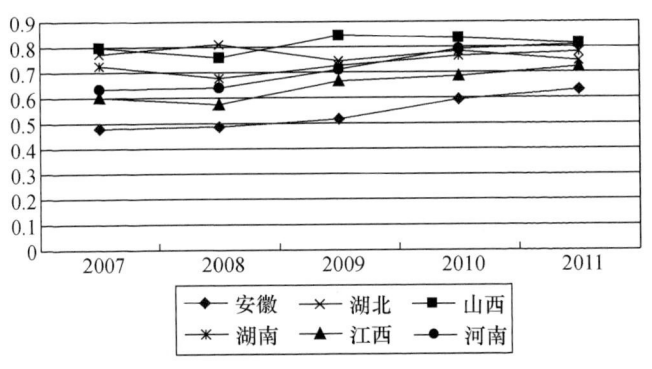

图6-2 社会人口子系统综合评价结果

3. 环境资源子系统动态分析

近5年除了在2010年湖南省有向下的波动和江西省有向上的波动外，中部六省在环境资源方面表现都比较稳定，这对于排名靠前的湖南省和江西省是好趋势，说明湖南省和江西省在确保经济发展的前提下，也十分注重环境资源的保护，做好了可持续发展的工作。但是对于排名靠后的安徽省、河南省和山西省而言，这3个省份自身基础并不是很好，而且并没有采取更加合理的措施，通过近5年的数据可以发现安徽省、河南省和山西省在环境资源方面还有下降的趋势。相对于以上3个省份，湖北省做得就比较出色，从近5年数据可以看出湖北省处于稳中有升的趋势，这说明湖北省采取了适应本省的相应措施，使其在环境资源方面表现出更有竞争力的态势（见表6-10和图6-3）。

表6-10 环境资源子系统评价结果

	2007年	2008年	2009年	2010年	2011年	综合得分	排名
安徽	0.4315	0.4061	0.4244	0.4145	0.3725	0.4098	4
山西	0.1936	0.1809	0.1767	0.1574	0.1639	0.1745	6
江西	0.7317	0.8229	0.7437	0.9813	0.6972	0.7954	2
湖北	0.515	0.5418	0.4726	0.5226	0.5925	0.5342	3
湖南	0.9086	0.9428	0.9378	0.7345	0.9530	0.8953	1
河南	0.2746	0.2424	0.2268	0.2453	0.2227	0.2424	5

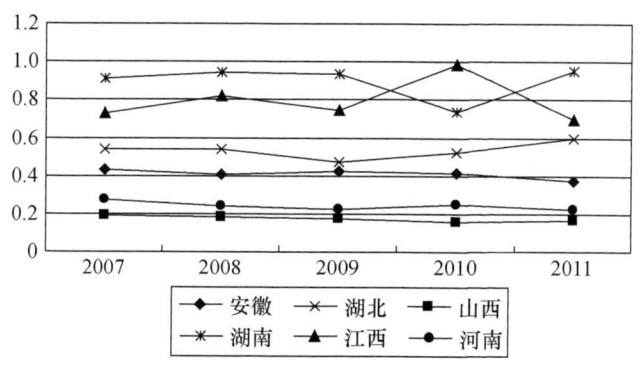

图6-3 环境资源子系统综合评价结果

4. 可持续发展能力分析

从发展可持续系数看，2007年安徽省的发展可持续系数得分是0.4749，2011年发展可持续系数得分变为0.5046，上升幅度为0.0297，上升了6.2%；发展可持续系数得分上升速度最快的是江西省，2007年得分为0.6601，2011年得分是0.7236，上升幅度为0.0635，上升了9.6%；山西省发展可持续系数得分从2007年的0.4355下降到2011年的0.3595，下降幅度为0.076，下降了17.5%，是中部六省中发展可持续系数唯一下降的省份；湖北省2007年发展可持续系数得分是0.6406，2011年发展可持续系数得分是0.6801，上升幅度为0.0395，上升了6.2%；2007年湖南省发展可持续系数得分是0.8226，2011年发展可持续系数为0.8381，上升幅度是0.0136，上升了1.9%，是中部六省上升幅度最小和上升速度最慢的省份；河南省2007年发展可持续系数得分是0.4786，2011年发展可持续系数得分是0.4968，上升幅度为0.0182，上升了3.8%。总体看，除山西省是处于下降趋势外，中部六省发展可持续系数表现出在波动中上升的趋势，但是上升速度很缓慢。

从发展协调系数看，2007年安徽省的发展协调系数得分是0.8205，2011年发展协调系数得分变为0.7418，下降幅度为0.0787，下降了9.6%；发展协调系数得分下降速度最快的是山西省，2007年得分为0.5213，2011年得分是0.4265，下降幅度为0.0948，下降了18.2%；江西省发展协调系数得分从2007年的0.8442上升到2011年的0.9439，上升幅度为0.0997，上升了11.8%，是中部六省中发展协调系数上升最快的省份；湖北省2007年发展协调系数得分是0.8516，2011年发展协调系数得分是0.8582，上升幅度为0.0066，上升了0.8%；2007年湖南省发展协调系数得分是0.8795，2011年发展协调系数为0.8129，下降幅度是0.0666，下降了7.6%；河南省2007年发展协调系数得分是0.5506，2011年发展协调系数得分是0.5336，下降幅度为0.017，下降了3.1%，是中部六省中发展协调系数下降幅度最小和下降速度最慢的省份。总体看，除江西省、湖北省是处于上升趋势外，中部六省表现出在波动中下降的趋势（见表6-11~表6-13和图6-4~图6-5）。

表6-11　发展可持续系数

	2007年	2008年	2009年	2010年	2011年	综合得分
安徽	0.4749	0.4601	0.5786	0.5088	0.5046	0.5054
山西	0.4355	0.4124	0.3412	0.3580	0.3595	0.3813
江西	0.6601	0.7138	0.7006	0.8664	0.7236	0.7329
湖北	0.6406	0.6504	0.6701	0.6398	0.6801	0.6562
湖南	0.8226	0.8348	0.8466	0.7287	0.8381	0.8141
河南	0.4786	0.4502	0.4814	0.4726	0.4968	0.4759

表6-12　发展协调系数

	2007年	2008年	2009年	2010年	2011年	综合得分
安徽	0.8205	0.8111	0.6841	0.7795	0.7418	0.7674
山西	0.5213	0.5265	0.2806	0.4263	0.4265	0.4362
江西	0.8442	0.8145	0.9439	0.8264	0.9439	0.8745
湖北	0.8516	0.8351	0.7392	0.7987	0.8582	0.8166
湖南	0.8795	0.8528	0.8918	0.9436	0.8129	0.8761
河南	0.5506	0.5328	0.5839	0.5661	0.5336	0.5534

表 6-13　可持续发展状态

	发展可持续系数	发展协调系数	可持续发展状态
安徽	0.5054	0.7674	基本可持续
			弱协调发展
山西	0.3813	0.4362	弱可持续
			不协调发展
江西	0.7329	0.8745	基本可持续
			协调发展
湖北	0.6562	0.8166	基本可持续
			协调发展
湖南	0.8141	0.8761	基本可持续
			协调
河南	0.4759	0.5534	弱可持续
			弱协调发展

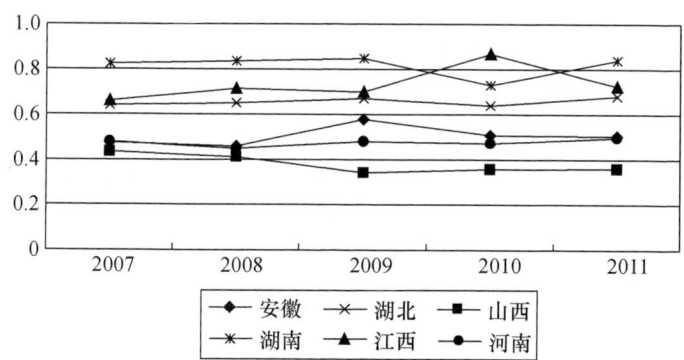

图 6-4　发展可持续系数

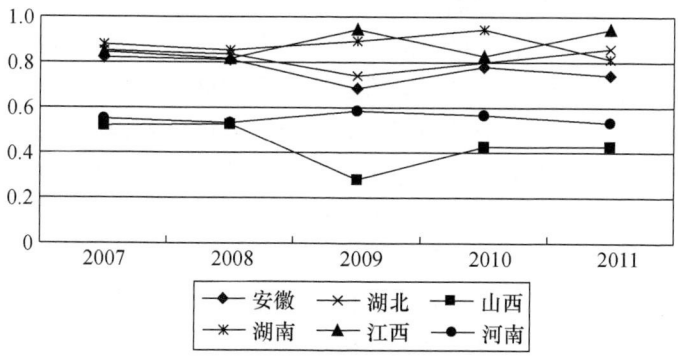

图 6-5　发展协调系数

(四) 横向分析

1. 经济子系统横向分析

通过熵权法得到每一年的经济子系统综合评价结果,并利用熵权法的特性,加权平均得到综合评价结果。经济子系统综合评价是为了衡量中部六省经济发展状况及发展趋势,通过上述表格可以发现,河南的综合得分最高,随后是湖北、安徽、湖南,江西与山西排名比较靠后。经济子系统包括GDP、人均GDP、GDP发展速度、第三产业占GDP比重、年出口额、农村居民恩格尔系数,对这些指标的一个综合评价,需要考虑每一个指标对系统的影响。我们可以发现河南省的GDP是各省中最高的,GDP作为衡量经济发展状况的重要指标,对经济子系统的影响是非常显著的,所以GDP是作为评价经济子系统的一个重要指标。湖北省作为评价排名中的第二名,其在经济子系统中的各方面都表现得很优秀。湖南省的GDP比安徽省的GDP高,但是安徽省的排名比湖南省高,通过比较分析,可以从两个重要的方面得出结论。第一,GDP发展速度。GDP发展速度的高低直接影响一个省份未来GDP的发展趋势,安徽省的GDP发展速度略高于湖南。第二,年出口额,出口可以更好地带动经济的发展,创造更多的外汇,也更有利于经济结构的优化,年出口额的大小对于经济子系统的评价影响很大,安徽省的年出口额明显大于湖南省的年出口额,这也在一定程度上弥补了安徽省的其他方面的不足之处,使安徽省的最终排名优于湖南省。江西省与山西省排在中部六省中的最后两位,综观近5年的数据,可以清楚地发现江西省与山西省无论是GDP还是年出口额都与其他4省有一定差距,这便导致了江西省与山西省在综合排名中不高的状况。江西省与山西省的GDP差距不大,GDP发展速度也没有太大差距,但是江西省与山西省在分数上却拉开了一定的差距,根本原因在于出口额存在较大差距。

2. 社会人口子系统横向分析

社会人口子系统是为了反映中部六省人口发展情况、人民生活状况以及社会发展状况而划分的子系统,人民安居乐业、社会和谐发展是人民和国家共同追求的目标,所以社会人口也是研究中部六省可持续发展所重视的方面。在社会人口子系统中综合评价,山西排名第一,通过对原始数据进行分析,可以发现山西省人口自然增长率不高,同时在社会各方面建设以及在教育方面的投入,山西省在中部六省中都名列前茅,这使山西省在社会人口方面呈现出非常和谐的态势。排在山西省之后的依次是湖北省、湖南省以及河南省。湖北省排名比湖南省靠前的原因主要在于湖北省的人口自然增长率较湖南省有一定的优势,更关键的是不论是公共事业的建设还是教育水平,湖北省都优于湖南省。河南省人口自然增长率比湖南省低，同时河南省在每万人拥有公共交通车辆、每千人拥有医生数、每千人拥有医院床位数等这些反映公共事业建设方面的指标上的表现也不如湖南省，再加上湖南省在教育方面的优势，使湖南省在社会人口子系统综合评价中比河南省好。在评价中排在最后的是江西省和安徽省。江西省的人口自然增长率是中部六省中最多的，虽然在其他方面表现不错，但在总体方面却逊色于其他省份。从安徽省在文盲占15岁及以上人口比重、大专以上学历占总人口比重等反映教育水平的指标可以看出，安徽省的教育水平的基础差，同时教育水平的发展速度也较缓慢，这直接导致了在其他方面表现适中的情况下，安徽省排名最后。

社会人口子系统选取的指标较多，可以分为四个方面：人口、生活水平、公共事业以及教育。人口方面，主要体现在人口自然增长率指标上，比较典型的是江西省。江西省的人口自然增长率一直处于较高的水平，说明江西省的计划生育工作还有待于提高。城镇居民人均可支配收入与农村居民人均纯收入两个指标分别从城镇与农村角度反映人们的生活水平，从数据可以看出中部六省之间的生活水平差距不大。公共事业是从人们最关心的交通和医疗方面入手，通过每万人拥有公共交通数量、每千人拥有医院床位数和每千人拥有医生数三个指标来说明。其中山西省在医生数方面明显优于其他省份，这主要归功于山西省对于医疗人才的培养，使人们拥有更多更好的就医选择。教育是立国之本，也是可持续发展的基础，只有培养出更好更多的人才，才能更好更快地发展。为反映教育方面的情况，选取了文盲占15岁及以上人口比重、预算内教育经费、大专以上学历占总人口比重、预算内教育经费占财政支出比重、每万人在校大学生数5个指标，通过这5个指标对中部六省的教育水平和教育投入进行分析。安徽省教育基础差，文盲率较高，湖北省也存在这个问题，但是通过每万人在校大学生数这个指标可以看出，湖北省加大了教育的投入力度，使更多的人接受了高等教育。河南省是中部六省中人口最多的，同时在教育经费的投入是中部六省中最高的，这些教育经费主要用于基础教育上，所以河南省在受过高等教育的人才方面并不占优势。

3. 环境资源子系统横向分析

我国在以往的经济发展中，一味追求经济的发展，而忽略了对环境资源的保护，甚至是在以破坏环境资源为代价换取经济的快速发展。但随着可持续发展观念的深入，在追求经济快速发展的同时，也越来越重视对于环境资源的保护。环境资源子系统就是为了说明中部六省环境资源情况，环境资源不仅影响人们日常生活，而且对日后持续的经济发展有一定的影响。中部六省在环境资源子系统的得分差距是3个子系统中差距最大的一个系统，这说明中部六省在环境资源方面的表现差距很大。在环境资源子系统综合评价中得分最高的湖南省的得分是排名最低的山西省得分的5倍以上。可以从环境资源子系统中看出无论是在绿化方面、工业污染方面，还是在能源消耗方面湖南省都做得很出色，其中最突出的表现是湖南省人均水资源是中部六省中最高的。可持续发展的目的在于保证经济快速发展的同时，留给后代更好的生存环境，水资源是人类生存的基本，人均拥有更多的水资源无疑可以让人们拥有更好的生存环境。江西省紧随湖南省，排名第二，江西省十分注重环境资源的保护，排除由于地理造成的水资源方面的优势，从人均公园绿地面积、工业废气排放量、单位GDP能源消耗量等指标可以看出江西省在其他方面都做得十分出色。相比较排名第三的湖北省而言，江西省在工业废水和固体废物的处理上还有待于提高。河南省和山西省是环境资源子系统中排名最后的两个省份，从原始数据可以很清晰地看出这两个省份在人均水资源和工业废气排放量上相比较中部其他省份存在很大的劣势，这直接导致了河南省和山西省排名靠后。

4. 可持续发展能力横向分析

发展可持续系数是用来描述发展水平状况和发展速度的系数，它能够综合反映发展的总体水平与能力。从表6-13中可以清楚地看出，在中部六省中有两个省是处于弱可持续发展，它们分别是山西省和河南省，其他四个省处于基本可持续发展。发展可持续系数得分最高的是湖南省（0.8141），湖南省在发展可持续方面做得较出色，很接近强可持续发展。排在湖南省后面的是江西省，江西省（0.7329）的得分并没有比湖南省低很多，说明江西省在发展可持续性上很接近湖南省。湖北省和安徽省分别以0.6562和0.5054的得分排在江西省之后，湖北省与安徽省都是处于基本可持续的状态，但是安徽省的发展可持续系数得分较低，有弱可持续发展阶段的趋势。河南省和山西省处于弱可持续发展状态，对于这两个省，需要在薄弱环节加大投入力度，尽快缩短与其他省份的差距。

可持续发展的基本特征就是经济子系统、社会人口子系统、环境资源子系统3个子系统之间相互协调发展，其关系应该是经济增长与社会和谐发展相协调，同时资源环境得到保护。协调系数用来定量评价子系统之间的发展关系。山西省得分最低，处于不协调发展阶段，这说明山西省在经济发展的过程中并没有做到各系统间协调发展，从前面的分析也可以发现山西省除了在社会人口子系统方面表现良好外，在经济子系统和环境资源子系统相对于其他省份都有比较大的差距。只有在每个子系统都有较好的表现时，才会呈现出协调发展的状态。中部六省中在系统协调性方面做得最好的是江西省，在经济子系统和社会人口子系统中其都处于一个中等偏上的水平，同时由于江西省在环境资源方面的良好发展，促使其在系统协调性中处于协调发展的状态。协调发展状态是一个良好的发展状态，同样处于协调发展状态的还有湖南省和湖北省。安徽省和河南省由于在个别系统中表现较差,导致这两个省处于弱协调发展状态。

五、中部地区可持续发展对策建议

(一)完善地方环境政策

1. 健全和完善地方性环境法规

地方性环境法规是由省、自治区、直辖市和较大市的人民代表大会及其常务委员会,在与宪法、法律、行政法规不相抵触的前提下,根据本行政区域的具体情况和实际需要制定的有关环境保护的规范性文件。地方性环境法规是对国家环境保护法律、法规的补充和完善,能够满足地方环境保护的要求,地方性环境法规的效力低于宪法、法律和行政法规,只在其行政区域内具有法律效力。

当前中部地区的环境处于市场运转不良的状况,因此需要从法律法规的角度对中部地区加以约束。中部地区的每个省份都颁布了适应本省的基本性的地方性环境法规,如安徽省环境保护条例、山西省环境保护条例、江西省环境保护条例、湖北省环境保护条例、湖南省环境保护条例、河南省环境保护条例。同时一些省份颁布了更有针对性的地方性环境法规,山西省在2010年颁布的《山西省减少污染物排放条例》,是中国首个地方性环保法规;2011年湖北省通过了《湖北省实施〈节约能源法〉办法》;江西省在2012年通过了《鄱阳湖生态经济区环境保护条例》和《江西省湿地保护条例》两个地方性环境法规。这说明中部地区对于可持续发展已经有了一些地方性环境法规的支持,但仍然需要一些具有针对性的地方性环境法规。

江西省近几年来着重发展鄱阳湖生态经济区,为了能够更好更有持续性的发展鄱阳湖,江西省通过了《鄱阳湖生态经济区环境保护条例》,中部地区其他省份可以借鉴江西省的地方性环境法规。从中部地区看,每个省份都有自己试验区或者着重建设的地区,如安徽省的合芜蚌试验区、山西的资源经济综改区、湖北的两圈一带(武汉城市圈、鄂西生态文化旅游圈和湖北长江经济带)和湖南的长株潭城市群,着重对这些地方推行可持续发展,提出相应的地方性环境法规,从这些地区入手,从而推广到省内各个地方。

2. 大力发挥环境经济政策的作用

环境经济政策是运用价格、财政、税收和收费等经济手段,按照市场经济规律,对经济建设与环境保护协调发展进行调节的政策手段。中部地区的环境经济政策主要包括排污许可证制度、押金制度、排污收费制度等，相对于其他环境保护政策，环境经济政策具有效率高、增强市场竞争力、促进环保技术创新和成本低的优点。但是中部地区的环境经济政策存在一些问题，就排污收费制度而言，由于中部地区基本仍采用旧的收费标准，排污收费偏低，很多企业选择不对污染进行处理，宁愿交纳排污费。

中部地区环境经济政策应该跟上经济发展的步伐，在保证经济发展的前提下充分考虑环境保护的各种因素，从而制定适应其经济发展的环境经济政策。对于山西、河南缺水的省份，应该完善资源税税收政策，在现行资源税的基础上把稀缺的淡水资源列入征收范围，使使用者认识到这些资源是十分宝贵的。中部地区各省在进行工业化过程中，应该根据实际环境承载力划分重点开发区、限制开发区和禁止开发区，并制定相对应的发展战略。如江西省五大河流的源头对于鄱阳湖生态经济区的生态保护起着至关重要的作用，这些区域就应该列入禁止开发区。中部地区正处于经济转型时期，市场机制尚不健全，企业对价格信号反应不敏感，这或多或少限制了环境经济政策的作用。因此，在实施环境经济政策的同时，需要借助相关法律法规，充分发挥各自作用，最大限度降低污染、保护环境，实现可持续发展。

（二）走环境优化与循环经济道路

经济增长方式决定着生产力系统的发展状况和整体效用，它是由生产要素的投入、分配组合和使用方式决定的。中部地区传统的"资源—产品—消费—排放"物质单项流动的要素驱动型经济增长方式，造成了资源浪费、环境福利损失和环境的破坏，并最终导致环境严重污染和资源枯竭。中部地区这种高投入、高消耗、低产出的经济增长方式，是发展与环境不协调的增长方式，是不可持续的。中部地区要走可持续发展的道路，必须走环境优化增长和循环经济相结合的道路，从传统的经济增长方式向可持续发展的经济增长方式转变，尽可能地减少对环境的破坏，实现经济系统、社会系统和环境资源系统的和谐发展。

环境优化增长是在环境得到改善的同时促进经济的增长，从而达到经济发展与环境保护的双重目标。在中部地区以往的经济发展中，环境是被牺牲和排斥的因素，而在环境优化增长过程中，通过"资源—产品—再生资源"的反馈式流程的经济活动，使环境成为促进经济增长的因素，从而以"再利用、减量化、资源化"为原则的"高效率、低消耗、低排放"的经济增长模式，取代传统的"大量生产、大量消费、大量废弃"的经济增长模式。循环经济本质是一种生态经济，以"减量化、再利用、再循环"为原则，以"低开采、高利用、低排放"为特征，中部地区应该尽可能地降低自然环境对经济活动的影响，使传统的以资源消耗为代价的线性增长经济向生态型资源循环经济转变。

从安徽省看,应该把循环经济理念贯穿到农业、工业和第三产业的发展过程中,根据安徽省经济发展状况、自然资源状况、生态环境状况和区域地理条件等因素,全面进行循环经济建设。对于皖北地区,应该依托临涣煤焦化工业园、淮北煤炭资源综合利用工程技术研究中心和淮北国家循环经济试点城市建设,大力发展煤矿资源高效利用、开采装备和技术,加大矿井水、煤矸石、瓦斯气体等资源的循环利用;同时结合淮、宿、阜、亳等现代煤化工基地建设,着力打造皖北煤电化资源综合利用基地。对于皖江地区,铜池枞、芜湖可以结合江南集中区建设,依托楚江集团、铜陵有色和安徽鑫科等企业对于稀贵金属、废杂铜资源的循环利用基础,打造有色金属资源循环利用基地;安庆市可以依托安庆石化炼化一体化项目发展石化、纺织循环经济基地;芜湖市还可以依托海螺川崎、芜湖金鼎重点发展节能装备制造基地。皖西皖南地区可以发展生态旅游服务业,并通过发展有机产品加工、生态农业,打造农业废弃物综合利用基地。同时,依托合肥国家科技创新型试点示范区建设,发挥中心城市集中的人才、技术、信息、物流优势,发展合肥经济圈,打造循环经济服务平台,带动周边循环经济服务业发展。

作为国家资源型经济转型综合配套改革实验区,山西省应该抓住这一契机,大力发展循环型工业、循环型农业和循环型第三产业,全面建设循环型社会。坚持"低碳、健康、洁净、绿色"的发展理念,加快构建环境友好、资源节约的生活方式和生产方式,并努力建设绿化山西、净化山西、气化山西和健康山西。绿化山西,即按照产业发展生态化、生态建设产业化的思路,以造林绿化为重点,努力将山西省建设成生态省;加快推进晋西晋北防风固沙、吕梁山黄土高原水土保持、太行山土石山区水源涵养和平川盆地防护经济林四大生态屏障的建设,增加林木蓄积量,巩固退耕还林和造林绿化成果,保障山西省生态安全;同时应该鼓励并引导社会各界参与山西省绿色化建设。净化山西,需要严格控制煤炭、焦炭、化工、冶金、电力等"两高一资"产业的准入门槛,加快淘汰落后产能,控制环境容量总量,积极发展环保型、低碳型产业;大力推进以汾河为核心的重点区域流域生态治理修复工程,积极实施重点领域和重点行业的节能减排工程,降低二氧化碳排放和能源消耗强度,有效控制烟尘、粉尘、二氧化硫等主要污染物排放;建立健全排污权交易、污染者付费等制度,落实节能减排目标责任制。气化山西,坚持政府主导、市场配置原则,建立共赢发展、利益均沾的体制,促进煤层气、煤制天然气、焦炉煤气和过境天然气的投资与建设,形成稳定气源;同时提高全省管网覆盖率,保证居民、企业的气体需求。健康山西,大力发展医疗卫生事业,重点解决空气、土壤污染和饮水不安全问题。

江西省应该以提高资源产出效率为目标,加强协调管理和政策引导,构建覆盖全省的资源循环利用体系。加强资源综合利用,支持煤炭、黑色金属、有色金属等矿产资源综合利用和开发,实施粉煤灰、煤矸石、建筑废物、公路垃圾等固体废弃物资源的利用工程,并打造一批综合利用示范基地。推进鹰潭、新余、萍乡、龙南等一批"城市矿产"示范基地建设,在产业集聚区和重点园区进行生态化、循环化改造,完善配套产业,延伸产业链,从而实现废弃电子元件、废弃金属、废塑料等可再生资源的循环利用。以鄱阳湖生态经济区为核心,以国家级、升级湿地公园和湿地保护区为核心,采取自然修复与工程治理相结合的方式,加强江西省生态系统的保护和回复。

湖北省需要大力推进绿色发展,加快形成保护生态环境、节约能源资源的生产方式、产业结构和消费方式,加快建设生态湖北的步伐。大力发展循环经济和低碳产业,综合运用经济、法律等必要的行政手段,积极支持循环经济技术研发和示范推广,加速淘汰落后产能,抑制高污染、高能耗产业发展,抑制过剩产能盲目扩张。加快武汉城市圈综合配套试验区建设,推进产业结构调整、环境保护、资源节约、城乡统筹等方面体制创新;充分发挥武汉的龙头作用,提升核心竞争力,强化系统集成,明确各城市发展定位,优化产业布局,构建特色突出、优势互补、协调发展的新格局。在此基础上,继续深入国家和省循环经济试点建设,建设一批生态工业园区、再生资源基地,并逐步推广至全省。

湖南省应该健全激励和约束机制,推进绿色发展,增强可持续发展能力,努力实现社会经济发展和环境保护资源解决的双赢。以长株潭城市群综合改革试验区为核心,抓好工业污染、环境生活污染治理,加快环境友好型、资源节约型生产体系的建立。统筹协调湘、资、沅、澧四水流域及洞庭湖水资源管理和环境综合治理,实施湘江流域综合治理工程,对重金属污染进行治理,保护饮用水源安全。加强综合循环利用和资源节约,提高新能源与可再生能源比重,推广循环经济典型模型,促进全省可持续发展。

河南省需要扎实推进生态省建设,坚持自然恢复和保护优先为主,推进排污收费体制创新,保护修复太行山、大别山、伏牛山等功能区的生态功能,扭转生态环境恶化趋势。完善法律法规和政策支持,提高资源产出效率,逐步在资源开采、生产消耗、废物产出、最终消费和回收利用等环节建立覆盖全社会的资源循环利用体系。

(三) 发展清洁生产

清洁生产是人类社会生产方式的根本改变,它贯穿于产品生产到消费的全过程，清洁生产体现了可持续发展的核心思想，确保经济和环境的协调发展。清洁生产可以最大限度减少能源和原材料的消耗，提高了企业的生产效率和经济利益，同时在生产过程中很大程度减轻了对环境的危害，有利于可持续发展向主动行为的转变。

中部地区需要大力发展清洁生产技术，从而促进可持续发展。发展清洁生产需要树立清洁生产的思想，让中部地区不同层次的管理者、地方政府充分认识到清洁生产可以降低生产成本、减少资源浪费、提高企业竞争力，从而引起管理者、地方政府对于清洁生产的重视，树立清洁生产的思想。中部地区清洁生产需要强力的技术支持，尤其对于安徽省、山西省等资源大省，需要大力发展煤制天然气催化剂研究、地下煤层气利用、煤基替代燃料和煤经甲醇制烯烃、节能减排和煤的高效清洁燃烧等核心技术；研发沥青类和煤焦油等物质附加值产品高效分离和深加油、煤化盐化一体化等关键技术。中部地区需要在能源开采、使用以及产品生产、消费中都采用清洁技术，实现真正的清洁生产，从而满足中部地区可持续发展的要求。中部地区还需要建立一些清洁生产示范项目，成立清洁技术中心，吸引一批专业性人才，加速中部地区清洁生产的步伐。

(四) 提高人口素质

人口素质包括文化素质和身体素质，它决定了人的能力。人口素质是可持续发展的基石，所以中部地区可持续发展应该重视对于人口素质的提高，即对人的能力的培养。提高人口素质首先需要推动教育事业科学发展。中部地区要按照育人为本、促进公平、提高质量的方针，提高教师教学水平，加大教育投入力度，全面实施素质教育。对于安徽省、湖北省等文盲率较高的省份，应该加强基础教育的投入力度，重视发展学前教育、特殊教育，让更多的人能够接受到教育，提高整体的文化素质水平。在提高基础教育的同时，更应重视对于人才的培养，加强科技人员继续教育，努力营造公平竞争、人尽其才的良好环境，鼓励优秀人才进行创新。培养造就一批有文化、有远见、有环境意识的人才和具有文化素质的劳动者，为中部地区可持续发展做出贡献。

提高人口素质还需要加强环境教育，环境教育是以人类与环境的关系为核心，以解决环境问题和实现可持续发展为目的，以提高人们的环境意识和有效参与能力、普及环境保护知识与技能、培养环境保护人才为任务，以教育为手段而展开的一种社会实践活动过程。人口的增长和工业的发展导致了环境问题，作为生产者和消费者的人类，日常行为从很多方面对环境造成了影响。因此，实现可持续发展，加强环境保护，要从环境教育开始，激发人们的环境保护意识，并自觉履行在日常的行为当中。

中部地区的环境教育与东部地区相比还有很大的差距，并且在环境教育的实践过程中还存在着很多问题。针对这一情况，中部地区应该确立正确的环境道德观和生态伦理观，以可持续发展思想培养新一代的环境保护意识。在以可持续发展为基础的环境教育理论方面，国外有很多值得借鉴的地方，中部地区应该根据自身实际情况构建科学的环境教育理论体系，编写一些有关环境教育的教材，为人们提供理论导向。

提高人口素质，还需要改善人民群众的卫生和健康状况。首先，需要保证饮用水和食品的安全。中部地区需要对饮用水源进行保护，防止水源污染，并对饮用水进行安全消毒、水质监测，同时对每天食用的蔬菜、水果、粮食等进行严格控管，从源头抓起，保证饮用水和食品的安全。其次，需要改善居民生活环境。中部地区要加强对于空气污染的治理，减少粉尘、二氧化硫等有害物质进入空气，同时再加强基础设施建设，从而改善居民的生活环境。最后，需要改善医疗保健服务。医疗保健是人民群众最关心的问题之一，关系到人民的健康，对于中部地区可持续发展有很大的影响，中部地区要加大医疗保健的投入，提高医疗人员的水平，尤其对于经济落后地区，要保证人民的基本医疗保健需要。提高人口素质，使可持续发展观念深入人心，推动中部地区可持续发展。

六、本章结论

本章采用客观的评价方法，从经济、社会人口和环境资源方面对中部地区可持续发展进行了动态分析和横向分析，探讨了中部地区可持续发展的现状和变化趋势。进一步根据中部地区近5年的可持续发展的分析结果，借鉴先进经验，结合中部地区实际情况，对中部六省如何更加有效可持续发展提出了相应的对策建议，主要包括完善地方环境政策、走环境优化与循环经济道路、发展清洁技术和提高人口素质。

参考文献

[1] 安文，王冬梅．江苏省低碳经济发展研究［J］．价值工程，2012（2）．

[2] 陈红敏．如何发挥地方政府在节能减排中的作用［J］．经济纵横，2008（8）．

[3] 陈明星，查良松，沈非．安徽省可持续发展能力评价研究［J］．安徽师范大学学报，2006（3）．

[4] 陈锐等．循环经济：21世纪的理想经济模式［J］．中国发展，2002（2）．

[5] 陈文颖，吴宗鑫．碳排放权分配与碳排放权交易［J］．清华大学学报（自然科学版），1998（12）．

[6] 陈湘柯，邓国用．论生产关系的两因素决定论［J］．湖南师范大学社会科学学报，1989（4）．

[7] 陈向阳，卢嘉辉．碳金融市场发展的国际经验及对广州碳金融体系建立的借鉴意义［J］．区域金融研究，2012（10）．

[8] 陈新伟等．德国鲁尔区转型对山西省工业区持续发展的启示［J］．中共山西省委党校学报，2011（8）．

[9] 戴伯勋．现代产业经济学［M］．北京：经济管理出版社，2001．

[10] 董春游．基于可持续发展的煤炭建设项目系统研究［D］．辽宁工程技术大学博士论文，2002．

[11] 杜国明．文地理学、自然辩证法与人地关系理论的发展［J］．内蒙古师范大学学报（哲学社会科学版），2004（5）．

[12] 戴俊骋，韦文英．区域性格的形成与扬弃——区域性格研究系列论文之二［J］．广西社会科学，2010（8）．

[13] 邓群钊，丁荣华，贾仁安，余力．江西省实现可持续发展的动态分析［J］．系统工程理论与实践，2003（4）．

[14] 董胜．关于煤炭开采利用负效应及对策的几点思考［J］．煤炭工程，

2005（8）.

[15] 杜婷婷，毛峰，罗瑞. 中国经济增长与 CO_2 排放演化探析 [J]. 中国人口·资源与环境，2007（2）.

[16] 傅海霞. 低碳经济相关概念综述 [J]. 商业时代，2011（13）.

[17] 范金. 应用产业经济学 [M]. 北京：经济管理出版社，2004.

[18] 付加峰，庄贵阳，高庆先. 低碳经济的概念辨识及评价指标体系构建 [J]. 中国人口·资源与环境，2010（8）.

[19] 付允，刘玫. 循环经济标准化模式的理论探讨 [J]. 标准科学，2010（12）.

[20] 耿殿明. 矿区可持续发展的系统分析与评价 [D]. 山东科技大学博士论文，2003.

[21] 高关生. 气候变化与碳排放权分配 [J]. 气候变化研究进展，2006（6）.

[22] 郭宝宏. 简论优化资源配置的标准 [J]. 商业经济与管理，2002（4）.

[23] 高鸿业. 西方经济学 [M]. 北京：中国人民大学出版社，2000.

[24] 关礼琴. 关于发展煤炭循环经济的思考 [J]. 企业家天地，2010（12）.

[25] 郭淑芬，赵国浩. 基于选煤技术的国内外煤炭洗选业发展研究 [J]. 煤炭经济研究，2010（1）.

[26] 胡鞍钢. 全球危机下开创科学发展模式 [J]. 生态环境与保护，2009（8）.

[27] 胡鞍钢. 中国如何应对全球气候变暖的挑战 [J]. 载低碳经济论 [M]. 北京：中国环境科学出版社，2008.

[28] 黄秉维. 加强可持续发展战略科学基础建立地球系统科学 [J]. 云南地理环境研究，1995（8）.

[29] 何华兵. 中国煤炭企业循环经济发展模式探析 [J]. 中国矿业，2006（15）.

[30] 何建坤，苏明山. 应对全球气候变化下的碳生产率分析 [J]. 中国软科学，2009（10）.

[31] 贺琼. 河南省可持续发展趋势及与中部其他五省的比较 [J]. 河南社会科学，2006（3）.

[32] 黄细兵，李海东，赵定涛. 基于生态足迹模型的中部地区发展评价 [J]. 华中科技大学学报，2007（2）.

[33] 华晓峰. 我国发展低碳经济的问题及对策研究 [J]. 价值工程, 2010 (7).

[34] 郝永红, 李绒, 周海潮, 黄登宇. 山西省可持续发展的灰色综合评估 [J]. 经济地理, 2004 (1).

[35] 蒋承华, 邹晓茜. 可持续发展评价：回顾与展望 [J]. 统计教育, 2007 (1).

[36] 贾纪磊. 我国低碳经济发展路径探索 [J]. 山东省农业管理干部学院学报, 2010 (4).

[37] 蒋启亮, 吴勇. 低碳经济的实施路径——基于技术创新与政策规制的视角 [J]. 经济研究导刊, 2011 (1).

[38] 江涛. 煤炭行业循环经济发展模式与指标体系研究 [J]. 中国人口·资源与环境, 2007.

[39] 蒋耀. 基于综合评价理论的区域可持续发展研究——上海市青浦区和谐社会战略分析 [D]. 上海交通大学博士论文, 2008.

[40] 靳志勇. 我国实行低碳经济能源政策 [J]. 全球科技经济瞭望, 2003 (10).

[41] 康钊. 我国煤炭企业发展循环经济的法律思考 [J]. 山西高等学校社会科学学报, 2010 (6).

[42] 可持续发展理论研究课题组. 可持续发展理论与实践研究和创新 [J]. 高科技与产业化, 2007 (7).

[43] 罗伯特·D. 恩斯. 可耗竭资源开发模型与李嘉图地租 [J]. 国外地质技术经济, 1991 (1).

[44] 李彩惠. 煤炭循环经济产业链发展模式研究 [J]. 中国矿业, 2010 (1).

[45] 陆大道. 中国沿海地区21世纪持续发展 [M]. 武汉：湖北科学技术出版社, 1997.

[46] 刘峰. 区域可持续发展指标体系研究综述评 [J]. 科技信息, 2008 (29).

[47] 廖福霖. 生态文明建设理论与实践 [M]. 北京：中国林业出版社, 2003.

[48] 李广军. 中国城市资源占用及应用研究 [D]. 东北大学博士论文, 2008.

[49] 罗慧, 曹毅. 可持续发展指标体系的研究与展望 [J]. 首都师范大学学报（自然科学版）, 2010 (2).

[50] 刘宏,孙倩,王海.辽宁省低碳经济发展对策研究[J].中国管理信息化,2011(1).

[51] 廖红.循环经济理论:对可持续发展的环境管理的新思考[J].中国发展,2002(2).

[52] 刘红光,刘卫东.中国工业燃烧能源导致碳排放的因素分解[J].地理科学进展,2009(3).

[53] 李俊峰,马玲娟.低碳经济是规制世界发展格局的新规则[J].世界环境,2008(2).

[54] 刘戒骄.节能减排:完善机制破解难题[J].中国国情国力,2007(9).

[55] 刘培哲,潘家华.可持续发展理论与中国21世纪议程[R].面向21世纪中国可持续发展战略研究[M].北京:清华大学出版社,2001(3).

[56] 刘瑞,赵国浩.山西煤炭工业发展循环经济的研究[J].中国市场,2012(4).

[57] 刘荣林等.循环经济与煤炭矿区可持续发展[J].江苏煤炭,2003(3).

[58] 刘伟平,戴永务.碳排放交易在中国的研究进展[J].林业经济问题,2004(5).

[59] 厉无畏,王振.中国产业发展前沿问题[M].上海:上海人民出版社,2003.

[60] 陆小华.节能减排须以科学评价标准为指导[N].科学时报,2010-03-07.

[61] 邓玲,李晓燕.城市低碳经济综合评价探索[J].现代经济探讨,2010(2).

[62] 李晓燕.基于模糊层次分析法的省区低碳经济评价探索[J].华东经济管理,2010(2).

[63] 刘晓宇.山西煤炭行业发展现状及可持续发展研究[J].中国科技信息,2009(4).

[64] 刘云刚.中国资源型城市的发展机制及其调控对策研究[D].东北师范大学博士论文,2002.

[65] 雷玉桃,罗蕴怡.广州市低碳经济发展路径探析[J].特区经济,2012(2).

[66] 李中和,王岳虹.煤炭工业清洁生产评价指标体系的编制[J].中国煤炭,2005(12).

[67] 陆钟武. 关于循环经济几个问题的分析研究 [J]. 环境科学研究, 2003 (5).

[68] 毛节华, 许惠龙. 中国煤炭资源预测与评价 [M]. 北京: 科学出版社, 2001.

[69] 马晶钰. 科学发展观视角下循环经济的法律完善 [J]. 生产力研究, 2009 (2).

[70] 苗敬毅. 煤炭资源优化配置评价指标体系研究 [J]. 山西财经大学学报, 2010 (9).

[71] 苗敬毅等. 煤炭资源优化配置的逐层序关系综合评价 [J]. 科技管理研究, 2011 (8).

[72] 马莉莉. 关于循环经济的文献综述 [J]. 西安财经学院学报, 2006 (2).

[73] 莫守忠. 论中部地区可持续发展的知识产权战略 [J]. 湖南财经高等专科学校学报, 2008 (12).

[74] 毛晓茜. 生态城区可持续发展的综合评价研究 [D]. 湖南农业大学硕士论文, 2006.

[75] 南海, 薛勇民. 关于可持续发展的理论基础 [J]. 理论探索, 2009 (6).

[76] 邱俊娟, 梅琳. 基于 GIS 和 AHP 的安徽省区域可持续发展能力评析 [J]. 资源调查与评价, 2007 (4).

[77] 彭建喜. 大同煤炭综合利用的途径及可持续发展对策 [J]. 煤炭科技, 2003 (2).

[78] 蒲志仲. 资源配置市场机制研究 [J]. 生产力研究, 2009 (3).

[79] 秦军. 煤炭市场及其稳定供给的策略研究 [J]. 浙江经济, 2009 (2).

[80] 杞如福等. 省域低碳经济综合评价指标体系构建研究——以四川省为例 [J]. 现代商贸工业, 2012 (23).

[81] 任福兵, 吴青芳, 郭强. 低碳社会的评价指标体系构建 [J]. 江淮论坛, 2010 (1).

[82] 任丽娟. 合理运用财税政策促进低碳经济发展 [J]. 北方经济, 2010 (8).

[83] 石坂匡身. 环境政策学: 环境问题与政策体系 [M]. 台北: 中央法规出版社, 2000.

[84] 苏利平, 娄宇红. 二氧化碳排放量与我国经济增长之间的关系: 基于

中国统计数据的探讨 [J]. 21 世纪建筑材料, 2012 (1).

[85] 赛斯尔·庇古. 福利经济学 [M]. 何玉长, 丁晓钦译. 上海: 上海财经大学出版社, 2009.

[86] 孙婷婷. 武汉市低碳经济发展研究 [D]. 华中科技大学硕士论文, 2010.

[87] 宋涛, 郑挺国, 佟连军. 环境污染与经济增长之间关联性的理论分析和计量检验 [J]. 地理科学, 2007 (2).

[88] 孙卫东, 闫军印等. 区域国土资源与社会经济可持续发展的系统研究 [M]. 北京: 中国财政经济出版社, 2002.

[89] 宋旭光. 可持续发展测度方法的系统分析 [D]. 东北财经大学博士论文, 2002.

[90] 孙育红. 循环经济引论 [D]. 吉林大学博士论文, 2006.

[91] 申玉铭, 毛汉英. 区域可持续发展的若干理论问题研究 [J]. 地理科学进展, 1999 (18).

[92] 宋正海. 人类古老的生存信仰, 地理环境决定论 [J]. 山西大学师范学院学报, 2000 (2).

[93] 史忠良, 肖四如. 资源经济学 [M]. 北京: 北京出版社, 1993.

[94] 铁兵. 人文发展指数及其国际比较 [J]. 中国统计, 2007 (2).

[95] 覃成林, 刘迎霞. 河南区域可持续发展能力实证分析 [J]. 地域研究与开发, 2005 (3).

[96] 陶火生. 论循环经济的生态学依据 [J]. 理论与现代化, 2004 (6).

[97] 汤建光. 循环经济的制度安排与制度创新 [J]. 经济问题探索, 2009 (4).

[98] 唐善茂, 张瑞梅. 科学发展观视野下对可持续发展理论的审读 [J]. 桂海论丛, 2009 (1).

[99] 唐振龙. 中部地区可持续发展研究 [J]. 株洲工学院学报, 2005 (3).

[100] 王灿, 王克. 技术创新促进低碳经济发展 [J]. 载低碳经济论 [M]. 北京: 中国环境科学出版社, 2008.

[101] 吴德春, 董继斌. 能源经济学 [M]. 北京: 中国工人出版社, 1991.

[102] 王汉伟, 王瑞. 试析影响低碳经济发展的主要因素 [J]. 市场研究, 2012 (1).

[103] 王柳松. 国外煤炭循环经济发展对我国的启示 [J]. 资源与产业, 2010 (6).

[104] 魏全平，童适平．日本的循环经济［M］．上海：上海人民出版社，2006．

[105] 吴绍中．循环经济是经济发展的新增长点［J］．社会科学，1998（10）．

[106] 王维君．发展煤炭循环经济的法律与政策保障措施［J］．商业经济，2011（2）．

[107] 魏晓．论中部地区在中国可持续发展中的独特功能［J］．人文地理，2005（1）．

[108] 武幸凤，赵国浩．山西煤炭行业发展循环经济的问题研究［J］．中国市场，2012（3）．

[109] 王云．低碳经济"脱钩"量化分解模型研究——基于IPAT方程的分析［J］．经济问题，2011（5）．

[110] 王中伟．中国可持续发展态势分析［M］．北京：商务印书馆，1999．

[111] 徐保根等．矿产资源综合评价模型的建立及其应用［J］．资源开发与保护，1992（4）．

[112] 席成孝．可持续发展理论的内在缺陷与科学发展观的超越［J］．常熟理学院学报，2008（7）．

[113] 许根林．中部地区可持续发展存在的问题与对策［J］．郑州航空工业管理学院学报，2006（24）．

[114] 徐国泉，刘则渊，姜照华．中国碳排放的因素分解模型及实证分析：1995~2004［J］．中国人口·资源与环境，2006（6）．

[115] 徐娟．可持续发展指标体系的评价与创新的可能途径［D］．云南师范大学硕士论文，2005．

[116] 徐建中．我国矿业资源城市经济可持续发展研究［D］．哈尔滨工程大学博士论文，2003．

[117] 胥树凡．坚持"三个代表"思想 促进循环经济发展［J］．中国环保产业，2003（3）．

[118] 薛晓娇，李新春．中国能源生态足迹与能源生态补偿的测度［J］．技术经济与管理研究，2011（1）．

[119] 徐扬．论我国低碳金融的发展［J］．经济研究，2010（5）．

[120] 解振华．积极应对气候变化加快经济发展方式转变［J］．国家行政学院学报，2010（1）．

[121] 徐中民，张志强．可持续发展定量指标体系的分类和评价［J］．西北师范大学学报（自然科学版），2000（4）．

［122］袁纯清．节能减排：科学发展的基础工程［J］．当代经济，2007（10）．

［123］叶厚元，冯静．中部地区水资源与区域经济的协调发展［J］．水利科技与经济，2006（9）．

［124］杨恒月．论发展煤炭循环经济［J］．企业家天地，2010（8）．

［125］姚红．资源型城市低碳经济发展水平评价及对策建议［D］．东北石油大学硕士论文，2011．

［126］余敬等．矿产资源可持续力及其系统构建［J］．地球科学，2002（1）．

［127］袁开复等．促进我国节能减排的策略研究［J］．宏观经济管理，2008（7）．

［128］杨凌，兀方，李国平．可持续发展指标体系综述［J］．统计与决策，2007（10）．

［129］叶文虎，陈国谦．三种生产论：可持续发展的基本理论［J］．中国人口·资源与环境，1997（7）．

［130］叶文虎，栾胜基．论可持续发展的衡量与指标体系［J］．世界环境，1996（1）．

［131］张卓元．以节能减排为着力点推动经济增长方式转变［J］．经济纵横，2007（8）．

［132］中国科学院可持续发展研究组．1999中国可持续发展战略报告［M］．北京：科学出版社，1999．

［133］中国科学院可持续发展研究组．2008中国可持续发展战略报告［M］．北京：科学出版社，2008．

［134］中国科学院可持续发展研究组．2009中国可持续发展战略报告［M］．北京：科学出版社，2009．

［135］中国科学院可持续发展研究组．2012中国可持续发展战略报告［M］．北京：科学出版社，2012．

［136］中国科学院可持续发展研究组．2010中国可持续发展战略报告［M］．北京：科学出版社，2010．

［137］中国科学院可持续发展研究组．2011中国可持续发展战略报告［M］．北京：科学出版社，2011．

［138］张桂宾，王安周．中国中部六省生态足迹实证分析［J］．生态环境，2007（2）．

［139］张根虎．山西煤运的改制重组与科学发展［J］．前进，2007（5）．

[140] 赵国浩. 基于产业集中度视角下的山西煤炭资源整合分析 [J]. 煤炭经济研究, 2010.

[141] 赵国浩. 煤炭资源综合开发利用对策研究 [J]. 能源技术与管理, 2007 (5).

[142] 赵国浩. 煤炭资源优化配置理论与政策研究 [M]. 北京: 经济管理出版社, 2010.

[143] 赵国浩. 煤炭资源优化配置研究方法探讨 [J]. 中国可持续发展论坛, 2006 (7).

[144] 赵国浩. 山西煤炭企业走可持续发展道路的政策建议 [J]. 山西转型与发展, 2012 (1).

[145] 赵国浩. 资源管理系统工程理论与实践 [M]. 北京: 经济管理出版社, 2008.

[146] 赵国浩等. 可持续发展视角下的山西煤炭工业发展研究 [J]. 煤炭经济研究, 2010 (10).

[147] 赵国浩, 郭淑芬等. 煤炭资源优化配置理论与政策研究 [M]. 北京: 经济管理出版社, 2010.

[148] 赵国浩, 卢晓庆. 煤炭开采综合效益模型及其应用 [J]. 资源科学, 2011 (10).

[149] 赵国浩, 李玮, 张荣霞. 基于随机前沿模型的山西省碳排放效率评价 [J]. 资源科学, 2012 (10).

[150] 赵国浩, 卢晓庆. 煤炭开采综合效益模型及其应用 [J]. 资源科学, 2011 (10).

[151] 赵国浩, 裴卫东, 张冬明. 中国煤炭工业与可持续发展 [M]. 北京: 中国物价出版社, 2000.

[152] 赵国浩, 阎世春. 煤炭工业可持续发展研究 [M]. 北京: 经济管理出版社, 2008.

[153] 赵国浩, 于贵芳. 中国二氧化碳减排路径选择 [J]. 工业技术经济, 2012 (8).

[154] 张根明, 向晓骥, 王殊伟. 基于 BP 神经网络的中部六省可持续发展能力研究 [J]. 国土与自然资源研究, 2006 (4).

[155] 中国人民大学气候变化与低碳经济研究所. 低碳经济——中国用行动告诉哥本哈根 [M]. 北京: 石油工业出版社, 2010.

[156] 庄贵阳. 气候变化挑战与中国经济低碳发展 [J]. 国际经济评论, 2007 (9).

[157] 庄贵阳. 气候变化背景下的中国低碳经济发展之路 [J]. 绿叶, 2007 (8).

[158] 庄贵阳, 潘家华, 朱守先. 低碳经济的内涵及综合评价指标体系构建 [J]. 经济学动态, 2011 (1).

[159] 张欢等. 煤炭循环经济研究述评 [J]. 煤炭经济研究, 2010 (5).

[160] 赵贺春, 刘丽娜. 我国低碳经济发展的影响因素及政策选择 [J]. 中国集体经济, 2012 (1).

[161] 张海旺, 范宝虹. 当前节能减排的主要制约因素 [J]. 中国国情国力, 2007 (12).

[162] 张婧. 关于低碳经济转型期农业可持续发展的思考 [J]. 农村工作通讯, 2012 (21).

[163] 张金学. 鸡西矿区可持续发展综合评价方法的研究 [D]. 辽宁工程技术大学博士论文, 2002.

[164] 张坤民. 可持续发展论 [M]. 北京: 中国环境科学出版社, 1997.

[165] 张坤明, 潘佳华, 崔大鹏等. 低碳经济论 [M]. 北京: 中国环境科学出版社, 2008.

[166] 张雷. 中国碳排放变化的因素分解与减排途径分析 [J]. 资源科学, 2010 (2).

[167] 钟契夫. 资源配置方式研究 [M]. 北京: 中国物价出版社, 2000.

[168] 赵淑英等. 我国煤炭循环经济产业链发展模式研究 [J]. 中国矿业, 2009 (10).

[169] 郑涛. 围绕山西煤运系统现代物流体系的建设 探究铁路煤炭物流配送的发展方向 [J]. 技术经济与管理研究, 2007 (4).

[170] 张炜, 樊瑛. 德国节能减排的经验及启示 [J]. 国际经济合作, 2008 (5).

[171] 张燕等. 我国煤炭行业循环经济发展现状 [J]. 中国资源综合利用, 2010 (6).

[172] 赵愚, 罗荣桂. 湖北省区域可持续发展指标体系——特征、选择原则、基本框架及动态调控系统 [J]. 科技进步与对策, 1999 (4).

[173] 朱永彬, 刘晓, 王铮. 碳税政策的减排效果及其对我国经济的影响分析 [J]. 中国软科学, 2010 (4).

[174] 郑永红. 我国发展低碳经济的对策和建议 [J]. 环境经济, 2009 (11).

[175] 甄翌. 基于可持续性晴雨表的旅游可持续发展评价 [J]. 统计与决

策，2010（7）.

[176] 朱玉林，李莎，陈洪. 湖南省区域可持续发展能力实证分析［J］. 经济问题，2010（10）.

[177] 朱玉荣. 可持续发展理论与中国经济发展［J］. 北方经贸，2008（4）.

[178] 翟一晓. 论低碳经济与可持续发展［J］. 创新科技，2012（8）.

[179] 朱跃中. 未来中国交通运输部门能源发展与碳排放情景分析［J］. 中国工业经济，2001（12）.

[180] 朱跃中. 中国交通运输部门中长期能源发展与碳排放情景设计及结果分析［J］. 中国能源，2001（12）.

[181] 张志强. 区域 PRED 的系统分析与决策制定方法［J］. 地理研究，1995，14（4）.

[182] Adrian B. R. Proposal and Application of a Sustainable Development Index [J]. Ecological Indicators, 2002 (3).

[183] Annegrete Bruvoll, Bodil Merethe Larsen. Greenhouse Gas Emissions in Norway: Do Carbon Taxes Work? [J]. Energy Policy, 2004 (32).

[184] A. Druckman, P. Bradley, E. Papathanasopoulou, T. Jackson. Measuring Progress Towards Carbon Reduction in the UK [J]. Ecological Economics, 2008 (66).

[185] Abdeen Mustafa Omer. Climate Change Policy, Market Structure, and Carbon Leakage [J]. Renewable and Sustainable Energy Reviews, 2008 (65).

[186] Alao Martina. Some Economic Models of Fertility in Develo Ping Countries and China's Recent Comparative Demographic Experience [R]. International Symposium on Population and Sustainable Development, BeiJing, China, 1995 (9).

[187] Aoki, M. Toward a Comparative Institutional Analysis [M]. Cambridge Mass: MIT Press, 2001.

[188] Andrews – Speed, P. Energy Policy and Regulation in the People's Republic of China [M]. London: Kluwer Law International, 2004.

[189] A. S. Dagoumas, T. S. Barker. Pathways to a Low – carbon Economy for the UK with the Macro – econometric E3MG Model [J]. Energy Policy, 2010 (38).

[190] B. Elaine. Research on Circular Economy of Coal [J]. Journal of Business & Economic Statistics, 2003.

[191] B. Pnesuine Circular Economy (5th ed) [M]. Ottawa: Sandberg, 2000.

[192] Bell S., Stephen. More Experiences with Sustainability Indicators and

Stakeholder Participation: A Case Study Relating to a "Blue plan" Project in Malta [J]. Sustainable Development, 2004 (2).

[193] Cheng F. Lee, Sue J. Lin, Charles Lewis, Yih F. Chang. Effects of Carbon Taxes on Different Industries by Fuzzy Goal Programming: A Case Study of the Petrochemical – related Industries, Taiwan [J]. Energy Policy, 2007 (35).

[194] C. Joanill. Actively Promote the Coal Enterprise Technology Research and Development [J]. The Journal of Economic Perspectives, 2010.

[195] D. Bvaiwenie. An Approach of Circular Economy Development of Coal Enterprises [J]. International Economic Review, 2004.

[196] Department of Trade and Industry (DTI). UK Energy White Paper: Our Energy Future Creating a Low Carbon Economy. London: TSO, 2003.

[197] Daniel Sperling, Sonia Yeh. Toward a Global Low Carbon Fuel Standard [J]. Transport Policy, 2010 (17).

[198] David William Pearce, Edward B. Barbier, Anil Markandya. Sustainable Development: Conomics and Environment in the Third World [M]. Earthscan, 1990.

[199] Edward B. Barbier. The Concept of Sustainable Economic Development [J]. Environmental Conservation, 1987 (3).

[200] Edward Barbier. Natural Resources and Economic Development [M]. Cambridge: Cambridge University Press, 2005.

[201] Edel, M. Economics and the Environment. Prentice Hall, Englewood, Cliffs, New Jersey, 1973.

[202] Edmonds, R. L. The Evolution of Environmental Policy in the People's Republic of China [J]. Journal of Current Chinese Affairs, 2010 (3).

[203] Greif, A. Institutions and the Path to the Modern Economy [M]. Cambridge: Cambridge University Press, 2006.

[204] Gernot Gessinger. Lower CO_2 Emissions Through Better Technology [J]. Energy Comers, 1997 (38).

[205] Hannon, B. Energy Discounting on Energetics and Systems [M]. Arbor: Mich, 1982.

[206] Hardi P., Barg S. Measuring Sustainable Development: Review of Current Practice [J]. International Institute for Sustainable Development Occasional Paper [M]. Ottawa: In – dusty Canada, 1997.

[207] Hal Turton. ECLIPSE: An Integrated Energy – economy Model for Climate Policy and Scenario Analysis [J]. Energy, 2008 (33).

[208] Johnston, D., Lowe, R., Bell, M. An Exploration of the Technical Feasibility of Achieving CO_2 Emission Reduction in Excess of 60% Within the UK Housing Stock by the Year 2050 [J]. Energy Policy, 2005 (33).

[209] Jiang K. J. Cost Advantage of Low Carbon Economy in China – Analysis on Energy and Greenhouse Gas Emission Scenario in 2050 [J]. Green Leaves, 2009 (5).

[210] Jyoti Parikh, Manoj Panda, A. Ganesh – Kumar, Vinay Singh. CO_2 Emissions Structure of Indian Economy [J]. Energy, 2009 (34).

[211] Kong, B. China's Energy Decision – making: Becoming More Like the United States [J]. Journal of Contemporary China, 2009 (18).

[212] Katz Ralph. Anticipating Disruptive Innovation [J]. Technology Management, 2004 (4).

[213] Kawase, R., Matsuoka, Y., Fujino, J. Decomposition Analysis of Emission in Long – term Climate Stabilization Scenarios [J]. Energy Policy, 2006 (34).

[214] Koji Shimada, Yoshitaka Tanaka, Kei Gobi, Yuzuru Matsuoka. Developing a Long – term Local Society Design Methodology towards a Low – carbon Economy: Application to Shiga Prefecture in Japan [J]. Energy Policy, 2007 (35).

[215] M. A. Cole, A. J. Rayner. The Environmental Kuznets Curve: An Empirical Analysis [J]. Environ, 1997 (1).

[216] Mustafa H. Babiker. Focus on Low Carbon Technologie: The Positive Solution [J]. International Economics, 2005 (12).

[217] Meadowcroft, J. What about the Politics? Sustainable Development, Transition Management, and Long – term Energy Transitions, Policy Science, 2009 (42).

[218] North, D. C. Understanding the Process of Economics Change [M]. Princeton: Princeton University Press, 2005.

[219] Odum, H. T. Energy Environment and Public Police: A Guide to the Analysis of Systems. UNEP, 1989.

[220] Patten B. C. Ecology Simulation Primer, Systems Analysis Simulation in Ecology [M]. New York. Academic Press, 1981.

[221] Paul B. Stretesky, Michael J. Lynch. A Cross – national Study of the Association Between Per Capita Carbon Dioxide Emissions and Exports to the United States [J]. Social Science Research, 2009 (38).

[222] Pacala, Socolow. Stabilization Wedges: Solving the Climate Problem for the Next 50 Years with Current Technologies [J]. Science, 2004 (305).

［223］Robert Goodland. The Case That the World has Reached Limits: More Precisely that Current Throughput Growth in the Global Economy Cannot be Sustained [J]. Population and Environment, 1992 (3).

［224］Samuel Fankh Auser, Cameron H. Epburn. Designing Carbon Markets, Part Ⅰ: Carbon Markets in Time [J]. Energy Policy, 2010 (38).

［225］Stern N. The Economics of Climate Change: The Stern Review [M]. London: Cambridge University Press, 2007.

［226］Stephen R. Dovers. A Framework for Scaling and Framing Policy Problems in Sustainability [J]. Ecological Economics, 1990 (2).

［227］T. Bahuaguna. Industrial Ecology [M]. Washington: Juliana, 2000.

［228］T. E. Graedel, B. R. Allenby. Industrial Ecology [M]. Prentice Hall Press, 1995.

［229］Timothy J. Foxon, Geoffrey P. Hammond, Peter J. G. Pearson. Developing Transition Pathways for a Low Carbon Electricity System in the UK [J]. Technological Forecasting and Social Change, 2010 (77).

［230］Toshihiko Nakata, Alan Lamont. Analysis of the Impacts of Carbon Taxes on Energy Systems in Japan [J]. Energy Policy, 2000 (29).

［231］Treffers, T., Faaij, APC, Sparkman, J., Seebregts, A. Exploring the Possibilities for Setting up Sustainable Energy Systems for the Long Term: Two Visions for the Dutch Energy System in 2050 [J]. Energy Policy, 2005 (33).

［232］UK Energy White Paper. Our Energy Future – Creating a Low Carbon Energy, Feb, 2003 [EB/OL]. http: //www. berr. gov. uk/files/file10719. Pdf.

［233］V. Lantz, Q. Feng. Assessing Income, Population, and Technology Impacts on CO_2 Emissions in Canada: Where's the EKC? [J]. Ecological Economics, 2006 (57).

［234］Xu L. H. Britain Economist: Low Carbon Economy Development is a Long – term Strategy Which Leads to Get out a Difficult Position [J]. China Finance and Economics Daily, 2008 (2).

［235］Ying Fan, Lan – Cui Liu, Gang Wu, Yi – Ming Wei. Analyzing Impact Factors of CO_2 Emissions Using the STIRPAT Model [J]. Environmental Impact Assessment Review, 2006 (26).

［236］Yan Yunfeng, Yang Laike. China's Foreign Trade and Climate Change: A Case Study of CO_2 Emissions [J]. Energy Policy, 2010 (38).

［237］Zhang K. M. China's Role, Challenges and Strategy for the Low Carbon

World. China Population Resources and Environment, 2008 (3).

[238] Staffan Jacobsson, Volkmar Lanber. The Politics and Policy of Energy System Transformation—Explaning the German Diffusion of Renewable Enery Technology [J]. Energy Policy, 2006, 3 (34).

[239] Nick Kelly. The Role of Energy Efficiency in Reducing Scottish and UK CO_2 Emissions [J]. Energy Policy, 2006, 18 (34).

[240] John W. Halloran. Carbon–neutral Economy with Fossil Fuel–based Hydrogen Energy and Carbon Materialas [J]. Energy Policy, 2007, 10 (35).

[241] Salvador Enrique Puliafito, Jose Luis Puliafito, Mariana Conte Grand. Modeling Population Dynamics and Economic Growth as Competing Species: An Application to CO_2 Global Emissions [J]. Ecological Economics, 2008, 3 (65).

[242] Michael Dalton. Brian O'Neill, Alexia Prskawez, Leiwen Jing, John Pitkin. Population Aging and Future Carbon Emissions in the United States [J]. Energy Economics, 2008 (2).

[243] Barbier, E. The Concept of Sustainable Economic Devlopment [J]. Environmental Conservation, 1987.

[244] Clark, W. On the Dialectical Origins of the Research Seminar [M]. In History of Science, 1987.

[245] Dovens, S. Sustainability in Context: an Australian Perspective [J]. Environmental Management. 1990 (5).

[246] Staffan Jacobsson, Volkmar Lauber. The Politics and Policy of Energy System Transformation—Explaning the German Diffusion of Renwable Energy Technology [J]. Energy Policy, 2006 (6).

后　　记

　　随着国家工业化、现代化进程的加快，煤炭资源已经成为人类生产和生活中不可或缺的不可再生资源。正是由于煤炭资源的稀缺性和重要性以及应对全球气候变暖的紧迫性，因此通过各种研究手段探讨如何实现煤炭资源的低碳化利用对于中国乃至整个世界的经济发展显得至关重要。

　　本书针对煤炭资源开采、生产和使用过程中出现的低利用、高浪费等问题，从低碳经济、循环经济和可持续发展的角度，探讨煤炭资源低碳化利用的对策。对于典型煤炭资源丰富省区的煤炭资源低碳化利用进行政策模拟，提出煤炭价格制定政策、煤炭资源合理综合开发利用方案和煤炭资源低碳化利用的有效运行机制与政策建议，对推进中国煤炭资源管理体制改革、实现可持续发展战略目标具有理论指导意义。

　　本书课题组在管理科学和系统科学理论与方法的基础上，基于低碳经济和煤炭资源循环经济理论，构建煤炭资源低碳化利用的理论体系。以煤炭资源碳生产率的研究为切入点，剖析中国煤炭资源低碳化利用的影响因素，构建煤炭资源低碳化利用定量分析模型，测度中国煤炭资源低碳化利用水平。以提升中国煤炭资源低碳化利用的关键环节为目标，运用多目标优化方法，寻求全球气候变化下，中国煤炭资源低碳化利用的有效实现模式，并结合煤炭资源典型区域的特点进行实证研究，最后提出在不同情景下的政策和建议。

　　本书的主要参加者及分工如下：第一章由解宇歆、赵国浩编写，第二章由刘瑞、赵国浩编写，第三章由于贵芳、赵国浩编写，第四章由武幸凤、赵国浩编写，第五章由王婧臻、赵国浩编写，第六章由朱玮琼、赵国浩编写。全部书稿由赵国浩修改、总纂，刘瑞进行编辑校对。